EL CARÁCTER ESOTÉRICO DE LOS EVANGELIOS.

EL CARÁCTER ESOTÉRICO DE LOS EVANGELIOS.

H. P. BLAVATSKY

BERBERA EDITORES S.A DE C.V.

Delibes No. 96 Col. Guadalupe Victoria C.P. 07790
México, D.F. Tel: 5 356 4405, Fax: 5 356 6599
Página Web: www.berbera.com.mx
Correo electrónico: editores@berbera.com.mx

© El Carácter Esotérico de los Evangelios
© BERBERA EDITORES S. A. DE C. V.
Delibes 96 Col. Gpe Victoria
México, D.F. 07790
México
Tel: +52 55 5356 4405
Fax: +52 55 5356 6599
Correo electrónico:
editores@berbera.com.mx
http://www.berbera.com.mx

ISBN: 968-5275-98-X

Impreso en México
Printed in México

PREFACIO

La tarea que Madame Blavatsky se fijó en el primer Prefacio de "Isis sin Velo", fue "ayudar al estudiante a captar los principios vitales que descansan en los sistemas filosóficos de la antigüedad." Sin embargo, ésta se reveló particularmente difícil cuando tuvo que considerar al hombre que el mundo occidental conocía como Jesús, el Cristo. De los escritos de H.P.B. se percibe, claramente, que ningún personaje histórico ha sido más erróneamente comprendido. A fin de revelar la verdadera naturaleza y enseñanza de Jesús y sin mostrar, al mismo tiempo, "ninguna piedad por el error profundamente radicado, ni reverencia para la autoridad usurpada," se necesitaban las más sutiles distinciones entre la crítica histórica y filosófica; además, apreciación y explicación de un individuo cuyas elevadas intenciones, lo colocaron entre los grandes e ilustres servidores de la humanidad.

H.P.B., en el Prefacio del segundo volumen de "Isis sin Velo," escribió:

Si fuera posible, mantendríamos esta obra fuera del alcance de muchos cristianos, ya que el leerla no los beneficiará y además no fue escrita para ellos. Estamos aludiendo a aquellos cuya fe en sus iglesias es pura y sincera y a aquellos cuyas vidas sin pecados, reflejan el glorioso ejemplo de la existencia del Profeta de Nazareth, por cuya boca el espíritu de la verdad habló de manera estentórea a la humanidad. [...] Su caridad y su fe simple e infantil en la infalibilidad de su Biblia, sus dogmas y su clero, despiertan completamente todas las virtudes que residen en nuestra naturaleza común. Hemos conocido personalmente esta clase de sacerdotes y prelados temerosos de Dios y siempre eludimos debatir con ellos, para no lastimar sus sentimientos. Al mismo tiempo, no tenemos ninguna intención de sustraer la ciega confianza de un laico, si ésta es la única cosa capaz de hacerle vivir una vida sagrada y tener una muerte serena.

Esta era su actitud hacia una de las corrientes de influencia de la fe cristiana. Sin embargo, existían otras influencias, menos benignas, a las cuales la misión y el propósito de H.P.B. se dirigían necesariamente. Estas procedían de la "degradación de las enseñanzas puras de Jesús en perniciosos sistemas eclesiásticos," corrupciones que "son nocivas a la fe del ser humano hacia su inmortalidad y su Dios, corroyendo cada freno moral."

"Lucifer," la revista mensual que H.P.B. estableció en Inglaterra en 1887, fue constantemente el vehículo de análisis de las distorsiones de la cristiandad eclesiástica. A menudo, "Lucifer" acogía, en sus páginas, una crítica inexorable hacia las doctrinas, las prácticas y las aseveraciones de la iglesia ortodoxa. El editorial del primer número de "Lucifer," titulado "¿Qué Encierra Un Nombre?" se dirigió al corazón de una inversión cristiana de la verdad filosófica, mostrando que identificar a "Lucifer," la Estrella Matutina dispensadora de luz, con Satán, fue la calumnia teológica más oscura. Ella indicó que Lucifer representaba la declaración de "libre albedrío y pensamiento independiente," sin el cual los seres humanos no serían diferentes de las insensibles bestias salvajes. Según afirma este editorial, el nombre Lucifer "es típico del espíritu divino que se sacrifica por la humanidad."

La revista de H.P.B. acogió el inconfundible reto expresado en el artículo: "¡Saludos de Lucifer al Arzobispo de Cantórbery!" en el cual leemos:

> Con frecuencia, ya sea aquellos dispuestos a abolir el cristianismo o aquellos inclinados a reformarlo, han comparado las enseñanzas de Jesús con las doctrinas de las iglesias, empleando gran erudición y perspicacia crítica. El resultado total de dichas comparaciones, como su Gracia debe estar consciente, demuestra que casi en cada punto, las doctrinas de las iglesias y las prácticas de los cristianos, *son directamente antitéticas con las enseñanzas de Jesús.*

¿Cuáles eran estas enseñanzas y quién era Jesús? El artículo que presentamos aquí: "El Carácter Esotérico de los Evangelios," contiene la sustancia de respuestas básicas a dichas preguntas. Se publicó en tres partes en el primer volumen de la revista "Lucifer," empezando con el tercer número de Noviembre de 1887. Esta discusión iluminadora sobre el significado del "Cristo" caído en el olvido, es tan recóndita en su erudición como es profunda en su filosofía, conteniendo también varios párrafos proféticos que se pueden encontrar en los escritos de Madame Blavatsky. La quinta nota, por ejemplo, generaliza experiencias que ahora se conocen y se admiten ampliamente, poniéndolas en el contexto de la interpretación oculta de la ley de los ciclos. Luego, al final de la segunda Parte, una afirmación relacionada, alude al carácter de amplio alcance de la crisis histórica del siglo veinte, anunciando, al menos, la libertad del Karma de la enseñanza Judeo-Cristiana, a través del reconocimiento de *leyes* eternas y universales de desarrollo humano. Jesús trató de impartir las enseñanzas sobre estas leyes que en su época sólo un exiguo número entendió, mientras que, sus más recientes devotos las desconocían.

El siguiente párrafo, extraído de la tercera parte del artículo, muestra, explícitamente, la clara percepción y las intenciones restauradoras de Madame Blavatsky:

> La creencia en una *interpretación literal* de la Biblia y en un Cristo *de carne*, no durarán más que un cuarto de siglo. Las iglesias deberán abandonar sus apreciados dogmas o el siglo veinte presenciará la caída y la ruina de todo el Cristianismo, incluyendo también la creencia en un Christos como espíritu puro. Actualmente, el mero nombre se ha convertido en algo detestable y el cristianismo teológico debe desaparecer sin que *nunca resucite* en su forma presente. Esta sería, esencialmente, la solución más feliz si no implicara ningún peligro por la reacción natural que seguramente seguirá. El materialismo burdo será la consecuencia y el corolario de siglos de fe ciega, a menos que otros ideales inexpugnables, porque *universales* y elaborados en la roca de las verdades eternas, en lugar de las arenas movedizas de la imaginación humana, reemplacen la pérdida de los antiguos ideales. Al final, la pura inmaterialidad debe sustituir al terrible antropomorfismo de esos ideales, en las concepciones de nuestros modernos dogmatistas.

Estas palabras de H.P.B., escritas en los últimos años del siglo diecinueve, resultan ser una predicción y una promesa para aquellos que han sobrevivido el impacto de dos guerras mundiales, han escuchado las constantes hipocresías de los moralistas convencionales y presenciado la frenética actitud iconoclasta de los teólogos propensos a decir: "es la muerte de

Dios." Anticipan cambios ahora manifiestos, mientras la promesa se fortalece asociándola con una exacta previsión. Los lectores podrán tener una mejor idea del significado de la expresión: ideales "inexpugnables," una vez completado el estudio de este artículo.

EL CARACTER ESOTERICO DE LOS EVANGELIOS

"[...] Dinos, ¿cuándo acontecerán estas cosas? Y cuál será la señal de *tu presencia* y de *la consumación de la época*?"[1] Preguntaron los Discípulos al Maestro en el Monte de los Olivos.

La respuesta que el "Hombre de Dolor," el *Chréstos*, da durante su prueba y también a lo largo de su triunfo como *Christos* o Cristo,[2] es profética y muy sugestiva, es una verdadera advertencia que se debe mencionar en su totalidad. Jesús contestó a los discípulos:

Estad alerta, que *ningún hombre* os extravíe. Ya que muchos vendrán en mi nombre diciendo: 'soy el Cristo,' por lo cual desviará a varios. Escucharéis hablar de guerras [...] pero aún no será el fin. *Las naciones insurreccionarán en contra de las naciones y los reinos contra los reinos, en diferentes lugares se verificarán carestías y terremotos.* Sin embargo, todas estas cosas son el comienzo de los Jolores de parto [...] Numerosos falsos profetas aparecerán y extraviarán a muchos [...] y después vendrá el fin [...] cuando veáis la abominación y la desolación acerca de la cual Daniel habló [...] Entonces, si algún hombre os dice: '*hele aquí el Cristo*,' o 'hele allá,' no le creáis [...] Si os dijeran, observad, él está en el desierto, no vayáis allá, observad, él está en las cámaras

---

[1]San Mateo, xxiv., etc. Las frases en letras bastardillas son las correcciones aportadas en el Nuevo Testamento de 1611, después de la reciente revisión en 1881. La primera versión está constelada de errores cometidos voluntaria e involuntariamente. La palabra "presencia," en lugar de "venida" y la expresión: "consumación de la época" en lugar de "el fin del mundo," han alterado todo el significado, aún en el caso de los cristianos más sinceros, si exceptuamos a los Adventistas.

[2] Aquel que no pondere ni domine la gran diferencia entre el significado de las dos palabras griegas: χρηστος (*chréstos*) y χριστος (*christos*) debe permanecer en un estado de ceguera perenne en lo que concierne al verdadero significado esotérico de los Evangelios, es decir, el Espíritu viviente encapsulado en la estéril hermenéutica de los textos, el verdadero fruto del Mar Muerto de un Cristianismo *superficial*

recónditas, no les creáis. Ya que, como el relámpago procede del Oriente y es visible aún en Occidente, lo mismo acontecerá con la *presencia* del Hijo del Hombre, etc., etc.

Ahora que se han aportado las correcciones en lo que antecede, hay dos cosas que llegan a ser evidentes *para todos*: (*a*) "la venida del Cristo" significa *la presencia del* Christos en un mundo regenerado y no la actual llegada de "Cristo" Jesús en un cuerpo, (*b*) a este Cristo no se le debe buscar en el desierto, ni en "las camáras recónditas" y ni en el santuario de algún templo o iglesia que la humanidad edificó, ya que el Cristo, el verdadero Salvador esotérico, *no es un hombre*; sino el Principio Divino en cada ser humano. *El Cristo ascendido reside en aquel que*[3] se esfuerza por resucitar el Espíritu que *sus pasiones terrestres han crucificado*, sepultándolo en lo profundo del "sepulcro" de su carne impúdica y tiene la fuerza de hacer retroceder *la piedra de la materia* de la puerta de su santuario *interior*. El "Hijo del Hombre" no es la prole de la esclava, la *carne*, sino de la mujer libre, el *Espíritu*,[4] la progenie de las acciones del ser humano y el fruto de su trabajo espiritual.

Por otra parte, desde la época Cristiana, las señales precursoras descritas en Mateo, no tuvieron, en ninguna otra edad, una aplicación gráfica más violentamente adecuada que en la nuestra. ¿Cuándo, los combates entre naciones se han librado con más frecuencia que ahora? ¿Cuándo, las "carestías," sinónimo de indigencia desamparada y las multitudes hambrientas del proletariado, han sido más crueles, los terremotos más frecuentes, cubriendo una cierta area simultáneamente, como aconteció en los últimos años? Los Milenaristas y los Adventistas de fe sólida, pueden seguir diciendo que se "aproxima la venida del Cristo (en carne),"

---

[3] Porque vosotros sois el templo ("santuario" en la versión revisada del "Nuevo Testamento), del Dios viviente. (II. Cor. vi., 16.)

[4] Entre los judíos, la mayoría de las poblaciones antiguas y los primeros cristianos, el Espíritu o el Espíritu santo, era femenino. La *Sophia* de los Gnósticos y el tercer Sefirot, *Binah* (el Jehová *femenino* de los cabalistas), son principios femeninos, el "Espíritu Divino" o *Ruach*. "*Achath Ruach Elohim Chiim.*" En "Sepher Yezirah" se lee: "*Ella es una, el Espíritu de los Elohim de la Vida.*"

preparándose entonces para "el fin del mundo," mientras los Teósofos o algunos de ellos, los cuales entienden el significado oculto de la llegada, universalmente esperada, de los Avatares, los Mesías, los Sosioshes y los Cristos, saben que no se trata para nada del "fin del mundo"; sino que es la "consumación de la época": el término del ciclo que se está acercando rápidamente.[5] Si nuestros lectores han olvidado los pasajes conclusivos del artículo: "Los Signos del Tiempo," en la revista "Lucifer" del mes de Octubre, que vuelvan a leerlo y claramente verán el significado de este ciclo particular.

Los cristianos caritativos, los adoradores de la hermenéutica literal de su escritura, muchas veces han interpretado la advertencia acerca de los "falsos Cristos" y profetas que extraviarán las personas, como si se refiriera a los místicos en general y a los Teósofos en particular, según lo demuestra el reciente trabajo de Pember: "Las Primeras Edades de la Tierra." Sin embargo, parece muy evidente que las palabras en el Evangelio de Mateo y de otros, difícilmente podrán aplicarse a los teósofos, ya que ellos nunca pronunciaron que el Cristo está "Aquí" o "Allá," en el desierto o en la ciudad y aún menos en la "cámara recóndita" tras del altar de alguna iglesia moderna. Sea que hayan nacido paganos o cristianos, rehusan materializar y, así, degradar lo que es el ideal más puro y grandioso, la quintaesencia de los símbolos: el inmortal Espíritu Divino en el ser humano, sea que se le llame Horus, Krishna, Buda o Cristo. Hasta ahora, ninguno de ellos ha dicho: "Soy el Cristo," pues los

---

[5] Existen varios ciclos notables que terminan al final de este siglo. Empezamos con los primeros 5.000 años del ciclo del Kaliyuga, luego el ciclo Mesiánico de los Judíos Samaritanos (también Cabalísticos) del hombre relacionado con los *Piscis*, (Ichthys u "Hombre pez," *Dag*). Es un ciclo histórico y breve, pero muy oculto que dura 2.155 años solares, cuyo verdadero significado aflora sólo cuando se calcula mediante los meses lunares. Aconteció en el 2410 y en el 255 antes de Cristo, momento en el cual el equinoccio entró en el signo de *Aries* y luego en aquel de *Piscis*. Cuando, en algunos años, entre al signo de *Aquario*, los psicólogos tendrán trabajo extra que llevar a cabo y las idiosincrasias psíquicas de la humanidad entrarán a una fase de gran cambio.

que nacieron en occidente se sienten simplemente *Crestianos*,[6] a pesar de que se esfuercen por llegar a ser *Cristianos* en Espíritu. Sin embargo, las susodichas palabras de Jesús, se aplican con vehemencia a aquellos que, en su gran soberbia y orgullo, rehusan ganarse el derecho a tal designación; conduciendo, en primer lugar, la vida de *Crestos*[7] y a aquellos que, pomposamente, se proclaman *Cristianos* (el glorificado, el ungido), sólo por virtud de haber sido bautizados algunos días después del nacimiento. Cualquier persona que vea los numerosos "falsos profetas" y pseudo-apóstoles (*de Cristo*) vagar por el mundo ¿puede, acaso, dudar de la iluminación profética del que expresó esta considerable advertencia? Ellos han escindido la única Verdad divina, fragmentando, tan sólo en el ámbito protestante, la roca de la Verdad Eterna en 350 y pico de segmentos que ahora representan la mole de sus Desavenidas sectas. Si nos atenemos a la cifra redonda de 350 y admitimos, en gracia al argumento, que al menos una de éstas posee una verdad aproximativa, aún las restantes 349 *deben, necesariamente, ser falsas.*[8] Según la declaración de cada una de ellas: Cristo se encuentra, exclusivamente, en sus "cámaras recónditas"; negando su presencia en todas las demás, mientras en realidad, la gran mayoría de sus respectivos seguidores,

---

[6] Uno de los primeros autores cristianos, Justino Mártir, en su primera Apología llama a sus correligionarios *Crestianos*, χρηστιανοι, y no Cristianos.

[7] En el libro ii de "Anacalypsis" de Higgins, leemos: "En el segundo siglo, Clemente Alejandrino plantea un serio argumento sobre esta paranomasia (acercamiento de dos palabras casi idénticas con un significado diferente), indicando que (libro iii, cap. xvii, pag. 53), a todos los que creían en *Cresto* (es decir un "buen hombre), se les llamaban Crestianos: hombres buenos." En el libro iv, cápítulo vii, Lactancio dice que la gente se define Cristiana, en lugar de Crestiana, únicamente por la *ignorancia.* "*Qui proper ignorantium errorem cum immutata Chrestum solent dicere.*"

[8] Sólo en Inglaterra existen más que 239 sectas diferentes. (Véase el Almanaque de Whitaker). En 1883, había únicamente 186 denominaciones y ahora incrementan con regularidad cada año ¡en los últimos 4 años surgieron 53!

diariamente, condenan a muerte a Cristo en el árbol cruciforme de la materia ¡el verdadero "árbol de la infamia" de los antiguos romanos!

La adoración de la interpretación literal de la Biblia, es simplemente otra forma más de *idolatría* y nada mejor. Un dogma fundamental de fe no puede existir bajo la forma de dos caras de Jano. La "justificación" *por el Cristo* no se alcanza mediante la elección y la fantasía propia, sino que *ya sea* por "fe" o por "obras," por lo tanto, Santiago (ii., 25) contradice a Pablo (Heb. xi., 31) y viceversa,[9] entonces, uno de ellos debe estar equivocado. Desde luego, la Biblia *no* es la "Palabra de Dios," sino que, en el mejor de los casos, contiene las palabras de hombres falibles y maestros *imperfectos*. Sin embargo, si se lee *esotéricamente*, entraña, si no *toda* la verdad, *"nada mas que la verdad,"* bajo algún tipo de artificio alegórico. No debemos olvidar: *Quot homines tot sentetiae* (Tantos hombres, tantas opiniones).

El "principio Crístico," el Espíritu despierto y glorificado de la Verdad, es universal y eterno, por lo tanto, ninguna persona puede monopolizar el verdadero *Christos*, aunque ella haya determinado otorgarse el título de "Vicario de Cristo" o la "Cabeza" de aquella u otra religión de estado. Los espíritus de "Chrest" y "Cristo," no se pueden limitar a ningún credo o secta, sólo porque esta última escoge elevarse sobre las otras religiones o sectas. Especialmente ahora, el nombre (de Cristo) se ha empleado de manera tan intolerante y dogmática, que el cristianismo se ha convertido en una religión arrogante por excelencia, un vehículo para la ambición, un simple camino para

---

[9] A fin de ser justos con San Pablo, es menester observar que tal contradicción seguramente depende de alguna sucesiva mistificación de sus Epístolas. Pablo era un Gnóstico: un "Hijo de la Sabiduría" y un Iniciado en los verdaderos *misterios de Christos*, aunque pueda haber tronado contra, (o se dió esta impresión), algunas sectas Gnósticas que en sus días pululaban. Sin embargo, su Christos no era Jesús de Nazareth, ni ningún ser viviente, como lo demuestra el hábil Gerald Massey en su conferencia: "Pablo, el Oponente Gnóstico de Pedro." Era un Iniciado, un verdadero "Maestro-Constructor," o adepto, conforme a la descripción en el segundo volumen de "Isis sin Velo."

la riqueza, el engaño y el poder, un medio conveniente para ocultar la hipocresía. Ahora se ha degradado el noble epíteto de antaño, el que indujo a Justino Mártir a decir: *"del simple nombre* que nos atribuyen como un crimen, *somos los más excelentes."* (Primera Apología). El misionero se jacta de la llamada *conversión* de un pagano, volviendo el cristianismo en una profesión y raramente en una religión, una fuente de rédito para el fondo de los misioneros y un pretexto a fin de cometer cada crimen menor: desde la embriaguez y la mentira, hasta el robo, visto que, de antemano, la sangre de Jesús los ha lavado a todos. Pero, el mismo misionero no vacilaría en condenar públicamente al más grande santo a la perdición eterna y a los fuegos infernales, si tan sólo este santo hombre no se sometió a la estéril e insensata forma de bautismo por medio del agua, acompañado por oraciones *vacías* y vano ritualismo.

Usamos las expresiones "oraciones vacías" y "vano ritualismo" con conocimiento de causa. Entre los laicos, existe un reducido número de cristianos conscientes del verdadero significado de la palabra *Cristo*; mientras los prelados que por casualidad están familiarizados con ésto, ocultan la información a sus parroquianos, (ya que crecieron en la idea de que es un *pecado* estudiar tales temas). Exigen una fe ciega e implícita, *impidiendo cada forma de investigación, siendo ésta un pecado imperdonable*, aunque todo lo que conduce al conocimiento de la verdad no puede ser más que santo. Desde luego, ¿qué es la "Sabiduría Divina" o *Gnosis*, sino la realidad esencial tras de las efímeras apariencias de los objetos en la naturaleza, la verdadera alma del Logos manifiesto? ¿Por qué los seres que se esfuerzan en alcanzar la unión con la Deidad única, eterna y absoluta, deberían temblar con la idea de penetrar sus misterios, por terribles que sean? ¿Por qué, sobre todo, deberían usar nombres y palabras, cuyo verdadero significado es un misterio sellado para ellos, un simple sonido? ¿Es quizá porque una inescrupulosa institución establecida, ávida de poder, llamada Iglesia, siempre procuró ahogar el espíritu investigador, dando la alarma sin causa cada vez que se emprende alguna tentativa de este género, denunciándola como "blasfema"? Sin embargo, la Teosofía, "la Sabiduría divina," siempre ha ignorado tal

16

alarma y tiene el valor de sus opiniones. El mundo de los escépticos y de los fanáticos podría llamarla un sistema vacío, otro satanismo, sin embargo, nada podrá aniquilarla. A los teósofos se les ha denominado ateos, personas que odiaban el cristianismo, los enemigos de Dios y de los dioses; pero nada de todo ésto es verdadero. Por lo tanto, en este día han accedido a publicar una declaración nítida de sus ideas y una profesión de su fe en lo que atañe al monoteismo y al cristianismo, presentándolas al lector imparcial para que las juzgue, junto con sus detractores, conforme a los méritos de sus respectivas fes. Ninguna mente dedicada a la verdad se opondría a este curso de acción honesto y sincero, al mismo tiempo, ninguna cantidad de nueva luz irradiada sobre el tema la deslumbraría, aunque podría quedarse atónita. Por el contrario, tal vez estas mentes agradezcan a "Lucifer," mientras aquellos acerca de los cuales se dijo: "qui vult decipi decipiatur," (el que quiera ser engañado que lo sea), ¡que se les engañe de todos modos!

Los editores de esta revista se proponen presentar una serie de ensayos tocantes al significado oculto o el esoterismo del "Nuevo Testamento." La Biblia, análogamente a alguna otra escritura de las grandes religiones mundiales, no puede omitirse de la clase de obras alegóricas y simbólicas que, de las épocas prehistóricas, han sido las depositarias de las enseñanzas secretas de los Misterios Iniciáticos, bajo una forma más o menos velada. Seguramente, los primeros escritores de la *Logia* (ahora los Evangelios), conocían *la* verdad y *toda* la verdad; sin embargo, es igualmente cierto que sus sucesores poseían sólo el dogma y la forma, que condujeron a un poder esencialmente jerárquico, en lugar del espíritu de las llamadas enseñanzas de Cristo, razón por la cual aconteció la paulatina perversión. Según las verdaderas palabras de Higgins en la Cristología de San Pablo y de Justino Mártir: tenemos la religión esotérica del Vaticano, un Gnosticismo refinado para los cardenales y uno más burdo para la gente común. Es esta última versión, aún más materializada y tergiversada, la que nos ha alcanzado en nuestra época.

Una carta (de Gerald Massey) que publicamos en el número de Octubre, titulándola: "¿Son las Enseñanzas, atribuidas a

Jesús, contradictorias?" nos sugirió la idea de escribir estas series. Sin embargo, no nos proponemos desmentir ni minimizar, en ningún modo, lo que Gerlad Massey escribió en su crítica. Las contradicciones que nuestro erudito orador y autor pone en relieve, son demasiado obvias para que algún "Predicador" o defensor de la Biblia pueda explicarlas. Desde luego, él expone, de manera más prístina y vigorosa, lo que escribimos acerca del descendiente de José Pandira (o Panthera) en el segundo volumen de "Isis sin Velo," extrayéndolo del talmúdico "Sepher Toldos Jeshu." Por lo tanto, su creencia en el carácter espurio de la Biblia y del Nuevo Testamento, *conforme a su edición actual*, es una creencia que también esta escritora comparte. En vista de la reciente revisión de la Biblia, que ha hecho surgir una constelación de errores, traducciones erróneas e interpolaciones, (algunas admitidas, otras omitidas), sería una tarea difícil para un contradictor, confrontar a alguien porque no cree en los textos autorizados.

Sin embargo, los editores someten una objeción acerca de una breve frase en la crítica en examen. Gerald Massey escribe:

"¿Qué sentido tiene dar el 'juramento de la Biblia,' que implica la veracidad del libro, si en realidad, la obra sobre la cual profieres tu voto es un compendio de falsedades que han sido desacreditadas o están por serlo?"

Seguramente, un simbologista del calibre y de la erudición de Massey, no llamaría a "El Libro de los Muertos," los "Vedas" o alguna otra escritura: un "compendio de falsedades."[10]

---

[10] El extraordinario acopio de información que el hábil egiptólogo ha reunido, muestra una completa maestría en el misterio de la producción del *Nuevo Testamento*. Massey conoce la diferencia entre el Christos espiritual, divino y puramente metafísico y el "títere" de Jesús de carne, fruto de la fantasía. Además, está familiarizado con el hecho de que el canon cristiano, especialmente los *Evangelios*, los *Actos*, y las *Epístolas*, están compuestos por fragmentos de sabiduría gnóstica, cuyo cimiento es *precristiano* y se basa en los Misterios de la Iniciación. La manera teológica de presentar los Evangelios y los pasajes interpolados, como Marcos xvi, del versículo 9 hasta el fin, los convierten en un "compendio de (*malvadas*) falsedades," denigrando al Christos. Sin embargo, el ocultista que discierne entre las dos

18

Entonces ¿por qué no considerar el Viejo Testamento y, *en medida más amplia*, el Nuevo, en la misma luz como todas las demás obras?

Todos éstos son "compendios de falsedades" si se aceptan en la interpretación exóterica literal de sus antiguos y, especialmente modernos, hermeneutas teológicos. Cada una de estas obras ha, a su vez, fungido como medio para asegurar el poder, sosteniendo la política ambiciosa de eclesiásticos sin escrúpulos. Todos han promovido la superstición, convirtiendo a sus dioses en Molochs y demonios cruentos siempre dispuestos a condenar, induciendo a las naciones a servir a estos últimos en lugar del Dios de la Verdad. Sin embargo, mientras los dogmas astutamente elaborados y las intencionales interpretaciones erróneas de los comentadores, obviamente son "falsedades ya desacreditadas," los mismos textos son una cornucopia de verdades universales. Sin embargo, para el mundo profano y los pecadores eran y, aún son, caracteres misteriosos dibujados por los "dedos de la mano de un hombre" en la pared del Palacio de Belshazzar: *es menester un Daniel para leerlos y comprenderlos.*

A pesar de todo, la Verdad no se ha permitido permanecer sin testigo. Además de los grandes Iniciados en la simbología de las escrituras, existe un cierto número de silenciosos estudiantes de los misterios o del esoterismo arcaico y eruditos versados en el hebraico y en otros idiomas muertos, que han dedicado sus vidas a descifrar las palabras de la Esfinge de las religiones mundiales. Aunque ninguno de estos estudiantes domine todas las "siete claves" que permiten el acceso al gran problema, han descubierto lo suficiente para decir: *ha existido* un idioma universal de los misterios en el cual se redactaron todas las Escrituras del Mundo, partiendo de los "Vedas" hasta la "Revelación," del "Libro de los Muertos" hasta los "Actos." En todo caso, ahora se ha rescatado una de las claves del Idioma de

---

corrientes: (la verdadera gnóstica y la *pseudo*-Cristiana), sabe que los párrafos libres de la tergiversación teológica pertenecen a la sabiduría arcaica. Esto lo sabe también Massey, aunque sus ideas divergen de las nuestras.

los Misterios: la numérica y geométrica.[11] En realidad, es un antiguo lenguaje que ha permanecido oculto hasta hoy; pero las pruebas de su existencia abundan, como es posible averiguar mediante innegables demostraciones matemáticas. En verdad, si se obliga al mundo a aceptar el significado literal de la Biblia, no obstante los modernos descubrimientos de los orientalistas y los esfuerzos de estudiantes y cabalistas independientes, es simple vaticinar que aún las actuales generaciones europeas y americanas la repudiarán, como han hecho todos los materialistas y las personas lógicas. Desde luego, mientras más uno estudia los antiguos textos religiosos, más descubre que el cimiento del Nuevo Testamento es idéntico al de los Vedas, de la teogonía egipcia y de las alegorías mazdeistas. Las expiaciones mediante la sangre, pactos y transferencias de sangre de los dioses a los seres humanos, efectuados por estos últimos como sacrificios a los dioses, son la primera tónica que vibra en toda cosmogonía y teogonía. Alma, vida y sangre, eran sinónimos en cada idioma, especialmente entre los judíos y el dar la sangre era dar la vida. "Entre ciertas naciones ubicadas en diferentes áreas geográficas, existen leyendas que atribuyen el alma y la conciencia, en la humanidad recién creada, a la sangre de los dioses creadores." Berosus transcribió una leyenda caldea según la cual: la creación de una nueva raza humana consistía en la mezcla de polvo y sangre dimanante de la cabeza decapitada del dios Belus. Según explica Berosus: "Esta es la razón por la cual la humanidad es racional y comparte el conocimiento divino."[12] En una nota en la página 52 de "Principios de

---

[11] "En lo que concierne a los esfuerzos de la escritora, la clave para encontrar el lenguaje se halló en el uso, extraño a decir, de la razón integral en números del diámetro de la circunferencia de un círculo, descubierto" por un geómetra. "Esta razón es 6561 para el diámetro y 20612 para la circunferencia." (Manuscrito cabalístico.) En uno de los futuros números de "Lucifer," valiéndonos del permiso del descubridor, proporcionaremos más detalles.

[12] Veáse "Antiguos Fragmentos" de Cory. Sanchoniaton y Hesiodo comparten la misma creencia, atribuyendo la *vivificación* de la humanidad a la sangre vertida de los dioses. Sin embargo, la sangre y

El pecado es la ignorancia

Historia," Lenormant muestra que: "los Orficos [...] decían que la *parte inmortal del ser humano, su alma* (su vida), procedía de la sangre de Dionisio Zagreo, a quien [...] los Titanes descuartizaron." La sangre "reanima a los muertos," cuya acepción metafísica implica impartir vida *consciente* y un alma al ser de materia o arcilla. Estos últimos adjetivos describen al moderno materialista. Sólo los que poseen algunas de las *siete claves* y no les importe San Pedro, podrán comprender o apreciar el verdadero valor *oculto* del significado místico de la expresión: "En verdad os digo, a menos que *comáis la carne* del Hijo del hombre y *bebáis su sangre*, no tendréis vida en vosotros."[13] Las palabras, ya sea que provengan de Jesús de Nazareth o de Jesús Ben-Panthera, son de un Iniciado. Se deben interpretar valiéndose de *tres* claves: una, capaz de abrir la puerta *psíquica,* la segunda, la *fisiológica* y la tercera, aquella que revela el misterio del ser terrestre, desenmarañando la inseparable mezcla de la teogonía y la antropología. Muy a menudo, a los místicos se les ha denunciado como servidores del Anticristo, aún por aquellos cristianos que son muy dignos,

---

el *alma* son la misma y única cosa (*nephesh*), y en este caso la sangre de los dioses significa el alma que ilumina.

[13] Nuevamente, G. Massey, gracias a su profunda búsqueda en la ciencia egipcia, virtualmente admite la existencia de estas *siete* claves. Mientras se opone a las enseñanzas de "El Budismo Esotérico" que, lamentablemente, entendió erróneamente bajo casi todo punto de vista, en su conferencia sobre "Las Siete Almas del Hombre" escribe: "Este sistema de pensamiento, esta manera de representación y estos poderes septenarios, se han establecido en Egipto bajo varios aspectos, al menos desde hace siete mil años, según aprendemos de ciertas alusiones a Atum (el dios 'en el cual la paternidad era individualizada en aquel *que engendra un alma eterna*' el *séptimo* principio de los Teósofos), alusiones encontradas en las inscripciones descubiertas recientemente en Sakkarah. Digo en varios aspectos *porque la gnosis de los Misterios era, al menos, septenaria en su naturaleza*: era Elemental, Biológica, Elementaria (humana), Estelar, Lunar, Solar y Espiritual. *Sólo una comprensión completa de todo el sistema puede permitirnos discernir las diferentes partes, distinguiendo la una de la otra, determinando cuál y qué cosa, mientras tratamos de seguir los simbólicos Siete a través de sus varias fases de carácter.*"

sinceramente piadosos y respetables, ya que revelaron algunas de estas verdades *proponiéndose, únicamente, salvar a la humanidad intelectual de las insensateces del materialismo y del pesimismo.*

La primera clave que se debe usar para desglosar los secretos obscuros, entrañados en el nombre místico de Cristo, es aquella que abrió la puerta de los antiguos misterios de los primitivos arios, sabeistas y egipcios. La Gnosis que el esquema cristiano proporcionó era universal, el eco de la religión-sabiduría primordial que anteriormente había sido la herencia de toda la humanidad. Por lo tanto, se puede verdaderamente decir que: en su aspecto puramente metafísico, el Espíritu de Cristo (el *logos* divino), estaba presente en la humanidad desde el principio. El autor de las Homilías Clementinas tiene razón, el misterio de Christos que, según se supone, Jesús de Nazareth había enseñado, "era idéntico" a lo que, *desde el principio*, se había comunicado "*a los que eran dignos,*" conforme a cuanto se mencionó en otra conferencia.[14] En el Evangelio *según* Lucas, podemos aprender que los "dignos" eran los que habían sido iniciados en los misterios de la Gnosis y se consideraban "dignos" por haber alcanzado "la resurrección de los muertos" *en esta vida* [...] "sabían que no podían morir más, siendo iguales a los ángeles como hijos de Dios e hijos de la Resurrección." En otras palabras, eran los grandes adeptos *de cualquier religión* y esta expresión es aplicable a todos los que, sin ser Iniciados, luchan y tienen éxito esforzándose personalmente *en vivir la vida*, alcanzando la iluminación espiritual que deriva, naturalmente, de la íntima combinación de su personalidad (el "Hijo") con el ("Padre"), su Espíritu individual divino, *el Dios dentro* de ellos. Nunca los cristianos podrán monopolizar esta "resurrección," es el derecho espiritual de nacimiento de todo ser humano dotado de un alma y un espíritu, cualquiera que sea su religión. Un individuo del género es un *hombre-Cristo*. Por el contrario, los que deciden ignorar el principio Crístico en su interior, deben morir como *paganos no*

---

[14] "Cristianismo Gnóstico e Histórico."

regenerados, a pesar del bautismo, los sacramentos, las oraciones vacías y la creencia en los dogmas.

A fin de seguir esta explicación, el lector debe tener presente el verdadero significado arcaico del juego de palabras presente en los dos términos *Chrestos* y *Christos*. (Véase nota número 7). Seguramente, el primero significa más que un hombre "bueno" y "excelente"; mientras que el otro nunca se aplicó a ningún hombre viviente; sino a cada Iniciado en el momento de su *segundo nacimiento y resurrección*.[15] El que encuentra a Christos dentro de sí, reconociendo a este último como el único "camino," se convierte en un seguidor y un *Apóstol de Cristo*, aunque nunca haya recibido el bautismo, encontrado un "Cristiano" o aún menos, haberse llamado con este epíteto.

II

La existencia de la palabra Chréstos remonta a épocas anteriores al Cristianismo. Ya en el siglo quinto antes de Cristo, la usaron Herodoto, Esquilo y otros escritores griegos clásicos y su significado se aplicaba tanto a las cosas, como a las personas.

Así, en (Choéphores 901) de Esquilo se lee: Μαντευματα πυθοχρηστα (*pythochrésta*) los "oráculos pronunciados por un Dios Pytiano" (Diccionario Griego-Inglés), a través de una pitonisa. El término *Pythochréstos* es el nominativo singular de un adjetivo derivado de *chrao*: χραω (Eurípides, *Ion*, 1, 218). Los significados más recientes acuñados libremente de esta primitiva aplicación, son varios y numerosos. Con el verbo χραομαι: "consultar un oráculo," los clásicos paganos expresaban más que una idea; en cuanto, también significa: "marcado por el destino," *destinado* por un oráculo en el sentido de *víctima sacrificada a su decreto* o "a la Palabra;" pues *chrésterion* no sólo es "el asiento de un oráculo"; sino también

---

[15] "En verdad, en verdad os digo, a menos que un hombre *nazca de nuevo*, no podrá ver el Reino de Dios." (Juan iii. 4.) En este caso se indica el nacimiento *desde arriba*, el nacimiento espiritual, alcanzado en la última y suprema iniciación.

"una ofrenda a y para, el oráculo."[16] *Chréstes,* χρηστηξ, es aquel que presenta o explica los oráculos, "un *profeta,* un *adivino;*"[17] mientras *chrésterios,* χρηστηριοξ, es alguien que pertenece a un oráculo, a un dios o a un "Maestro[18] o está a su servicio. Todo ésto, a pesar de los esfuerzos de Canon Farrar.[19]

---

[16] Según la explicación de Herodoto (7.11.7.), la palabra χρεων significa lo que un oráculo declara, mientras por Plutarco (Nic. 14.), το χρεων quiere decir "destino," "necesidad." Véase Herodoto 7.215; 5.108 y Sófocles, Phil 437.

[17] Véase el Diccionario Griego-Inglés de Liddell y Scott.

[18] Por lo tanto un *Guru,* "un maestro," y un *chela,* un "discípulo," en sus relaciones recíprocas.

[19] Canon Farrar, en su reciente trabajo: "Los Primeros Días del Cristianismo," observa:

"Según algunas suposiciones, ésto estriba en un simpático juego de palabras entre *Chrestos* ('dulce' Ps. xxx., iv., 8) y Christos (Cristo)" (I. nota en la página 158). Pero no hay nada que suponer visto que, en realidad, empezó por un "juego de palabras." El nombre *Christus no* fue "distorsionado en Chrestus," como al erudito autor le gustaría hacer creer a sus lectores (pag. 19), sino que fue el adjetivo y el nombre *Chrestos* que se tergiversó en *Christus,* aplicándoselo a Jesús. En una nota sobre la palabra "Crestiano," que se encuentra en la Primera Epístola de Pedro (cap. iv., 16), cuya versión *revisada* en el manuscrito más reciente es *Cristiano,* Canon Farrrar nuevamente observa: "Quizá se debiera leer la distorsión pagana ignorante: *Crestiano.*" Seguramente, ya que el elocuente escritor debería tener presente la orden de su Maestro de dar al César lo que es del César. No obstante su disgusto, Farrar se ve obligado a admitir que, en el año 44, el nombre *Cristiano* fue *inventado* por los Antioqueños, propensos a la broma y a la burla, pero su uso corriente aconteció antes de la persecución de Nerón. El dice: "Tácito usa la palabra Cristianos con acento lleno de disculpas. Es notorio que en el Nuevo Testamento aparece sólo tres veces, siempre con un significado hostil (Actos xi. 26, xxvi. 28 y también en iv. 16)." No sólo Claudio; sino también todas las naciones paganas, consideraban a los Cristianos con alarma y sospecha, cuyo epíteto era una burla por haber carnalizado un principio o un atributo subjetivo. Desde luego, Tácito, hablando de aquellos que las masas llamaban "Cristianos," los describe como un conjunto de seres *detestados por sus atrocidades* y crímenes. No hay que maravillarse, pues la historia se repite. No cabe duda que existen millares de

Lo que antecede, prueba que los términos Cristo y Cristianos, cuya ortografía original: *Chrést* y *Chrestianos* χρηστιανοι,[20] se tomó prestada de la terminología del Templo de los Paganos y tenía el mismo significado. Ahora, el Dios de los Judíos se sustituyó con el Oráculo y otros dioses. La designación genérica "Chréstos" se convirtió en un nombre adscrito a un particular personaje y, del viejo material, se elaboraron neologismos como *Chréstianoï* y *Chréstodoulos*: "un seguidor o servidor de Chrestos." Philo Judeo muestra todo ésto, sin duda era un monoteísta que empleaba la misma palabra con propósitos monoteístas, ya que habla de θεοχρηστοξ (*téochrestos*): uno "declarado por Dios," y de λογια θεοχρηστα (*logia téochrésta*) "adagios pronunciados por Dios." Lo anterior prueba que él escribió en un período (entre el primer siglo antes de Cristo y el primero después de Cristo), cuando el binomio Cristianos y Crestianos aún no se conocía bajo estos términos; sino que se llamaban, todavía, Nazarenos. La notable diferencia entre χραω: "consultar u obtener una respuesta de un dios o de un oráculo," (cuya forma iónica anterior era χρεω) y χριω (*chrio*) "frotar, ungir" (del cual provino el nombre Christos), no ha impedido la adopción eclesiástica y la elaboración de la expresión de Philo: θεοχρηστοξ, convirtiéndola en el otro término θεοχριστοξ: "ungido por Dios." Por lo tanto, como podemos constatar, la silenciosa sustitución de la letra ι por la η con fines dogmáticos, fue fácilmente realizable.

La acepción profana de *Chréstos* se encuentra en toda la literatura clásica griega, paralelamente a la que se le adjudicó en los misterios. Cuando Demostenes dice: ω χρηστε (330, 27), implica simplemente: "tú, buena persona." En el "Phedro" de

---

Cristianos nobles, sinceros y virtuosos. Sin embargo, es suficiente considerar la perversidad de los "paganos" convertidos en Cristianos, la *moralidad* de estos prosélitos en la India que los mismos misioneros rehusan tomarlos a su servicio, para trazar un paralelo entre los conversos de 1800 años atrás y los paganos modernos "tocados *por la gracia.*"

[20] Justino Mártir, Tertuliano, Lactancio, Clemente Alejandrino y otros, lo deletrearon de la misma manera.

Platón, encontramos: χρηστοξ ει οτι ηγει "es excelente el hecho de que piensas [...]" Sin embargo, en la fraseología esotérica de los templos, "chrestos,"[21] una palabra que, análogamente al participio *chrésteis*, se forma bajo la misma regla y transmite el idéntico significado del verbo χραομαι: ("consultar un dios"), implica lo que llamaríamos un adepto y también un *chela* elevado, un discípulo. Este es el sentido en el cual lo usa Eurípides (Ion. 1320) y Esquilo (IC). Dicha calificación se aplicaba a los que el dios, el oráculo o algún superior, les había proclamado ésto, aquello o lo otro. Con respecto al asunto en examen, vamos a presentar una ilustración.

Las palabras χρησεν οικιστηοα que Pimandro usa (p. 4-10), significan: "el oráculo lo *proclamó* el colonizador." En este caso, el genio del idioma griego, permite que al hombre así proclamado, se le llame χρηστοξ (*Chréstos*). Por lo tanto, este término se adjudicaba a todo Discípulo reconocido por un Maestro y también a todo hombre bueno. Ahora bien, el lenguaje griego permite extrañas etimologías. La teología cristiana ha elegido y decretado que el nombre Christos se debería considerar derivante de χριω, χρισω (Chriso), "ungido con ungüentos o aceites aromáticos." Sin embargo, esta palabra tiene varios significados. Ciertamente, Homero, al igual que otros escritores antiguos, la usa indicando el masaje con la aplicación de aceite después de un baño (Iliades, 23, 186 y

---

[21] Véase el diccionario Griego-Inglés de Scott y Liddell. En realidad, *Chrestos* es uno al cual el oráculo o el profeta, continuamente lo previenen, lo aconsejan y lo guían. G. Massey se equivoca al decir: "[...] La forma Gnóstica del nombre Chrest o Chrestos indica el *Buen Dios* y no un original humano," ya que señalaba a este último: un hombre bueno y santo. Sin embargo, tiene razón al agregar que: "*Chrestianus* significa [...] 'Dulzura y Luz.' [...] Los *Chrestoi*, como las *Personas Buenas*, eran preexistentes. Numerosas inscripciones griegas muestran que el fallecido, el héroe, el santo, es decir el 'Bueno,' se le denominaba *Chrestos* o el Cristo y Justín, el primer apologista, hace derivar el nombre Cristiano del significado de 'Bueno.' Esto lo identifica con la fuente Gnóstica y con el 'Buen Dios' que, según Marcio, se reveló, es decir el Un-Nefer o el que 'Abre hacia el Bien,' de la teología egipcia." ("Anuario Agnóstico.")

también la Odisea, 4, 252). Ostensiblemente, el término χριστηξ (*Christes*), significa más bien *blanqueador*, mientras el término Chrestes (χρηστηξ), quiere decir sacerdote y profeta, un calificativo más aplicable a Jesús que aquel de "Ungido", ya que nunca fue ungido, ni como rey, ni como sacerdote, según muestra Nork basándose en la autoridad de los Evangelios. En suma, existe un misterio profundo que subyace en todo el esquema que, según considero, es posible revelarlo sólo mediante el conocimiento de los misterios *Paganos*.[22] El punto importante no es lo que pueden afirmar o negar los primeros Padres, los cuales tenían un objetivo que alcanzar; sino lo que ahora es la prueba para el verdadero significado que los antiguos, en la época precristiana, impartieron a los dos términos *Chréstos* y *Christos*. Estos últimos no se prefijaron ningún objetivo, por lo tanto, no tenían nada que ocultar o mistificar y, naturalmente, su prueba es la más confiable entre las dos. Esta es alcanzable estudiando, primero, el significado que los clásicos dan a estas palabras y buscando su correcta acepción en la simbología mística.

Ahora bien, como ya dijimos, *Chrestos* es un término que se aplica en varios sentidos. Caracteriza tanto a la Deidad como al Hombre. El primer significado se encuentra en los Evangelios y en Lucas (vi., 35), donde quiere decir "bondadoso," y "misericordioso", χρηστοξ εστιν επι τουξ. En Pedro I (ii., 3), donde se lee: "Bondadoso es el Señor," χοηστοξ ο κυριοξ. Por otra parte, según la explicación de Clemente Alejandrino,

---

[22] Nuevamente, tengo que presentar lo que G. Massey dice. (Lo menciono con frecuencia porque ha estudiado este tema muy profunda y concienzudamente.)

"Mi tesis, o mejor dicho, explicación, es que el autor del nombre Cristiano es la Momia-Cristo egipcia, llamada *Karest*, que era un tipo del espíritu inmortal en el ser humano, el Cristo interior (según Pablo), la divina progenie encarnada, el Logos, la Palabra de la Verdad, el *Makheru* egipcio. ¡No originó como simple tipo! La momia preservada era el *cuerpo muerto de algún ser* que era *Karest*, o momificado, que los vivos debían mantener y, a través de una repetición constante, ésto se convirtió en un tipo de resurrección entre, (¡y no de!) los muertos." Véase la explicación de ésto enseguida.

simplemente significa un hombre bueno, es decir: "A todos los que creen en *Chrést* (un hombre bueno), se les *llama*, y *son*, *Chréstianos*: hombres buenos." (Strom lib. ii.) La discreción de Clemente es bastante natural, visto que su cristianismo, según la verdadera observación de la obra de King titulada "Gnósticos," no era más que un injerto sobre el tronco compatible de su Platonismo original. El era un Iniciado, un nuevo platónico, antes de llegar a ser un cristiano, hecho que no podía exonerarlo de su voto al secreto, a pesar de cuanto se haya alejado de sus ideas previas. Además, Clemente, como Teósofo y *Gnóstico*, uno que *sabía*, debía estar consciente de que *Christos* era "el Sendero," mientras *Chréstos* era el solitario viajero que vagaba a fin de alcanzar la meta última a través de ese "Sendero," cuyo propósito era *Christos*, el Espíritu de la "Verdad" glorificado que, al unificarse con él, hace al alma (el Hijo), Uno con el (Padre), el Espíritu. No cabe duda que Pablo estaba familiarizado con esto y sus expresiones lo prueban. Desde luego ¿qué significa παλιν ωδινω αχριξ ου μορφωθη χριστοξ ενυμιν, o según la traducción autorizada: "Estoy nuevamente sufriendo los dolores del parto hasta que el *Cristo se forme en vosotros*"; sino lo que presentamos en su versión esotérica: "hasta que encontréis *el* Christos en vosotros como vuestro único 'sendero'?" (Véase Gálatas iv 19 y 20.)

Por lo tanto, Jesús, ya sea de Nazareth o de Lüd[23] era, incontrovertiblemente, un Chréstos, ya que durante su vida y

---

[23] O Lydda. En este caso, se hace referencia a la tradición rabínica en la Gemara babilónica, titulada *Sepher Toledoth Jeshu*, según la cual Jesús, siendo el hijo de uno nombrado Pandira, había vivido un siglo antes de la era definida cristiana: durante el reinado del rey judío Alejandro Janneo y su mujer Salomé, el cual reinó del año 106 hasta el 79 a. de J.C. Los judíos acusaron a Jehoshua (Jesús), de haber aprendido el arte de la magia en Egipto y de haber robado el Nombre Incomunicable del Santo de los Santos, por lo tanto, el Sanedrín lo condenó a muerte en Lud. Fue lapidado y después crucificado en un árbol en la víspera de la Pascua. La narrativa se atribuye a los autores Talmudistas de "Sota" y de "Sanedrín", pag. 19 Libro de Zequiel. Véase "Isis sin Velo", Arnobio, "La Ciencia de los Espíritus" de

antes de su última prueba, nunca tuvo el derecho al calificativo de *Christos*. Puede haber sido, como presume Higgins, que el primer nombre de Jesús, quizá fuera χρεισοζ, el segundo χρησοζ y el tercero χρισοζ. "El término χρεισοζ se usaba antes de que la H (*eta* mayúscula), fuera parte del idioma." Sin embargo, Taylor (en su respuesta a Pye Smith), escribe: "El adjetivo complementario Chresto [...] significaba nada más que un hombre bueno."

Nuevamente, podemos valernos de un número de escritores antiguos para atestiguar que *Christos* (o mejor dicho *Chreistos*) era, en concomitancia con χρησοζ = Hrésos, un adjetivo dirigido a los Gentiles antes de la época cristiana. En la obra "Philopatris", se lee: ει τυχοι χρηστος και εν εθνεσιν, que significa: "si chrestos aún existe entre los Gentiles," etc.

En el tercer cápítulo de su "Apología," Tertuliano denuncia el término *"Christianus"* ya que deriva de una "hábil interpretación,"[24] mientras el doctor Jones, divulgando la

---

Eliphas Levi y la conferencia de G. Massey: "El Jesús Histórico y el Cristo Mítico."

[24] "Christianus quantum interpretatione de unctione deducitas. Sed ut cum preferam Chrestianus pronunciatus a vobis (nam nec nominis certa es notitia penes vos) de suavitate vel benignitate compositum est." (En lo que concierne a la interpretación de la palabra Cristiano, ésta se remonta a la unción. Sin embargo, cuando vosotros, los Cristianos, la pronunciáis erróneamente, ya que desconocéis el nombre correcto, es una derivación de dulzura y bondad.) Canon Farrar, se esfuerza ampliamente en mostrar que éste *lapsus calami* de los varios Padres, era el resultado de la aversión y del temor. En "Los Primeros Días del Cristianismo," escribe: "No cabe duda que el calificativo Cristiano era un sobrenombre fruto de la sutileza de los Antioqueños [...] Está claro que los escritores sagrados evitaron el nombre (Cristianos) ya que sus enemigos lo empleaban. (Tac. Ann. xv. 44) Adquirió familiaridad sólo cuando las virtudes de los Cristianos, le impartieron un poco de brillo [...]" Esta es una excusa muy insatisfactoria y una pobre explicación para un pensador tan eminente como Canon Farrar. En lo que concierne a las "virtudes de los Cristianos," siempre empeñados en dar *lustre* al nombre, esperemos que el autor no quisiese referirse al obispo Cirilo de Alejandría, a Eusebio, al Emperador Constantino que tenía fama de asesino y ni a los Papas Borgia y a la Santa Inquisición.

información que buenas fuentes amparan, según la cual *Hrésos* (χρησος) era el epíteto que los Gnósticos y aún los ateos daban a Cristo, nos asegura que el verdadero nombre debería ser χρισος o Christos, repitiendo y afianzando, entonces, el "piadoso fraude" original de los primeros Padres, un fraude que condujo a la degradación carnal de todo el sistema cristiano.[25] Sin embargo, valiéndome de mis humildes poderes y conocimiento, me propongo mostrar el verdadero sentido de todos estos términos. Christos, o el "estado Crístico," siempre fue sinónimo del "estado de Mahatma": la unión del ser humano con el principio divino dentro de él. Como dice Pablo (Efesios iii., 17): "κατοικησατ τον χριστον δια της πιστεως εν ναις καρδιαις υμων." "Que podáis encontrar el Christos en vuestro ser *interior* a través del *conocimiento*" y no la fe, según la traducción, en cuanto *Pistis* es el "conocimiento" y lo demostraremos enseguida.

En la profecía de la Sibila Eritrea: ΙΗΣΟΥΕ ΧΡΕΙΣΤΟΣΘΕΟΝ 'ΥΙΟΣ ΣΩΤΗΡ ΣΤΑΥΡΟΣ (Iêsous Chreistos Theou Huios Sôtêr Stauros), se encuentra otra prueba aún más perentoria según la cual, el nombre *Christos* es pre-cristiano. Si la leemos esotéricamente, el acopio de nombres sin sentido y deshilvanados, no significa nada para el profano; pero encierra una verdadera profecía, que no se refiere a Jesús y contiene un verso del catecismo místico del Iniciado. La profecía trata del descenso a la tierra del Espíritu de la Verdad (Christos), después de cuyo advenimiento, que no tiene nada a que ver con Jesús, empezará la Edad Aurea. El verso se refiere a la necesidad de pasar por la crucifixión interior de la carne o de la materia, antes de alcanzar esa condición beata de teofanía y teopneustía interior (subjetiva). Si la leemos exotéricamente, las palabras "*Iesous Chreistos theou yios soter stauros*," significan literalmente: "Iesus, Christos, Dios, Hijo, Salvador, Cruz," y son un excelente concepto sobre el cual elaborar una profecía Cristiana, pero son *paganos* y no cristianos.

Si se nos pide explicar los nombres Iesous Chreistos, responderemos: estudiad la mitología, las llamadas "ficciones"

---

[25] Citado por G. Higgins. (Véase Vol. I., pag. 569-573.)

de los antiguos y os suministrarán la clave. Ponderad en Apolo, el dios del sol y el "Sanador" y la alegoría acerca de su hijo Jano (o Ion), su sacerdote en Delfos, el único a través del cual, las oraciones podían alcanzar a los dioses inmortales y su otro hijo Asclepio, llamado el *Soter* o Salvador. He aquí un fragmento de historia esotérica que los antiguos poetas griegos escribieron en fraseología simbólica.

Apolo construyó la ciudad de Chrisa[26] (que ahora se deletrea Crisa), en memoria de Kreusa (o Creusa), la hija del Rey Erechteo y madre de Jano (o Ion) y para recordar el peligro al cual este último se sustrajo.[27] Según la tradición, Hermes encontró a Jano en una gruta donde su madre lo había abandonado "para ocultar la vergüenza de una virgen que parió un hijo." Por lo tanto, Hermes trajo el niño a Delfos, criándolo en los parajes del santuario y del oráculo de su padre; donde, bajo el nombre de Chresis (χρησις), Jano se convirtió, primero en un *Chrestis* (un sacerdote, un adivino, o un Iniciado) y, después, casi en un *Chresterion*: "una víctima sacrificatoria"[28] en cuanto su madre, que no lo conocía, lo confundió con un hijo

---

[26] Constatamos que, en los días de Homero, esta ciudad, un tiempo celebrada por sus misterios, fue la sede principal de la Iniciación, mientras el nombre *Chrestos* se usaba como título durante los misterios. En el segundo capítulo de la Iliada, se menciona como "Chrisa" (χρισα). Según sospecha el doctor Clarke, sus ruinas subyacen en el actual área de *Krestona*, una pequeña ciudad o más bien un pueblo, en Phocis cerca de la Bahía Criseana. (Véase E. D. Clarke, cuarta edición de "Delphi," Vol. viii, pag. 239).

[27] La raíz de χρητος (*Chretos*) y χρηστος (*Chrestos*) es la misma. Χραω, cuyo significado es, en un sentido, "consultar el oráculo," en otro es "consagrado," *puesto a parte*, pertenecer a algún templo u oráculo, o devoto a los servicios del oráculo. Por otra parte, la palabra χρε (χρεω), significa "obligación", un "vínculo, un deber", o uno bajo la obligación de una promesa dada, o de un voto tomado.

[28] El adjetivo χρηστος, se anteponía también como calificación y lisonja a los nombres propios. Véase la pag. 166 de "Theetete" de Platón: "Ουτος ο Σωκρατης ο χρηστος", (en este caso Sócrates es el *Chrestos*). Se usaba también como apellido, según muestra Plutarco en "Phocion", el cual se pregunta cómo, a un ser tan grosero e insignificante como Phocion, se le pueda denominar *Chréstos*.

de su marido y estuvo a punto de envenenarlo inducida por los celos y la vaga indicación del oráculo. El la siguió hasta el altar con la intención de matarla; pero la pitonisa la salvó, divulgando a ambos el secreto de su relación. Por lo tanto, Creusa, la madre, para recordar este acontecimiento casi mortal, construyó la ciudad de Chrisa o Krisa. Esta es la alegoría, la cual simplemente simboliza las pruebas de la Iniciación.[29]

Resulta fácil encontrar el hilo de Ariadna en este laberinto de alegorías, una vez descubierto que Jano, el Dios solar e hijo de Apolo, el Sol, significa el "Iniciador" y "El que abre la Puerta de

---

[29] Un ocultista considerará que el mito, (si lo es), de Jano, contiene aspectos extraños y muy sugestivos. Según algunos es la personificación del *Kosmos*, según otros del *Coelus* (Cielo), por lo tanto tiene "dos caras", debidas a sus dos caracteres de espíritu y materia. Sin embargo, no es únicamente "Jano *Bifrons*" (de dos caras), sino también *Quadrifons* (de cuatro caras), el cuadrado perfecto, el emblema de la Deidad cabalística. Sus templos se construían con *cuatro* lados iguales, una puerta y *tres* ventanas por cada lado. Según la explicación de los estudiantes de mitología, es un emblema de las *cuatro* estaciones del año y los *tres* meses en cada una de ellas mientras, en su totalidad, representa los doce meses. Sin embargo, durante los misterios de la Iniciación, se convertía en el Sol Diurno y el Sol Nocturno, razón por la cual, a menudo se representa con el número 300 en una mano y 65 en la otra: cuyo total son los días de un año solar. Ahora bien, valiéndose de la autoridad cabalística, se puede demostrar que *Chanoch* (Kanoch y *Enosh* en la Biblia) es el mismo personaje, ya que sea hijo de Caín, de Seth o de Matusalén. Según Fuerst: como *Chanoch* "es el *Iniciador, el Instructor* del círculo astronómico y del año solar," mientras que, como hijo de Matusalén, se dice que haya vivido 365 años y haya sido conducido al cielo vivo, como representante del Sol (o Dios). (Véase el Libro de Enoc). Este patriarca tiene muchos aspectos comunes con Jano, el cual, desde un punto de vista esotérico es Ion, mientras, cabalísticamente hablando, es Iao o Jehová, el "Señor Dios de las Generaciones," el misterioso Yodh o Uno (un número fálico), ya que a Jano o a Ion, también se le denomina *Consivius*, (el que plantea), en cuanto presidió sobre las generaciones. Se le muestra mientras da hospitalidad a Saturno (*Chronos* "tiempo") y es el *Iniciador* del año o el tiempo dividido por 365.

la Luz" o la sabiduría secreta de los misterios, el cual nació de Krisa (esotéricamente *Chris*) y era un *Chrestos* a través del cual habló Dios. Al final era Ion, el padre de los Ionios y, según algunos, un *aspecto* de Asclepio, otro hijo de Apolo. Desde luego, éste no es el lugar apropiado para avalar cuestiones mitológicas secundarias. Es suficiente mostrar la conexión entre los caracteres míticos de la vetusta antigüedad y las fábulas más recientes que indican el principio de nuestra era de civilización. Asclepio (Esculapius), era el doctor divino, el "Sanador," el "Salvador," Σωτηρ, según se le llamaba, título atribuido también a Jano de Delfos, mientras Iaso, la hija de Asclepio, era la diosa de la sanación, bajo cuyo patronazgo se encontraban todos los candidatos para la iniciación en el templo de su padre; a los neófitos o *chrestoi* se les denominaban: "hijos de Iaso." (Véase, en lo que concierne al nombre, "Plutus" de Aristófanes, 701).

Ahora bien, si tenemos presente, primero: que los nombres de Iesus en sus diferentes formas: Iasius, Iasion, Jason e Iasus, eran muy comunes en la antigua Grecia, especialmente entre los descendientes de Jasius (los Jasides), como también el número de los "hijos de Iaso," los *Mystoï* y futuros Epoptai (Iniciados), ¿por qué no se deberían leer las palabras enigmáticas en el Libro Sibilino, en su legítima luz, desprovistas de relación alguna con una profecía cristiana? Según la enseñanza de la doctrina secreta, las primeras palabras: ΙΗΣΟΥΣ ΧΡΕΙΣΤΟΣ, simplemente significan: "hijo de Iaso, un Chrestos," o un sirviente del Dios oracular. En realidad, *en el dialecto iónico*, Iaso (Ιασω) es *Ieso* ('Ιησω), mientras la expresión 'Ιησους (*Iesous*) en su forma arcaica: 'ΙΗΣΟΥΣ, simplemente significa "el hijo de Iaso o *Ieso*," el "sanador," es decir: ο Ιησους (υιος). Seguramente, no podemos plantear ninguna objeción a tal traducción ni a la ortografía del nombre *Ieso* en lugar de *Iaso*, ya que la primera forma es *ática* y entonces errónea, pues el nombre es *Iónico*. "Ieso," del cual deriva "O'Iesous" (hijo de Ieso), un genitivo y no un nominativo, *es iónico y no puede* ser de otro modo, si se considera la edad de los libros Sibilinos. Ni la Sibila de Eritrea pudo, originalmente, haberlo deletreado de manera diferente, ya que Eritrea, su residencia, era una ciudad en Ionia (de Ion o Jano), en de frente de Chios, además, la forma *iónica* precedió aquella *ática*.

En este caso, poniendo a un lado el sentido místico de la frase sibilina actualmente famosa y dando únicamente su interpretación literal, según la autoridad de lo hasta ahora dicho, estas misteriosas palabras significarían: "Hijo de Iaso, Chrestos (el sacerdote o el sirviente) (del) Hijo (del) Dios (Apolo), el Salvador de la Cruz" (de carne o de materia).[30] En verdad, nunca se podrá esperar comprender el cristianismo mientras no se elimine todo rasgo de dogmatismo, sacrificando la letra muerta por el Espíritu eterno de la Verdad, que es tanto Horus, Crishna y Buda, como el Christos gnóstico y el verdadero Cristo de Pablo.

En la obra "Viajes" del doctor Clarke, el autor describe un monumento pagano que descubrió.

Dentro del santuario, tras del altar, vimos los fragmentos de una *cátedra en mármol*, en cuya parte trasera encontramos la siguiente inscripción exactamente como la reproducimos aquí, sin perjudicar ni borrar nada. Quizá proporcione el único ejemplar conocido de inscripción sepulcral sobre un monumento de esta notable forma.

La inscripción es la siguiente: ΧΡΗΣΤΟΣ ΠΡΩΤΟΥ ΘΕΣΣΑΛΟΣ ΛΑΡΙΣΣΑΙΟΣ ΠΕΛΑΣΤΙΟΤΗΣ ΕΤΩΝ ΙΗ cuya traducción es: "Chrestos, el primero, un tesalónico de Larissa, un Héroe pelásgico de 18 años." ¿Por qué dice Chrestos el *primero* (*protoo*)? La inscripción tiene poco sentido si la leemos de manera literal, mientras su interpretación esotérica rebosa de significado. Según Clarke demuestra: la palabra Chrestos se encuentra en los epitafios de casi todos los antiguos larisianos, pero siempre la antecede un nombre propio. Por lo tanto, si el

---

[30] *Stauros* se convirtió en la cruz, el instrumento de la crucifixión, sólo más recientemente, cuando se empezó a representarla como un símbolo cristiano y con la letra griega T, Tau. (Luciano, Judicum Vocalium.) Su sentido primitivo era fálico, simbolizando los elementos masculino y femenino, la gran serpiente de la tentación, el cuerpo que el dragón de la sabiduría debía matar o someter, el chnouphis solar hepta-vocal o Espíritu de Christos de los Gnósticos o, nuevamente, Apolo que mata a Pitón.

adjetivo Chrestos seguía a un nombre, significaba simplemente "un hombre bueno," un cumplimiento póstumo rendido al difunto, parecido a lo que, a menudo, se encuentra en los modernos epitafios sepulcrales. Sin embargo, como la palabra Chrestos se halla sola, mientras "protoo" la sigue, tiene un significado totalmente diferente, especialmente cuando al fallecido se le especifica como un "héroe." Para la mente de un ocultista, el difunto era un neófito, el cual murió al cumplir el año décimoctavo de su *noviciado*,[31] mientras se encontraba en la primera o más elevada clase de discipulado y había superado sus pruebas preliminares como un "héroe." Sin embargo, murió antes del último misterio que lo hubiera convertido en un "Christos," un *ungido*, uno en el cual se alberga el espíritu de Christos o de la Verdad. No había alcanzado el término del "Sendero," aunque había, heroicamente, conquistado los horrores de las pruebas teúrgicas preliminares.

Nos sentimos totalmente justificados en interpretar el texto de esta manera, después de aprender el lugar donde Clarke descubrió la tablilla que se encontraba, según observa Godfrey Higgins, allí donde "debería haber esperado hallarla, en Delfos, en el templo del Dios Ie," que entre los cristianos se convirtió en Jah o Jehová, idéntico a Cristo Jesús. Estaba al pie de Parnasso en un gimnasio, "adyacente a la fuente Castaliana que dimanaba de las ruinas de Crisa, probablemente la ciudad llamada Crestona," etc. Además: "En la primera parte de su curso de la fuente (Castaliana), (el río) separa los restos del gimansio [...] del valle de Castro," como probablemente separaba la antigua ciudad de Delfos, la sede del gran oráculo de Apolo, de la ciudad de Krisa (o Kreusa), el gran centro de las iniciaciones de

---

[31] Aún hoy, en la India, el candidato pierde su nombre y su edad como acontece en la Masonería y (también con los monjes y las monjas que cambian sus nombres cristianos cuando toman el orden o el velo) y empieza a contar sus años a partir del día que se acepta como chela y entra a lo largo del ciclo de las iniciaciones. Por lo tanto, Saul era "un niño de un año" cuando empezó a reinar, aunque era ya un adulto. Véase I Samuel cap. xiii, I., y los pergaminos judíos, acerca de su iniciación por obra de Samuel.

los *Chrestoi* de los decretos de los oráculos, donde a los candidatos se les ungía con aceites sagrados[32] para el *trabajo* final antes de ser lanzados en su último trance de 49 horas (como todavía acontece en oriente), del cual surgían como adeptos glorificados o *Christoi.*"

En la obra de Gerald Massey "El Nombre y la Naturaleza del Cristo", leemos:

En los Reconocimientos Clementinos se aprende que el padre unge a su hijo "con aceite extraído de la madera del Arbol de la Vida y, debido a esta unción, se le llamaba Cristo": de donde proviene el nombre Cristiano. Nuevamente, ésto tiene su origen en Egipto. Horus era el hijo ungido del padre. En realidad, la manera de efectuar su unción del Arbol de la Vida que se representa en los monumentos, es muy primitiva y el Horus egipcio tuvo su epígono en el Cristo Gnóstico, al cual se le reproduce en las piedras gnósticas como eslabón de unión intermedio entre *Karest* y el Cristo y también como el Horus bisexual.

G. Massey relaciona el Christos griego o Cristo, con el *Karest* egipcio, la "momia modelo de la inmortalidad," amparando su posición muy cabalmente. Empieza diciendo que en Egipto, la "Palabra de la Verdad" es *Ma-Kheru*: el título de Horus. Por lo tanto, según demuestra, Horus precedió a Cristo como Mensajero de la Palabra de la Verdad, el Logos o el que manifiesta la naturaleza divina en la humanidad. En el mismo ensayo citado anteriormente, Massey escribe:

La Gnosis constaba de tres fases: astronómica, espiritual y doctrinal y este trinomio puede identificarse con el Cristo de Egipto. En la fase astronómica, a la constelación Orión se le llama el *Sahu* o *momia*. El alma de Horus se representaba mientras surgía de los muertos y ascendía al cielo en las estrellas de Orión. La imagen-momia representaba lo que se preserva y se salva, por lo tanto era un retrato del Salvador, como una especie de inmortalidad. Era la imagen de un muerto que, según nos dicen Plutarco y Herodoto, se llevaba a

---

[32] En la página 313 del "De Corona," Demostenes declara que a los candidatos destinados a la iniciación en los misterios griegos, se les ungía con aceite. Lo mismo acontece ahora en la India donde se usan varias pomadas y ungüentos aún en la iniciación de los misterios *Yogui*.

un banquete egipcio, mientras a los huéspedes se les invitaba a mirarle a la par que comían, bebían y se refocilaban, porque cuando murieran, se convertirían en lo que la imagen simbolizaba: ¡también ellos serían inmortales! A este tipo de inmortalidad se le llamaba *Karest* y *era* el Cristo egipcio. El verbo *Kares* significa preservar, ungir, hacer la Momia como un modelo del eterno que, una vez completada, se le llamaba *Karest*, por lo tanto no se trata de presentar un caso de homonimia: la correspondencia entre *Karest* y *Cristo*.

La imagen de *Karest* estaba envuelta en un tejido sin costura ¡el vestido apropiado del Cristo! No importa cuán largo pueda ser el vendaje, algunas fajas que han sido desenvueltas, medían 1.000 yardas y el tejido era de principio a fin sin costura [...] Ahora bien, este vestuario sin costura de *Karest* egipcio, es una imagen muy explícita del Cristo mítico, que en los Evangelios se convierte en histórico al igual del que lleva una túnica o chiton sin costura, cuya explicación completa ni los griegos ni los judíos dan, mientras lo dilucida el *Ketu* egipcio por su textura y por un vestido o una faja sin costura que se preparó para que durara eternamente y era la ropa de la Momia-Cristo, la imagen de la inmortalidad en las tumbas egipcias.

Además, a Jesús se le condena a muerte conforme a las instrucciones impartidas en la realización del *Karest*. No se debe romper ningún hueso. El verdadero *Karest* debe ser perfecto en cada miembro. "Este es él que sale intacto; cuyo nombre los seres humanos ignoran."

En los Evangelios, Jesús se levanta de nuevo con cada miembro intacto; como el *Karest* perfectamente preservado, a fin de demostrar la resurrección física de la momia. Sin embargo, en el original egipcio, la momia se transforma. El fallecido dice: "Soy espiritualizado. Me he convertido en un alma. Me levanto como un Dios." En el Evangelio se ha omitido esta transformación en la imagen espiritual, el *Ka*.

La ortografía del nombre Chrest o Chrést en latín es sumamente importante, ya que me permite probar la identidad con el *Karest* o *Karust* egipcio: él nombre del Cristo como momia embalsamada que era la imagen de la resurrección en las tumbas egipcias, el tipo de inmortalidad en el aspecto de Horus, el cual surgió nuevamente trazando el sendero fuera del sepulcro para los que eran sus discípulos y seguidores. *Además, esta imagen de Karest o el Cristo-Momia, está*

37

reproducida en las Catacumbas de Roma. En ninguno de los primeros monumentos cristianos se encuentra la representación de la presunta resurrección histórica de Jesús. Sin embargo, en lugar de tal hecho, se halla la escena de Lázaro siendo levantado de la muerte. Tal imagen está ilustrada numerosas veces como resurrección típica ¡mientras no existe una verdadera! La escena no concuerda exactamente con la resurrección de la tumba en el Evangelio. Es meramente egipcia ¡y Lázaro es una momia egipcia! Por lo tanto, en cada representación, Lázaro *es* la momia modelo de la resurrección; Lázaro *es* el Karest, que era el Cristo egipcio y que el arte Gnóstico en las catacumbas romanas reproduce como una forma de Cristo gnóstico, el cual *no era y no podía convertirse en un carácter histórico.*

Además, como la cosa es egipcia, es probable que el nombre sea de derivación egipcia. Si es así, Laz (equivalente a Ras), significa ser elevado, mientras *aru es* el nombre de la momia. Al agregarle la terminación griega *s*, ésto se convierte en Lazarus (Lázaro). En el curso de humanizar el mito, la típica representación de la resurrección encontrada en las tumbas romanas y egipcias, se tornaría en la historia de Lázaro que se levanta de entre los muertos. El tipo de Karest del Cristo en las catacumbas, no se limita a Lázaro.

Por medio del modelo de *Karest*, en las antiguas tumbas egipcias, es posible identificar el Cristo y los cristianos. La momia se hacía a semejanza del Cristo. Era el Cristo de nombre, idéntico a los *Chrestoi* de las Inscripciones griegas. Así, se descubre que en los monumentos egipcios, los honrados fallecidos, los cuales se levantaron nuevamente como seguidores de Horus-Makheru, la Palabra de la Verdad, son los cristianos, οι χρηστοι. *Ma-Kheru* es el término que siempre se aplica a los fieles que ganan la corona de la vida y la llevan al festival llamado 'Ven a mí', una invitación que Horus, el Justificador, proporciona a los 'Benditos de su padre, Osiris', aquellos que, habiendo convertido la Palabra de la Verdad en la ley de sus vidas, eran los Justificados, οι χρηστοι, los cristianos en la tierra.

En una representación del siglo quinto de la Madona y el niño del cementerio de San Valentino, el recíen nacido que yace en una caja o cuna, *es* también el *Karest* o el tipo de momia que enseguida se identifica como el niño divino del mito solar por medio del disco del sol y la cruz del equinoccio tras de la cabeza del infante. Así nace el niño-Cristo de la fe histórica y, visiblemente, empieza en la imagen de *Karest* del Cristo muerto, que era la momia, modelo de la resurrección en Egipto por millares de años antes de la época cristiana. Esto ampara, doblemente, la prueba según la cual el Cristo de las catacumbas cristianas era una reliquia del *Karest* egipcio.

Además, como muestra Didron, existía un retrato de Cristo ¡cuyo cuerpo estaba *pintado de rojo!*[33] Era una tradición popular que Cristo *tenía* un tejido cutáneo rojo. También ésto se explica como una reliquia de la Momia-Cristo. Era un hábito aborigen de hacer las cosas *tapu*, coloreándolas de rojo. Al cádaver se le cubría con un rojo ocre, una manera muy primitiva de hacer la momia o el ungido. Así, el Dios Ptah le dice a Rameses II que ha "*formado nuevamente su piel en cinabrio.*" Esta unción con rojo ocre es llamada *Kura* por los Maoris los cuales hicieron, de manera ánaloga, el Karest o el Cristo.

Podemos ver que la imagen de la momia continuó, a lo largo de otra línea de desenvolvimiento, cuando aprendemos que entre las deletéreas herejías y los pecados mortales de que se acusaba a los Caballeros Templarios, se encuentra la impía costumbre de adorar una Momia que tenía los ojos rojos. También su Idolo, llamado Baphomet, se piensa que haya sido una momia. [...] La Momia era la primera imagen humana del Cristo.

No dudo que los antiguos festivales romanos llamados los *Charistias*, hayan sido, en su origen, relacionados con *Karest* y con la *Eucaristía* como celebración en honor a los manes de sus parientes fallecidos, por cuyo bien se reconciliaban en reunión amigable una vez al año [...] Entonces, es aquí donde debemos buscar la relación esencial entre el Cristo egipcio, los cristianos y las catacumbas romanas. Estos Misterios cristianos, que, según ignorantemente se dice, son inexplicables, se pueden dilucidar únicamente a la luz del Gnosticismo y de la Mitología. No es que sean insolubles por medio de la razón humana, según actualmente pretenden sus incompetentes, pero altamente remunerados, intérpretes. Esta es, meramente, la pueril excusa de personas no calificadas

---

[33] *Porque es, cabalísticamente, el nuevo Adán, el "hombre celestial" y Adán estaba hecho de tierra roja.*

para explicar su irremediable ignorancia, las cuales nunca poseyeron la gnosis o la ciencia de los Misterios, la única capaz de explicar estas cosas en armonía con su génesis natural. Sólo en Egipto es posible leer la esencia del asunto o identificar el origen de Cristo por su naturaleza y nombre, descubriendo al final que Cristo era la Momia material y que nuestra cristología es mitología momificada. ("Anual Agnóstico")

Lo que antecede es una explicación que estriba en una base puramente científica, sin embargo, con un toque de *materialismo* quizá un poco excesivo debido a esta clase de ciencia, a pesar de que el autor sea un famoso espiritista. El ocultismo puro y simple, discierne los mismos elementos místicos tanto en la fe cristiana como en otras fes, aunque repudie, de manera enfática, su carácter dogmático e *histórico*. Es un hecho que en los términos Ιησους ο χριστος (Véase *Actos* v. 42, ix. 14; I Cor. iii. 17, etc), el artículo "o" que indica "Christos," muestra simplemente que se trata de un apellido como aquel de Foción, al cual se diputa por Φωκιων ο ρηστος (Foción el christos) (Plutarco v.) Empero, el personaje (Jesús), así nombrado, a pesar del período en que vivió, era un gran Iniciado y un "Hijo de Dios."

Por supuesto, repetimos que el apellido Christos estriba y la historia de la crucifixión deriva, de eventos que lo precedieron. Por todas partes, en la India tanto como en Egipto, en Caldea como en Grecia, estas leyendas se elaboraron basándose sobre el único tipo primitivo: el sacrificio voluntario de los *logoï*, los *rayos* del Logos único, la emanación directa y manifestada del Uno Infinito, Incognoscible y eternamente oculto, cuyos *rayos* se encarnaron en la humanidad. Se avinieron con *caer en la materia*, por lo tanto se les llama los "Caídos." Este es uno de los grandes misterios que difícilmente se pueden tratar en un artículo de revista; pero la escritora lo considerará en otra obra: "La Doctrina Secreta."

Después de haber dicho todo lo anterior, se pueden agregar algunos hechos ulteriores a la etimología de los términos. En griego, χριστος (Christos) es el adjetivo verbal de χριω (chriô): "ser frotado" con un *ungüento* o una pomada, por lo tanto, en la teología cristiana, el significado final de esta palabra llega a ser el "Ungido", mientras en sánscrito, *Kri*, la primera sílaba del nombre Krishna, quiere decir "verter, pasar sobre, cubrir con"[34] y, entre otras cosas, puede conducir, con análoga facilidad, a hacer de Krishna un "ungido." Los filólogos cristianos tratan de limitar el significado del nombre Krishna a su derivación de *Krish*: "negro". Pero, si se examina con más cuidado la analogía y la comparación entre las raíces sánscritas y griegas contenidas en los nombres Chrestos, Christos y *Ch*rishna, se descubrirá que proceden todos del mismo origen.[35]

En el "Anual Agnóstico" se encuentra una sección titulada "El Nombre y la Naturaleza de Cristo" de G. Massey, el cual escribe:

"En las 'Inscripciones Cristianas' de Bockh, cuyo número es 1287, ningún ejemplar anterior al tercer siglo, contiene el nombre escrito *Chrest* o *Chreist*."

Todavía, no es posible desenmarañar ninguno de estos nombres valiéndose únicamente, según se imaginan algunos orientalistas, de la astronomía y del conocimiento de los signos zodiacales unidos con los símbolos fálicos; ya que, mientras en los Purânas y en la Biblia, los símbolos siderales de los caracteres o personificaciones místicas, desempeñan funciones

---

[34] De aquí deriva la conmemoración de la doctrina durante los Misterios. La mónada pura, el "dios" que se encarna y llega a ser *Chrestos*, o el hombre, en su prueba de vida, donde, una serie de ensayos lo condujeron a la *crucifixión de la carne* y, al final, a la condición de Christos.

[35] Según la mejor autoridad, la derivación del *Christos* griego procede de la raíz Sánscrita *ghársh* = "frota", de aquí *ghársh-a-mi-to*, "frotar", y *ghársh-tá-s* "despellejado, dolido." Además, Krish, cuyo significado es, en un sentido, arar y labrar, también quiere decir causar dolor: "torturar, atormentar" y gharsh-ta-s "es el acto de frotar", todos estos términos remontan a las condiciones de Chrestos y Christos. Hay *que morir en Chrestos*: matar la personalidad y las pasiones, aniquilar toda idea que nos separe de nuestro "Padre", el Espíritu Divino en el ser humano, a fin de tornarse uno con la *Vida* y la *Luz* (Sat) eternas y absolutas antes de poder alcanzar el glorioso estado de *Christos*, el hombre regenerado, el hombre en la libertad espiritual.

astronómicas, sus antetipos espirituales gobiernan el mundo invisible, pero eficazmente. Como abstracciones, existen en el plano superior; como ideas manifestadas, están en el astral, convirtiéndose en poderes masculinos, femeninos y andróginos en este nuestro plano inferior. *Escorpio*, entendido como *Chrestos-Meshiac* y Leo, como *Christos-Mesías*, antecedió, por un largo lapso, la época cristiana en las pruebas y en los triunfos de la Iniciación durante los Misterios. Escorpio simbolizaba las pruebas, mientras Leo representaba el triunfo glorificado del "sol" de la verdad. El autor de "La Fuente de las Medidas," entiende bien la filosofía mística de la alegoría cuando escribe: "Uno (Chrestos), quien induce su descenso al hoyo (de Escorpio, o encarnación en la matriz) para salvar al mundo; éste era el Sol desprovisto de sus *áureos rayos* y *coronado con aquellos negros*[36] (símbolos de la pérdida), al igual que las espinas; el otro era el *Mesías* triunfante, elevado hasta la *cumbre del arco del cielo*, representado como el *León de la tribu de Judá*. En ambos casos tenía la Cruz; en uno, en signo de humillación

---

[36] Invitamos a los orientalistas y a los teólogos a leer, estudiar y ponderar sobre la alegoría de Viswakarman, "El que tiene un ilimitado poder creativo," el Dios Védico, el arquitecto del mundo que se *auto*sacrificó a sí mismo o al mundo, después de haber ofrecido todos los mundos, *que son él mismo*, en un "Sarva Madha" (sacrificio general). En la alegoría puránica, su hija, *Yoga-siddha*, "conciencia Espiritual," la mujer de *Surya*, el Sol, se queja con él acerca de la refulgencia excesivamente brillante de su marido y Viswakarmâ, en cuanto Takshaka: "leñador y carpintero," coloca el sol en su torno y remueve una porción de su esplendor. Después de ésto, Surya aparece coronado con espinas oscuras en vez de rayos, convirtiéndose en Virkattana ("desprovisto de sus rayos"). Todos estos nombres son los términos que los candidatos usaban cuando pasaban por las pruebas de la Iniciación. El Hierofante-Iniciador personificaba a Viswakarman, el padre y el *artífice* general de los dioses (los adeptos en la tierra), mientras el candidato, representaba a Surya, el Sol que tuvo que matar todas sus pasiones ardientes y llevar la corona de espinas *a la par que crucificaba su cuerpo* antes de que pudiera levantarse y renacer en una nueva vida como la "Luz del Mundo" glorificada: Christos. Parece que nunca, los orientalistas hayan percibido la sugestiva analogía ¡y menos su aplicación!

(como hijo de la copulación) y en otro, manteniéndola en su control, como ley de creación, siendo entonces Jehová", en el esquema de los autores del cristianismo dogmático. Efectivamente, según muestra el autor a continuación, Juan, Jesús y hasta Apolonio de Tyana, eran meramente los símbolos que resumían la historia del Sol "bajo diferencias de aspecto y condición."[37] Según lo que él dice, la explicación "es suficientemente simple, una vez que se considere que, los nombres *Jesús*, en hebreo יש y Apolonio o Apolo, son sinónimos del *Sol en el cielo* y, necesariamente, la historia de uno, por lo que atañe a sus viajes a través de *los signos*, con la personificación de sus sufrimientos, triunfos y milagros, podría simplemente ser *la historia del otro* en un ambiente donde prevalecía una hermenéutica común de describir estos viajes acudiendo a la personificación." El hecho de que Constantino fuese el fundador de la Iglesia Secular y que, según su decreto: "el venerable día del *Sol* debería reservarse al culto de Jesús Cristo como día del *Sol*," (en inglés Sun-day), demuestra que en esta "Iglesia Secular" se sabía bien "que la alegoría estribaba en una base astronómica," según alega el autor. Nuevamente, la circunstancia de que el binomio "Purânas" y Biblia rebose de alegorías solares y astronómicas, no milita en contra del otro hecho que todos estos géneros de escrituras, incluidas las antedichas, son libros *sellados* para los eruditos "que tienen autoridad." Ni incide en la otra verdad según la cual todos esos sistemas *no son la obra del hombre mortal*, ni son sus invenciones en lo que concierne a su origen y base.

Así "Christos," a pesar del nombre que se le de, significa más que *Karest*, una momia, o aún más que el "ungido" y el *electo*

---

[37] Según el autor de "La Fuente de las Medidas": "ésto sirve a fin de explicar la razón por la cual se haya cuidadosamente obstaculizado la traducción y la lectura pública de *La Vida de Apolonio de Tyana* escrita por Filostrato. Los que la han estudiado en su original se han visto obligados a comentar que: "o la *Vida de Apolonio* se extrapoló del Nuevo Testamento, o las narraciones de este último procedían de la *Vida de Apolonio*, debido a la evidente semejanza de los *medios empleados para elaborar* el relato.

de la teología. Estos dos términos se aplican a *Chréstos*, el hombre de dolor y de tribulación en sus condiciones físicas, mentales y psíquicas y ambos se refieren a la condición *Mashiac* hebraica (de donde proviene Mesías), según la etimología[38] adoptada por Fuerst y el autor de "La Fuente de las Medidas", página 255. Christos es la corona de la gloria del sufriente Chréstos de los misterios, considerado como el candidato a la Unión final, cualquiera que sea su raza o credo. Por lo tanto, al verdadero seguidor del Espíritu de la Verdad, le importa poco si Jesús, como hombre y como Chrestos, vivió en la época llamada cristiana, o antes de ésta o si jamás vivió. Los Adeptos, cuya vida y muerte entregaron a la humanidad, han existido en todas las edades y, en la antigüedad, muchos eran los hombres buenos y santos que llevaban el apellido o título de Chrestos, antes del nacimiento de Jesús de Nazareth o de Jesús (o Jehoshua) Ben Pandira.[39] Por lo tanto, es posible concluir, con buena razón,

---

[38] "En hebreo, la palabra *shiac* es también una expresión verbal que significa *descender en el hoyo*. Mientras como sustantivo quiere decir *lugar de las espinas u hoyo*. El participio *hifil* de este término es Messiach, el *Mesías* griego, *Cristo* y significa "él que causa el descenso en el hoyo" (o infierno, según el dogmatismo). En la filosofía esotérica, este descenso *en el hoyo* tiene el significado más misterioso. Según se dice, el Espíritu "Christos," o más bien el "Logos" (léase Logoï), "desciende en el hoyo" cuando se encarna en un cuerpo: *nace como ser humano*. Después de haber expoliado a los *Elohims* (o dioses) de su secreto, el "fuego de la vida" *procreador*, se constata que los Angeles de la Luz se precipitan en el hoyo o abismo de la materia, que los gentiles teólogos denominan *Infierno* o el foso sin fondo. Esto se aplica en la Cosmogonía y en la Antropología. Sin embargo, durante los Misterios, le tocaba al *Chréstos*, el *neófito*, (como hombre), descender a las criptas de la Iniciación y de las pruebas y al final, durante las horas del "Sueño de Siloam" o la última condición de *trance*, se comunicaban al Iniciado los misterios finales del ser. Los términos Hades, Schéol o Patala son todos sinónimos. Lo mismo acontece ahora en el oriente como acontecía en el occidente hace dos mil años, durante los Misterios.

[39] Numerosos clásicos atestiguan este hecho. Luciano, c. 16, dice Φωκιων ο χρηστος, y Φωκιων ο επικλην (λεγομενος cuyo apodo es "χρηστος", Chrestos). En "Fedro" pag. 226 E, se lee: "tú quieres decir

que Jesús o Jehoshua, era como Sócrates, Foción, Teodoro y una constelación de otros personajes cuyo apellido era *Chréstos*: el "bueno, el excelente," el gentil y el santo Iniciado, el cual mostraba la "senda" hacia la condición de Christos, convirtiéndose, en los corazones de sus entusiastas admiradores, en "el Camino." Los cristianos, análogamente a los "adoradores de los Héroes," han tratado de colocar en segundo plano todos los otros Chrestoï, que, según les parece, son los rivales de *su* Hombre-Dios. Pero, si en occidente, después de muchas edades, la voz de los Misterios se ha tornado silenciosa y si en el remoto pasado, Eleusis, Menfis, Antium, Delfos y Cresa, se convirtieron en las tumbas de una Ciencia que un tiempo era colosal tanto en Occidente como en Oriente, ahora se están preparando sus sucesores. Nos encontramos en 1887 y el siglo diecinueve está por desdibujarse. El siglo veinte reserva para la humanidad extraños desarrollos y podría ser el último de la era cristiana.

III

A nadie se le podría considerar como un Cristiano a menos que profese o se suponga que profese, creencia en Jesús mediante el bautismo y en la salvación "a través de la sangre de Cristo." A fin de ser considerado un buen Cristiano, un individuo tiene que, como condición *sine quâ non* (imprescindible), mostrar fe en los dogmas que la iglesia expone y profesarlos; después de éso, es libre de conducir una vida pública y privada basándose en principios diametralmente antitéticos a los expresados en el Sermón de la Montaña. El punto axial y lo que se le requiere es tener, o *fingir tener*, una fe ciega en las enseñanzas eclesiásticas de su iglesia particular, venerándolas.

"La fe es la clave de la cristiandad,"
dice Chaucer y la penalidad debida a su carencia, está expresada, de la manera más clara que las palabras pueden

---

Teodoro el Chrestos." "Τον χρηστν λεγεις θεοδωρον." Plutarco hace lo mismo y χρηστος, Chrestus, es el nombre propio de un orador y discípulo de Herodes Atico. (Véase la palabra en "Thesaurus Graecae Linguae," de Steph.)

transmitir, en el versículo 16 del capítulo 16 del Evangelio de San Marcos: "Aquel que cree y ha sido bautizado será salvado; pero aquel que no cree será condenado."

La iglesia parece estar muy poco turbada de que la búsqueda minuciosa de estas palabras en los textos más antiguos, efectuada durante los últimos siglos, permanezca infructuosa; o que los eruditos en pos de la verdad y amantes de ésta, empleados en la reciente revisión de la Biblia, hayan llegado a una convicción unánime según la cual: en ninguna parte se encuentra una frase que sea tan *contraria al espíritu de Cristo*, exceptuando algunos textos más recientes y fraudulentos. Los buenos cristianos han asimilado las palabras aliviadoras, las cuales se han convertido en parte integral de sus almas caritativas. Remover de estos vasos elegidos del Dios de Israel, la esperanza de una condenación eterna para todos los demás, salvo ellos mismos, implicaría quitarles la vida. Así, los revisores amantes de la verdad y temerosos de Dios, tuvieron miedo, dejaron el pasaje plagiado: (una interpolación de once versículos: del nueve hasta el veinte) y satisficieron su conciencia insertando una nota de carácter muy equívoco; la cual se eleva a la altura del trabajo de los jesuitas más hábiles, rindiendo honor a sus facultades más diplomáticas. Esta nota, sin agregar ulteriores explicaciones, dice al "creyente" que:

Los dos manuscritos griegos más antiguos y algunas otras autoridades, *omiten* el párrafo desde el versículo 9 hasta el fin. Ciertas autoridades *terminan* el Evangelio *de manera diferente*."[40]

Pero, que nos guste o no nos guste, los dos "manuscritos griegos más antiguos" *omiten* los versículos porque éstos *nunca existieron*. Además, los eruditos revisores amantes de la verdad, lo saben mejor que cada uno de nosotros; todavía, la malvada mistificación está impresa en la mera sede de la Divinidad Protestante, permitiéndole subsistir, lanzando miradas feroces en las caras de generaciones futuras de estudiantes de teología y, consecuentemente, en las de sus venideros parroquianos. Ambos

---

[40] Véase "El Evangelio según San Marcos," en la edición *revisada* impresa por las universidades de Oxford y Cambridge, 1881.

no pueden ser engañados por tal falsedad y en realidad no lo son, aunque el binomio teólogos y parroquianos *finge* creer en la autenticidad de las crueles palabras dignas de un *Satán Teológico*. Y este Satán-Moloc es su *Dios de infinita misericordia y justicia* en el Cielo y el símbolo encarnado de amor y caridad en la Tierra, ¡los dos unidos en uno!

Verdaderamente misteriosos son vuestros caminos paradójicos, ¡oh iglesias de Cristo!

No me propongo repetir aquí argumentaciones añejas y lógicas revelaciones del esquema teológico, ya que los más habiles "Infieles" ingleses y americanos efectuaron ésto repetidamente y de manera sobresaliente. Sin embargo, puedo reiterar brevemente una profecía que es un resultado evidente del estado actual de las mentes humanas en la Cristiandad. La creencia en una interpretación *literal* de la Biblia y en un Cristo *de carne,* no durará más que un cuarto de siglo. Las iglesias deberán separarse de sus amados dogmas o el siglo veinte presenciará la capitulación y la ruina de la Cristiandad, que arrastrará consigo hasta la creencia en un Christos como Espíritu puro. Hoy, el mero nombre se ha convertido en odioso y el cristianismo teológico debe morir, *sin que nunca resucite de nuevo* en su forma actual. Esta, en sí, sería la solución más feliz de todas, si no existiese peligro alguno procedente de la reacción natural que seguramente se verificará, cuya consecuencia será un burdo materialismo, que es también el resultado de siglos de fe ciega, a menos que la pérdida de los antiguos ideales sea suplida por otros, inexpugnables por *universales* y cimentados en la roca de las verdades eternas en lugar de las arenas movedizas de la fantasía humana. Al fin y al cabo, la pura inmaterialidad debe suplantar el terrible antropomorfismo de los ideales presentes en las concepciones de nuestros dogmáticos modernos. De otra manera, ¿por qué los dogmas cristianos, los perfectos duplicados de aquellos pertenecientes a otras religiones paganas y exotéricas, reclaman alguna superioridad? Sus aspectos exteriores estribaban en los mismos símbolos astronómicos y fisiológicos (o fálicos). Desde el punto de vista astrológico, es posible hacer remontar y ubicar cada dogma religioso del mundo, en los signos zodiacales y en el Sol.

Mientras que la ciencia de la simbología comparativa o alguna teología, tenga sólo dos llaves para penetrar en los misterios de los dogmas religiosos y su pericia en emplearlas sea simplemente parcial, ¿cómo es posible trazar una línea de demarcación, o establecer alguna diferencia entre las religiones de Chrishna y Cristo, entre la salvación a través de la sangre del "varón primogénito y primordial" de una fe y aquella del "Hijo *unigénito*" de la otra religión, mucho más reciente?

Estudiad los Vedas, leed aún las superficiales escrituras, a menudo tergiversadas, de nuestros grandes orientalistas y ponderad en lo que habréis aprendido. Observad a los brahmanes, a los hierofantes egipcios y a los magos caldeos, los cuales, muchos millares de años anteriores a nuestra época, enseñaban que los dioses mismos habían sido mortales (en nacimientos previos), hasta que ganaron su inmortalidad *ofreciendo su sangre a su Dios Supremo* o cabeza. Según enseña "El Libro de los Muertos," el ser humano mortal "se convirtió uno con los dioses a través de un flujo interno de una vida común en la sangre común de ambos." Los mortales dieron en sacrificio a los Dioses la sangre de sus primogénitos. En la página 35 de "Hinduismo," el profesor Monier Williams escribe: "Los dioses alcanzaban el cielo por medio del sacrificio." En el "Tandya Brâhmana" se lee: "El señor de las criaturas se inmoló a los dioses." [...] Y nuevamente, en "Satapatha Brâhmana" encontramos: "Aquel que, sabiendo ésto, sacrifica con *Purushamadha* o el sacrificio del varón primitivo, se torna en toda cosa."

Cada vez que oigo discusiones sobre los ritos védicos, motejándolos de "sacrificios humanos repugnantes" y de canibalismo, siempre me siento inclinada a preguntar: ¿dónde está la diferencia? Sin embargo, verdaderamente existe una: mientras los cristianos se ven obligados a aceptar al pie de la letra[41] el drama alegórico de la Crucifixión del Nuevo

---

[41] Véase, en esta edición de "Lucifer", "La Hija del Soldado" por el reverendo T.G.Headley, nótase la desesperada protesta de este *verdadero* cristiano contra la aceptación *literal* de los "sacrificios de sangre", "Expiación por medio de la sangre" etc., en la iglesia inglesa. La reacción empieza: otra *señal de los tiempos*.

Testamento (lo cual, una vez entendido, es altamente filosófico) como aquello de Abrahám e Isaac, las escuelas filosóficas de brahmanismo enseñan a sus seguidores que este sacrificio (*pagano*) del "varón primitivo" es puramente un símbolo alegórico y filosófico. Si leemos los cuatro Evangelios en su significado literal, resultan ser versiones levemente alteradas de lo que la iglesia proclama ser plagios satánicos, (efectuados con anticipación), de los dogmas cristianos en las religiones paganas. El materialismo tiene, totalmente, el derecho de encontrar, en todos éstos, el mismo culto sensual y los mitos "solares" que en cualquier otra parte. El profesor Joly (autor de "El Hombre antes de los Metales), ateniéndose a un análisis y crítica superficial y literal, es justificado en considerar la *Svástica*, la *cruz ansata* y la cruz pura y simple, como meros símbolos sexuales. Al constatar que:

"El padre del fuego sagrado (en India) se llamaba *Twashtri*, el carpintero divino que hizo la *Svástica* y la *Pramantha*, cuya fricción produjo el niño divino *Agni*, en Latín *Ignis*, el nombre de su madre era *Maya* y a él mismo se le calificó por *Akta* (*ungido* o *Christos*), después de que los sacerdotes virtieron en su cabeza el *soma* espiritual y en su cuerpo la mantequilla purificada por el sacrificio," el autor tiene todo el derecho en decir:

La íntima semejanza existente entre ciertas ceremonias del culto de *Agni* y ciertos ritos de la religión católica, puede explicarse por su origen común. *Agni*, en la condición de *Akta*, o ungido, sugiere la analogía con el Cristo, *Maya*, con María, su madre y *Twashtri*, con San José, el carpintero de la Biblia."

¿El profesor de la Facultad de Ciencia de Tulosa, ha explicado alguna cosa atrayendo la atención hacia lo que todos pueden ver? Por supuesto que no. Sin embargo, si en su ignorancia del significado esotérico de la alegoría, no ha aportado nada al conocimiento humano, por otra parte ha destruido la fe de muchos de sus pupilos, tanto en el "origen *divino*" o cristianismo, como en su iglesia, contribuyendo entonces a ampliar las filas de los materialistas. Seguramente, nadie, una vez que se dedique a estos estudios comparativos, podrá considerar la religión de occidente bajo ninguna otra luz sino como un remedo pálido y valetudinario de filosofías más antiguas y nobles.

El origen de todas las religiones, incluyendo la Judeo-Cristiana, remonta a un reducido número de verdades primordiales y ninguna de las cuales es explicable separándola de las demás, en tanto que, en algún pormenor, cada una es un complemento de las otras. Y más o menos son todas rayos refractados del mismo Sol de verdad, cuyos orígenes deben buscarse en los anales arcaicos de la Religión-Sabiduría. Sin la luz de esta última, los grandes eruditos pueden ver únicamente los esqueletos cubiertos con máscaras de fantasía, radicando principalmente en los signos zodiacales personificados.

Por lo tanto, una espesa pátina constituida por alegorías y *velos*, los "oscuros apotegmas" de la ficción y de la parábola, cubre los textos esotéricos originales, de los cuales se compiló la *actual* versión del Nuevo Testamento. Entonces, ¿de dónde proceden los Evangelios, la vida de Jesús de Nazaret? ¿No se ha reiterado que ningún cerebro humano *mortal*, hubiera podido inventar la vida del Reformador Judío, seguida por el terrible drama en el Calvario? Nosotros alegamos, estribándonos en la autoridad de la Escuela Oriental esotérica, que todo ésto, por lo que atañe al nombre de Christos y a las alegorías astronómico-místicas, provino de los Gnósticos; mientras, en lo que concierne a la relación kabalística de Jesús o Joshua, con las personificaciones bíblicas, procedió de los escritos de los antiguos *Tanaïm*. Uno de éstos es el nombre místico esotérico de Jehová, no el actual Dios imaginario de los judíos profanos y pedestres de sus misterios, el Dios aceptado por los cristianos aún más ignorantes, sino que el Jehová compuesto de la Iniciación pagana. Los glifos o las combinaciones místicas de los varios signos que han sobrevivido hasta hoy en los jeroglíficos católicos romanos, avalan todo ésto claramente.

Desde que existe memoria humana, los Archivos Gnósticos contenían el resumen de las escenas principales representadas durante los misterios de la iniciación, aunque ésta se divulgara, invariablemente, bajo el aspecto de una semialegoría cada vez que se dejaba sentada en pergamino o en un documento de papel. Sin embargo, los antiguos Tanaïms, los Iniciados desde los cuales los Talmudistas de épocas subsiguientes obtuvieron la sabiduría de la Cábala, (*tradición oral*), poseían los secretos de la lengua de los misterios: *el idioma en el cual* se escribieron *los Evangelios.*[42] Sólo aquel que ha dominado la cifra esotérica de la antigüedad: el significado secreto de los números, en un tiempo propiedad común de todas las naciones, tiene la prueba completa del genio que se manifestó en la unión de las alegorías y de las denominaciones, puramente Egipcio-Judías, del Antiguo Testamento y aquellas de los Gnósticos griegos-paganos, que en ese período eran los místicos más refinados. El mismo obispo Newton lo demuestra muy inocentemente indicando que "San Barnabas, el compañero de San Pablo, en su epístola (c. ix) descubre [...] el nombre de Jesús crucificado en el número 318," es decir: Barnabas lo encuentra en la expresión mística griega I H T, siendo el *tau* el glifo de la cruz. Por lo que atañe a ésto, un cabalista, el autor de un manuscrito no publicado sobre la Clave de la Formación del Idioma de los Misterios, observa: "Sin embargo, éste es únicamente un juego sobre las palabras judías: *Jodh*, *Chith* y *Shin*, de las cuales deriva el I H S, como el monograma de Cristo transmitido hasta hoy y ésto se lee יתש o 381, además, el total de las letras es 318 o el número de Abrham y su Satán y de Joshua y su Amalek [...] y también es la cifra de Jacob y su antagonista [...] (Godfrey Higgins deposita su autoridad en el número 608) [...] Es el número del nombre de Melquizedek, en cuanto el valor de este último es 304 y Melquizedek era el sacerdote del Dios más elevado, cuyos días no tienen comienzo ni fin." La solución y el secreto de Melquizedek se encuentran en el hecho de que: "en los antiguos panteones, los dos planetas que habían existido desde la eternidad, (la eternidad *eónica*) y eran eternos, eran el Sol y la Luna, u Osiris e Isis, de aquí deriva la expresión: *cuyos días no tienen ni comienzo ni fin.* Al multiplicar 304 por dos, se obtiene

---

[42] Por lo tanto, mientras las tres Sinópticas muestran una combinación de las simbologías griego-paganas y judías, la *Revelación* se recopiló en el idioma de los misterios de los Tanaïms, la reliquia de la sabiduría egipcia y caldea, mientras el Evangelio de San Juan es puramente Gnóstico.

608. Número también presente en la palabra Seth, que era un tipo de año. Existe un acopio de autoridades según las cuales el número 888 es aplicable al nombre de Jesús Cristo y, conforme a lo que se dice, éste es antagónico al 666 del Anti-Cristo [...] El valor estable en el nombre Joshua era el número 365, la indicación del año Solar y Jehová regocijaba en ser la indicación del año Lunar, mientras que, en el Panteón cristiano, Jesúcristo era Joshua y Jehová [...]"

Lo que antecede, es meramente una ilustración de nuestro punto cuyo propósito es probar que la aplicación del nombre compuesto Jesús-Cristo, estriba completamente en el misticismo Gnóstico y oriental. Era simplemente justo y natural que historiadores como los Gnósticos iniciados, los cuales dieron un voto de silencio, velaran o *escondieran* el sentido final de sus enseñanzas más antiguas y más sagradas. El derecho de los Padres de la iglesia de encubrir el todo con una vestidura de personificaciones divinas imaginarias, es más dudable.[43] El amanuense e historiador gnóstico no engañó a nadie. Cada Iniciado en la gnosis Arcaica, tanto del período pre-, como del post-cristiano, conocía bien el valor de cada palabra del "idioma de los misterios", ya que estos Gnósticos, los inspiradores del Cristianismo primitivo, eran, según Gibbon: "los más cultos y los más eruditos del cristianismo. Ni ellos, ni siquiera sus seguidores más humildes, corrían el riesgo de aceptar la letra muerta de sus textos. Pero diferente es el escenario de las víctimas de los embusteros que orquestaron lo que actualmente se llama Cristianismo *ortodoxo* e *histórico*. A todos sus epígonos, se les instigó a caer en los errores de los "Gálatas insensatos" a quienes San Pablo reprendió en cuanto, según les

---

[43] "La afirmación del Cristianismo de poseer la autoridad Divina, descansa en la creencia ignorante según la cual el Cristo místico podía convertirse en una Persona y en realidad lo efectuó, mientras la gnosis demuestra que el Cristo corpóreo era simplemente una representación contrahecha del ser trans-corporal, consecuentemente, toda representación histórica es y debe siempre ser, una manera fatal de falsificar y desacreditar la Realidad Espiritual." (G. Massey, "El Cristianismo Gnóstico e Histórico.")

dice, (Gálatas. iii. 1-5), habiendo ellos, empezado (con creer) en el Espíritu (de Christos), "terminaron por creer en *la carne*": un Cristo *corpóreo*. Ya que éste es el verdadero sentido de la frase griega: "εναρξαμενοι Πνευματι νυν σαρκι επιτελειοθε."[44] Es un hecho suficientemente claro, para todos, exceptuando a los dogmatistas y a los teólogos, que San Pablo era un gnóstico, el fundador de una nueva secta de *gnosis* que reconocía, análogamente a todas las otras sectas gnósticas, un "Espíritu de Cristo," aunque se arremetió contra sus oponentes, las sectas rivales. Y es igualmente claro que sólo en las enseñanzas gnósticas es posible descubrir las primitivas instrucciones de Cristo, dondequiera que haya vivido y, desde el principio, los mistificadores que arrastraron el Espíritu a la materia, degradando la noble filosofía de la Religión-Sabiduría primordial, han tomado amplias precauciones contra tal descubrimiento. Según nos dice Eusebio, la iglesia ordenó que se quemaran todos los 24 volúmenes de las *interpretaciones acerca de los Evangelios* de Basilides, que Clemente lo describe como: "el filósofo devoto en la contemplación de las cosas Divinas." (H. E. iv. 7).

Visto que la recopilación de estas *Interpretaciones* se remonta a un período en el cual los Evangelios actuales aún no existían,[45] es una buena prueba que las doctrinas del Evangelio que el Apóstol Mateo y Glauco, el discípulo de Pedro, (*Clemens Al* "*Strom.*" vii. 7, secc.106), expusieron a Basilides, debían diferir ampliamente del Nuevo Testamento corriente. Ni es posible juzgar estas doctrinas valiéndose de los relatos tergiversados que Tertuliano dejó a la posteridad. Sin embargo, hasta lo poco que este fanático partidario divulga, muestra la

---

[44] Al analizar esta frase, descubrimos que significa: "Vosotros, que al principio os dirigisteis hacia el Espíritu de *Cristo*, ahora *termináis* por creer en un Cristo de carne," o no tiene ningún sentido. El verbo επιτελουμαι, no significa "llegar a ser perfecto," sino "terminar" por convertirse como tal. La lucha que San Pablo emprendió durante toda su vida con Pedro y otros y lo que él mismo dice concerniente a su visión de un Cristo Espiritual y no de Jesús de Nazaret, véase los *Actos*, son muchas pruebas de ésto.

[45] Véase "Religión Supernatural", vol. ii., cap. "Basilides."

misma identidad entre las doctrinas gnósticas principales bajo su particular terminología y personificaciones, con aquellas de la *Doctrina Secreta* oriental. Puesto que, Tertuliano, hablando de Basilides, al que Clemente de Alejandría define el "piadoso filósofo teosófico divino," exclama:

> Después de ésto, sobrevino Basilides, el *herético*.[46] Según sus afirmaciones: existe un Dios Supremo cuyo nombre es Abraxas, el creador de la Mente (*Mahat*), al que los griegos llaman *Nous*. De éste emanó el Verbo, del Verbo la Providencia, de la Providencia la Virtud y la Sabiduría, nuevamente, de éstas dos se produjeron las Virtudes, *los Principados*[47] *y los Poderes*; de los cuales resultó una producción y emisión infinitas de ángeles. Basilides coloca *en última posición*: entre los ángeles inferiores y los artífices de este mundo, al dios de los judíos al cual le niega ser Dios mismo, alegando que es simplemente uno de los ángeles.[48] ("Isis sin Velo" vol. ii.).

Otra prueba que avala la afirmación según la cual el Evangelio de Mateo, en su texto griego, no es aquello original escrito en hebreo, proviene de una autoridad la cual es nada menos que San Jerome (o Jerónimo). La suposición de una *antropomorfización* consciente y paulatina del principio de

---

[46] En "Isis sin Velo" se preguntó si la iglesia de Roma ¿acaso no consideró Herejía las ideas del Obispo frigio Montanus? Es muy extraordinario ver con cuánta facilidad esa iglesia instiga el abuso de un *herético*, Tertuliano, contra otro *herético*, Basilides, cuando el abuso facilita el alcance de su objetivo.

[47] ¿Acaso Pablo no habla de "*Principados* y *Poderes* en los lugares celestes" (Efesios iii. 10; I. 21), confesando la existencia de muchos *dioses* y *Señores* (Kurioi) y además de ángeles, poderes (Dunameis) y *Principados*? (Véase I Corintios viii. 5; y la Epístola a los Romanos, viii. 38.)

[48] Tertuliano "Praescript." Incontrovertiblemente, el hecho de que a Jehová se le ha elevado a la dignidad del *Unico* Dios absoluto, remonta a una hábil argumentación sofística y prestigiadora, mientras en la *Cábala* es simplemente un Sephiroth, el tercero, el poder de la mano izquierda entre las Emanaciones (Binah). Aún en la Biblia es simplemente uno de los *Elohim*. (Véase Genesis, capítulo iii. v. 22, "El Dios Señor" no hace ninguna diferencia entre él y los demás.)

Cristo desde el comienzo, se convierte en una convicción, al familiarizarnos con una cierta confesión en el segundo libro del "Comentario acerca de Mateo" por Jeronimo, donde encontramos las pruebas de una sustitución voluntaria de todo el evangelio. Evidentemente, este entusiasta Padre de la Iglesia, se puso a reescribir el texto canónico actual.[49] Según él dice, aproximadamente en las postrimerías del cuarto siglo, "sus bienaventurados" obispos Chromatius y Heliodoro, lo enviaron a Cesarea con la misión de comparar el texto griego (el único que tuvieron), con la versión preservada por los Nazarenos en su biblioteca y traducirla. El la virtió, pero protestó porque, según dice, el *Evangelio* "presentaba un material *que no tendía a edificar; sino a destruir*.[50] La destrucción ¿de qué?" Evidentemente del dogma según el cual Jesús de Nazaret y *Christos* son uno y por consecuencia, la "aniquilación" de la religión recién ideada.[51] En esta misma epístola, el Santo (que sugirió a sus convertidos matar a sus padres, pisotear el seno que los alimentó caminando sobre los cuerpos de sus madres, si los padres se ergían como obstáculo entre sus hijos y Cristo), admite que Mateo no deseaba que su evangelio fuese *escrito abiertamente*, por lo tanto, el manuscrito *era secreto*. Pero, aún reconociendo que este evangelio "fue recopilado en caracteres hebreos y era *ológrafo*" (o sea de Mateo), en otro lugar se contradice el mismo, asegurando a la posteridad que, *un*

---

[49] Esta es *historia*. La lectura de "Religión Supernatural" que, si no me equivoco, superó 23 ediciones, nos ayuda a deducir hasta que punto llegó la *re-escritura* y la tergiversación de los primitivos fragmentos gnósticos que ahora se han convertido en el Nuevo Testamento. La profusión de autoridades que menciona el autor es simplemente sobresaliente. La sola lista de los críticos bíblicos ingleses y alemanes, parece infinita.

[50] En las páginas 180-183 del segundo volumen de "Isis sin Velo", se exponen los principales detalles. En verdad, la fe en la infalibilidad de la iglesia debe ser *ciega como una piedra* o no podría haber evitado recibir un golpe mortal y fallecer.

[51] Véase "De Viros", ilustración cap. 3 por Hieronimo y la pag. 32 de "Neuen Text" por Olshausen. El texto griego del Evangelio de Mateo es el único que la iglesia usa o que jamás ha poseído.

discípulo de Maniqueo, llamado Seleuco, había suplantado y re-escrito el texto [...] y, justamente, "los oídos de la iglesia rechazaron prestarle atención." (Jerónimo, "Comentarios acerca de Mateo," libro ii., capítulo xii., 13.)

No hay que maravillarse si el mismo significado de los términso *Chrestos* y *Christos* y la aplicación de ambos a "Jesús de Nazaret," un nombre acuñado por Joshua el *Nazar*, ahora se ha convertido en letra muerta por todos, exceptuando a los ocultistas no cristianos, ya que hasta los cabalistas no tienen ningún dato original en el cual afianzarse. Las manos cristianas han remodelado el *Zohar* y la Cábala haciéndolos irreconoscibles y, si no fuera por una copia del Libro de los Números caldeo, permanecerían nada más que relatos confusos. Que nuestros hermanos, los llamados cabalistas cristianos ingleses y franceses, muchos de los cuales son teósofos, no protesten con excesiva vehemencia, ya que *esta es historia.* (Véase Munk). Es tan insensato afirmar, como aún lo hacen algunos orientalistas alemanes y críticos modernos, que la Cábala nunca existió antes del judío español Moses de León, acusado de haber forjado este pseudodocumento en el siglo 13, como alegar que cualquier obra cabalística ahora a nuestro alcance, es tan original como lo era cuando el Rabbi Simeón Ben Jochaï divulgó las "tradiciones a sus hijos y seguidores." Ninguno de estos libros es inmaculado, ninguno se ha sustraido a las manos mutiladoras de los cristianos. En lo que concierne a este tema, Munk, uno de los críticos más hábiles y eruditos de hoy, lo prueba, mientras protesta, al igual que nosotros, contra la suposición de que es una transpolación post-cristiana, en cuanto dice:

"Nos parece obvio que el autor empleó documentos antiguos, entre los cuales ciertos *Midraschim* o compilaciones de tradiciones y exposiciones bíblicas, que ahora no poseemos."

Después de que, citando Tholuck (1. c. pag. 24 y 31), agrega:

"Según sabemos, Haya Gaon, quien falleció en 1038, es el primer autor que desarolló la teoría de los Sephiroth, dándoles los nombres que nuevamente encontramos entre los cabalistas (Tellenik, Moisés ben Schem Tob de León, pag. 13, nota 5). Este doctor, *el cual tuvo una relación íntima con los sabios*

Sirios y Caldeos cristianos, pudo, mediante estos últimos, adquirir un conocimiento de algunas de las escrituras Gnósticas."

Estas "escrituras Gnósticas" y doctrinas esotéricas, pasaron integralmente a las obras cabalísticas, con muchas más interpolaciones ahora presentes en el "Zohar", como bien demuestra Munk. Actualmente, la Cábala es cristiana y no hebrea.

Por lo tanto, lo que permanece de los *Gnósticos*, la prole legítima de la religión-Sabiduría arcaica, son únicamente algunos fragmentos irreconocibles, fruto de varias generaciones de Padres de la Iglesia cuyo intenso y constante trabajo consistía en destruir los antiguos documentos y preparar nuevos pasajes que se debían intercalar con los que, accidentalmente, sobrevivieron. Sin embargo, una partícula de oro resplandecerá por siempre y, prescindiendo de lo confuso que son los relatos dejados por Tertuliano y Epifanio de las Doctrinas de los "Heréticos," un ocultista puede encontrar, aún en ellos, huellas de estas verdades primordiales que en un tiempo se impartían universalmente durante los misterios de la Iniciación. Entre otras obras pletóricas de alegorías muy sugestivas, tenemos todavía los llamados *Evangelios Apócrifos* y el último descubierto como la reliquia más valiosa de la literatura Gnóstica, un fragmento llamado *Pistis-Sophia*, "Conocimiento-Sabiduría."

En mi próximo artículo acerca del carácter Esotérico de los Evangelios, espero poder demostrar que, aquellos que traducen *Pistis* por "Fe," se equivocan rotundamente. La palabra "fe" entendida como *gracia* o algo en lo cual hay que creer mediante una fe ciega e irracional, es un término que retrotrae únicamente al Cristianismo. Jamás Pablo, en sus Epístolas, lo ha usado con este sentido y Pablo era, indiscutiblemente, un Iniciado.

H. P. B

57

Prefacio

Los artículos de H.P.Blavatsky incluidos en este opúsculo, representan un logro extraordinario para el mundo occidental; ya que introducen concepciones casi completamente extrañas e ideas antitéticas con las tendencias y la dirección del pensamiento del siglo XIX. En estos artículos, H.P.B. considera, también, las objeciones que dichas ideas suscitaron y la confusión a la cual condujeron. Ella se proponía llamar la atención a las posibilidades de amplio alcance del desarrollo humano implícito en las enseñanzas de la Teosofía y, al mismo tiempo, quería restablecer, en el mundo moderno, un conocimiento de causa de los rigores y peligros que, en la naturaleza de las cosas, se perfilan en todos los esfuerzos hacia un "devenir" interno, que al final conduce al conocimiento, a los poderes y a la sabiduría de un adepto.

Pronto, se hacen evidentes los sentidos muy parecidos de las palabras: "discípulo" y "disciplina", procedentes de la misma raíz, ya que la vida del discípulo contempla la búsqueda ardiente del estudio y del autocontrol. Madame Blavatsky enfatiza continuamente los requisitos morales del discipulado, en cuanto se dirigía a personas crecidas en una civilización en que la separación entre la idea de la verdad, del deber y de la responsabilidad, estaba ampliándose más y más. Al emprender el camino del discipulado, la ciencia y la religión se convierten en aspectos de un único cuerpo de conocimiento y el enfoque de esta unificación es el aspirante individual a la verdad.

El primer artículo de esta selección: "Logias de Magia", fue publicado por H.P.B. en la revista "Lucifer" de Octubre de 1888. Considera la tendencia omnipresente, en una civilización comercial a explotar las cosas misteriosas o secretas, en la tentativa fraudulenta de beneficiarse por comercializar lo que no puede ser objeto de compraventa. Después, la autora se dirige a la expectativa, aún vigente, de algunas personas, según las cuales es posible enseñar los secretos del ocultismo en un breve curso de instrucción especializada. La respuesta de H.P.B. considera los prerrequisitos necesarios para obtener el conocimiento oculto, a lo cual agrega ejemplos de las dificultades que el principiante o neófito experimenta, cuando debe discernir entre la verdadera enseñanza y la falsa.

El artículo "Mahatmas y Chelas" vio luz por primera vez en la revista "Theosophist" de 1884. Aunque aborda el tema de manera general, da una instrucción verdadera de las leyes que gobiernan las relaciones entre estos Maestros elevados, llamados Mahatmas y los discípulos, que en el oriente se les conoce como Chelas.

En el occidente, la mera idea de un desarrollo psico-moral individual había caído en el olvido, antes del advenimiento del Movimiento Teosófico en 1875. Entonces, después de que los maravillosos fenómenos de los espiritistas empezaron a atraer la atención pública en 1848, se pensaba que los médiums de estas sesiones eran seres que habían alcanzado una condición interior deseable. Se convirtió en la tarea de H.P.Blavatsky indicar que la susceptibilidad del médium hacia las influencias psíquicas, era una distorsión anormal y patológica de la sensibilidad normal. Dichas capacidades psíquicas, una vez puestas bajo control y guiadas por una filosofía moral, podían conducir a otro tipo de crecimiento. H.P.B. establece y elabora esta distinción cardinal en su artículo: "¿Son los Chelas, Médiums?", publicado, originalmente, en la revista "Theosophist" de Junio de 1884.

El artículo "Chelas", publicado en el "Theosophist" de Octubre de 1884, facilita una discusión breve de las varias aplicaciones de este término, penetrando en las condiciones y las pruebas del estado de chela.

El artículo: "Los Mahatmas Teosóficos", fue la réplica de Madame Blavatsky a un "manifiesto" de dos americanos que se quejaban por la negligencia de los Maestros orientales o Adeptos. No cabe duda que por eso William Q. Judge lo publicó en su revista "Path", en Diciembre de 1886. Quizá este artículo, más que otra presentación, muestra la dificultad que los occidentales encuentran cuando tratan de seguir el sendero del ocultismo, antes de haber obtenido una cabal comprensión filosófica de lo que esto involucra. En el artículo: "Chelas", H.P.B. dice que el "sentimentalismo no es la característica de un Chela" y en este artículo declara que la emotividad *no es filosofía.*" "Los Mahatmas Teosóficos" es una declaración poderosa acerca del sendero del discipulado; cuyas reglas, como H.P.B. demuestra, no están sujetas a excepciones y son las de las leyes de la naturaleza, la naturaleza superior humana.

En el artículo: "Chelas Y Chelas Laicos", que apareció en el Suplemento a la revista "Theosophist" de Julio de 1883, Madame Blavatsky definió el estado de chela, integrando una explicación de las características consideradas esenciales, durante muchas eras, para los aspirantes al sendero del adeptado. Habla de ciertos raros occidentales cuyas cualidades personales suscitaron la atención de los Adeptos-Maestros. Dio la razón de la leve mitigación de los requisitos austeros en el caso de aquellos que, habiéndose familiarizado con la Teosofía, fueron impulsados a solicitar ser candidatos al estado de chela; sin embargo, H.P.B. presenta, también, los múltiples obstáculos que estos aspirantes se crearon a sí mismos, por esperar un favor y un privilegio especiales. Describió las precipitaciones en la naturaleza humana como efectos por haber abordado de manera casual un camino que exige un esfuerzo incesante y auto sacrificio. Sin embargo, había esperanza para los que querían seguir los consejos de los Maestros sin desistir en sus tentativas.

El artículo: "Madame Blavatsky acerca de los Hermanos Himaláyicos", fue enviado por H.P.B. a la revista londinense "Spiritualist", que lo publicó en Agosto de 1882. Era una respuesta a un escritor que, pretendiendo ser un "adepto", había revelado su ignorancia acerca de la fraternidad oriental en la cual ella había sido instruida y cuyo trabajo realizó en el mundo.

Nuevamente, en el artículo: "¿Pueden Los Mahatmas Ser Egoístas?", H.P.B. describe las condiciones bajo las cuales los adeptos establecen relaciones con los seres humanos en el mundo, mostrando que la persona común y corriente puede esperar alcanzar el plano de la vida y la conciencia que Ellos representan, sólo a través del desarrollo interno de las cualidades interiores que corresponden con los motivos y los intereses de estos seres elevados. El artículo en cuestión apareció, por primera vez, en la revista "Theosophist" de Agosto de 1884.

Logias De Magia

Uno de nuestros amigos más estimados en la búsqueda oculta, somete la cuestión concerniente a la formación de "Logias" de la Sociedad Teosófica, para que operen a fin de desarrollar el adeptado. Durante el curso del movimiento teosófico se ha demostrado, no una vez, sino una plétora de veces, la imposibilidad práctica de forzar este proceso. Es duro contener la impaciencia natural de uno por descorrer el velo del Templo. Obtener el conocimiento divino, adoptando el método empleado en un examen clásico, saturándose de información, es lo ideal para el principiante común y corriente en el estudio oculto. Cuando los fundadores de la Sociedad Teosófica rechazaron fomentar tales esperanzas falsas, esto condujo a la formación de Fraternidades ficticias, como la llamada "Fraternidad de Luxor"; las cuales especulan sobre la credulidad humana. El siguiente manifiesto, que hace algunos años capturó a algunos de nuestros amigos y teósofos más sinceros, ha sido un anzuelo suculento para los simplones.

"Los estudiantes de la Ciencia Oculta, los buscadores de la verdad y los teósofos que pueden haberse sentido decepcionados en sus expectativas acerca de la Sabiduría Sublime, suministrada libre y gratuitamente por los Mahatmas hindúes, son invitados cordialmente a enviar sus nombres a [...] Una vez se hayan considerado aptos, podrán ser admitidos, después de un breve período de prueba, como Miembros de una Fraternidad Oculta, la cual no se ufana por su conocimiento y logros, pero enseña gratuitamente" (entre 1 y 5 esterlinas por carta), "y sin reserva" (la parte más detestable del "Eulis" de P.B.Randolph), "todo lo que ella encuentra meritorio impartirles" (es decir: enseñanza con fines de lucro: el dinero va a los instructores y los extractos de Randolph y otros vendedores de "filtros amorosos" a los discípulos.)[1]

Si lo que se rumora es verdadero, algunos de los distritos rurales ingleses, especialmente en Yorkshire, hormiguean de astrólogos y adivinos fraudulentos, los cuales pretenden ser teósofos para estafar mejor a la clase alta de clientes crédulos, en lugar de sus víctimas legítimas: las sirvientas y la juventud inexperta. Si siguiéramos la sugerencia de una carta a los Editores de esta revista, según la cual deberíamos formar "logias de magia", sin haber tomado las precauciones más rigurosas a fin de admitir sólo los mejores candidatos en calidad de socios, la vil explotación de los nombres y las cosas sagradas se centuplicaría. En esta coyuntura y antes de incluir la carta de nuestro amigo, la editora de la revista "Lucifer" quiere informar a sus compañeros que jamás, ni en la forma más remota, tuvo algún nexo con la llamada "H (hermandad) H (hermética) de L (Luxor)" (H.H.L.) y cualquier información contraria es falsa y deshonesta. Existe un grupo secreto, cuyo diploma o Certificado de Membresía lo posee sólo el Coronel Olcott entre los hombres modernos de raza blanca, grupo al que la autora de "Isis sin Velo" llamó la "Hermandad Hermética de Luxor" por conveniencia,[2] sin embargo, los Iniciados lo conocen con otro

---

[1] Los documentos son visibles en la oficina de la revista "Lucifer": un manuscrito secreto, (cuyo nombre del autor se ha omitido por consideraciones pasadas), del "Gran Maestro Provincial de la Sección Septentrional". Aquí el título de uno de estos documentos: "Una Breve Clave a los Misterios Eulianos"; es decir: magia negra *Tántrica* sobre bases fálicas. No, los miembros de *esta* Fraternidad Oculta "no se ufanan por su conocimiento o logros." Son muy astutos; sin embargo, mientras menos hablemos de esto, tanto mejor será.

[2] Véase la página 308 del segundo volumen de "Isis sin Velo" (versión inglesa original). Se puede agregar que la "Hermandad de Luxor", mencionada por Kenneth Mackenzie (véase su Enciclopedia Real Masónica) y cuyo centro está en América, no tenía ningún nexo con la Hermandad que nosotros citamos y conocimos, como se verificó después de la publicación de "Isis sin Velo", en una carta que este difunto autor masónico escribió a un amigo en Nueva York. La Hermandad con la cual Mackenzie tuvo contactos, era una simple Sociedad Masónica que se fundaba en una base mucho más secreta y, según afirma en su carta: él *había oído hablar, pero no conocía nada*

nombre, así como el personaje con que el público está familiarizado bajo el pseudónimo de "Koot Hoomi", tiene un nombre totalmente diferente entre los que lo conocen. Si dijera el nombre verdadero de esa sociedad, dejaría atónitos a los estudiantes fálicos "eulianos" de la "Hermandad Hermética de Luxor". Jamás y *bajo ninguna circunstancia*, se revelan al profano los nombres auténticos de los Adeptos Maestros y de las Escuelas Ocultas. Asimismo, sólo los dos fundadores principales de la Sociedad Teosófica son los depositarios de los nombres de los personajes mencionados en conexión con la Teosofía moderna. Después de este preámbulo, pasemos a la carta de nuestro corresponsal que nos escribe lo siguiente:

Un amigo mío, un místico congénito, tuvo la intención de formar, con otros, una rama de la Sociedad Teosófica en la ciudad en que vive. La dilación que el proyecto tuvo me sorprendió; le escribí preguntándole el por qué de esto. Me contestó que había oído decir que la Sociedad Teosófica se limitaba a reunirse y a hablar sin hacer nada práctico. Siempre pensé que la Sociedad Teosófica debía tener Logias en las cuales se hacía algo práctico. Cagliostro entendió bien este anhelo humano por algo tangible, cuando instituyó el Rito Egipcio, poniéndolo en práctica en varias logias francmasonas. Este condado integra muchos lectores del "Lucifer". Quizá en sus páginas se encuentre una sugerencia para los estudiantes a fin de formar tales logias por sí solos y, uniendo sus voluntades, tratar de desarrollar ciertos poderes entre uno de ellos, para que luego se extiendan a todos. Estoy seguro que muchos afluirán a este tipo de Logias, creando un gran interés por la Teosofía.   "A."

Esta nota de nuestro venerable y erudito amigo, es ecoica de las voces del noventa y nueve por ciento de los miembros de la Sociedad Teosófica; sólo el uno por ciento tiene la idea exacta

---

de nuestra Hermandad; la cual, teniendo una rama en Luxor (Egipto), nosotros la llamamos con ese nombre a propósito. Esto indujo a algunos intrigantes a suponer que existía una Logia regular de Adeptos con ese nombre, asegurando algunos amigos crédulos y ciertos teósofos, que la "Hermandad Hermética de Luxor" que ellos orquestaron, era idéntica a la original homóloga o una rama de ella, ¡que se suponía estar ubicada cerca de Lahore! Esta era una flagrante mentira.

de la función y del propósito de nuestras Ramas. El error tajante que generalmente se comete, consiste en la concepción del adeptado y del camino que conduce ahí. Entre todas las empresas imaginables, la de tratar de hacerse un adepto es la más difícil. En lugar de realizarse dentro de algunos años o una vida, requiere la lucha incesante a lo largo de una serie de vidas, salvo en casos tan raros, que ni valdría la pena considerarlos como excepciones a la regla general. Por supuesto: los registros muestran que un número de los adeptos indos más respetados, se convirtieron en tales a pesar de haber nacido en las castas más ínfimas y, aparentemente, más improbables. Sin embargo: es consabido que su progreso ascendente se desarrolló a lo largo de muchas encarnaciones previas y, cuando nacieron por última vez, debían cumplir sólo con las pequeñeces de la evolución espiritual, antes de volverse grandes adeptos vivientes. Por supuesto, nadie puede decir si uno o todos los posibles miembros de la logia cagliostrana ideal del amigo de "A", ya puedan estar listos para el adeptado; sin embargo: la posibilidad no es suficientemente buena como para considerarla, ya que la civilización occidental parece desarrollar, más bien, guerreros que filósofos, militares carniceros que Budas. El plano que "A" propone tiende más a desembocar en la mediumnidad, que en el adeptado. Es casi seguro que no hay un miembro de dicha logia que haya permanecido casto desde la adolescencia e inmune al uso de los intoxicantes. Por no hablar de la impermeabilidad del candidato a los efectos contaminantes de las influencias malas que fluyen del medio ambiente social. Entre los requisitos indispensables para el desarrollo psíquico, incluidos en los Manuales místicos de todos los sistemas religiosos-orientales, se enumera un lugar, una dieta, una compañía y una mente puras. ¿Podría "A" garantizar todo esto? Es ciertamente deseable que existiera alguna escuela de instrucción para los miembros de la Sociedad Teosófica y si el trabajo y los deberes puramente exotéricos de los fundadores hubiesen sido menos absorbentes, es probable que la hubiéramos instituido hace mucho tiempo. Sin embargo, no por instrucción práctica, como lo hizo Cagliostro; el cual precipitó sobre sí sufrimientos profundos, sin dejar una huella definida que invite a repetir su tentativa hoy en día. Una máxima oriental dice: "cuando el discípulo está listo, el maestro aparece." Los Maestros no tienen que reclutar gente en logias especiales en vuestro condado, ni instruirlos mediante "sargentos místicos", el tiempo y el espacio no constituyen una barrera entre ellos y el aspirante. Donde el pensamiento puede pasar, ellos pueden llegar. ¿Por qué un cabalista erudito como "A" ha olvidado todo esto? Que él tenga presente que el adepto potencial puede existir en todos los vecindarios más sórdidos del mundo como en los más limpios y "cultos" y que algún pobre desamparado, quien mendiga su comida, puede ser una "alma más blanca" y más atractiva para el adepto, que el obispo común y corriente en su sotana o un ciudadano culto en su traje costoso. Para la extensión del movimiento teosófico, un canal útil para irrigar los páramos del pensamiento contemporáneo con las aguas de la vida, se necesitan ramas por todas partes, no simples grupos de simpatizantes pasivos, como el ejército durmiente de los que van a las iglesias, cuyos ojos están cerrados mientras el "diablo" hace lo que quiere. No; éstos no son los que necesitamos; sino Ramas activas, alertas, dedicadas y altruistas, cuyos miembros no delatan constantemente su egoísmo preguntando: "¿Qué beneficio nos trae unirnos a la Sociedad Teosófica y cuánto podría dañarnos?", sino que se pregunten: "¿podemos hacer un bien sustancial a la humanidad, trabajando en esta buena causa con todos nuestros corazones, mentes y fuerza?" Si "A" persuadiera a sus amigos, que pretenden tener tendencias al ocultismo, a considerar la cuestión de este punto de vista, los beneficiaría mucho. La Sociedad Teosófica puede seguir su curso sin ellos; pero ellos no pueden permitirle que lo haga.

¿Es, además, beneficioso discutir la cuestión de si una Logia debe recibir, siquiera, la instrucción teórica, hasta que se pueda estar seguro de que todos los miembros acepten las enseñanzas como procedentes de la misma fuente? Una mente llena de ideas preconcebidas, prejuicios o sospechas, no puede absorber la verdad oculta. Es algo que se percibe mediante la intuición, más que por la razón; ya que su naturaleza es espiritual y no material. La constitución de algunos es tal que no les permite adquirir el conocimiento ejerciendo las facultades espirituales; verbigracia: la gran mayoría de los físicos, los cuales son lentos, si es que no totalmente incapaces de captar las verdades últimas tras de los fenómenos de la existencia. En la Sociedad Teosófica se anidan muchos de éstos, los cuales integran el grupo de los descontentos. Muy pronto, estas personas se persuadieron que las enseñanzas sucesivas, procedentes de la misma fuente de las anteriores, eran falsas o habían sido tergiversadas por los chelas o por terceros. El resultado natural es la sospecha y el desacuerdo y, podríamos decir que, la atmósfera psíquica es perturbada, produciendo una reacción nociva hasta en los estudiantes más firmes. A veces, la vanidad ofusca lo que, al principio, era una fuerte intuición; en realidad: la mente se clausura ante la admisión de una nueva verdad y el estudiante que aspira, retrocede al punto de partida. Al haber llegado a alguna conclusión propia, sin haber estudiado el tema plenamente y antes de que la enseñanza haya sido impartida al estudiante en su totalidad, su tendencia, una vez probado su error, consiste en escuchar sólo la voz de su amor propio, aferrándose a sus conceptos ya sean correctos o equivocados. El Señor Buda, en particular, advirtió a sus oyentes, contra la tendencia de formar creencias basándose sobre la tradición o la autoridad y antes de haber profundizado en el tema.

He aquí un ejemplo: un corresponsal nos pregunta por qué no debería "ser libre de sospechar que algunas de las llamadas cartas 'precipitadas' son fraudulentas"; avalando su posición de esta manera: mientras que algunas de ellas tienen el sello de autenticidad, (para él) innegable, otras, debido a su contenido y estilo, parecen imitaciones. Esto equivale a decir que él tiene una intuición espiritual tan exacta, que puede detectar la carta verdadera de la falsa, aunque jamás haya encontrado un Maestro, ni se le haya otorgado alguna clave para poner a prueba su presunta comunicación. La consecuencia inevitable de la aplicación de su juicio inexperto en estos casos, lo inducirá, muy probablemente, a declarar falso lo que es genuino y genuino lo que es falso. Entonces: ¿a qué *criterio* se puede recurrir para decidir entre una carta "precipitada" y otra que no lo es? ¿Quién puede decirlo, si no sus autores o los que ellos emplean como *amanuenses* (los *chelas* y los discípulos)? Desde luego, sólo una, de entre cien cartas "ocultas" es ológrafa del Maestro y éstas se envían bajo su nombre y directivas; ya que los Maestros no las necesitan, ni tienen el tiempo para escribirlas. Además: cuando un Maestro dice: "he escrito esa misiva"; significa, simplemente, que dictó cada palabra ahí contenida, imprimiéndola bajo su directa supervisión. Por lo general, su chela cercano o distante es el que escribe (o precipita) las cartas. Los Maestros imprimen en su mente las ideas que desean expresar y, si es necesario, le ayudan en el proceso de precipitación o de impresión de imagen. La exactitud de la transmisión de las ideas y el modelo de escritura imitado dependen, enteramente, del estado de desarrollo del *chela*. El destinatario, no *siendo un adepto*, se queda en la disyuntiva de la incertidumbre: si una carta es falsa, quizá no todas los sean; ya que, con lo referente a las pruebas intrínsecas, todas proceden de la misma fuente y todas se entregan valiéndose de los mismos medios misteriosos. Sin embargo, existe otra condición implícita, aun peor. Considerando todo lo que el recibidor de cartas "ocultas" puede posiblemente saber y basándonos, simplemente, en la probabilidad y la honestidad, el corresponsal invisible dispuesto a tolerar una *sola línea fraudulenta en su nombre*, no le importaría si este engaño se repitiera ilimitadamente. Esto nos conduce a lo siguiente. Las llamadas cartas *ocultas,* avaladas por las mismas pruebas, *deben ser consideradas: o todas auténticas o todas falsas.* Si se pone en entredicho la procedencia de una, a todas se les debe tratar de la misma manera. Por lo tanto: las series de cartas en las obras "El Mundo Oculto", "El Budismo Esotérico", etc., etc., pueden ser *fraudes,* "engaños inteligentemente orquestados" y "falsificaciones" y no existe razón para que no lo sean. Así las tildó el ingenioso, sin embargo estúpido, agente de la Sociedad para la Búsqueda Psíquica, a fin de elevar, en la estima del público, la perspicacia "científica" y el criterio de sus "Jefes".

Por eso: un grupo de estudiantes afines a un estado mental tan impermeable y sin un guía *del lado oculto* que le abra los ojos a las trabas del estudio del esoterismo, no adelantarían ni un paso. ¿Dónde están esos guías, hasta ahora, en la Sociedad Teosófica? "Ellos son líderes ciegos que guían a otros ciegos" y ambos caen en el abismo de la vanidad y de la arrogancia. La dificultad surge de la tendencia común a sacar conclusiones de premisas insuficientes y a jugar a ser el oráculo antes de haberse liberado de la Ignorancia, que es el anestésico psíquico más hipnótico.

Los Mahatmas y los Chelas

Un Mahatma es un ser que, mediante un entrenamiento y una educación especial, ha desarrollado esas facultades superiores y ha alcanzado ese conocimiento espiritual que, por lo general, la humanidad adquirirá después de haber pasado por una serie de innumerables reencarnaciones, durante el proceso de evolución cósmica si, entretanto, no se opone a los propósitos de la Naturaleza, causando su propio aniquilamiento. Este proceso autoevolutivo del Mahatma, se extiende a lo largo de un número de "encarnaciones"; aunque, relativamente hablando, son pocas. Ahora bien: ¿qué es lo que reencarna? Según lo divulgado en la doctrina oculta: los primeros tres principios mueren, más o menos, con lo que llamamos la muerte física. El cuarto principio, junto a las porciones inferiores del quinto, donde residen las proclividades animales, tiene su habitación en *Kama Loka*, donde sufre la agonía de la desintegración, proporcionalmente a la intensidad de esos deseos inferiores. Mientras que, el *Manas* superior, el *ser puro*, es lo que se asocia con el sexto y séptimo principio y es el que entra en *Devachan* para gozar los efectos de su buen *Karma* y, luego, reencarnarse en una individualidad superior. Ahora es una entidad que está pasando por el entrenamiento oculto en sus vidas sucesivas; pero, gradualmente, (en cada encarnación), el *Manas* inferior se reduce más y más hasta que llega el momento en que, su *Manas completo*, siendo de un carácter totalmente elevado, se centrará en la individualidad superior; entonces podremos decir que esta persona se ha convertido en un Mahatma. Cuando su muerte física llega, los cuatro principios inferiores perecen sin sufrir; porque para él son, simplemente, un vestido que se pone o se quita cuando quiere. Así; el verdadero Mahatma no es su cuerpo físico; sino ese *Manas* superior que está indisolublemente conectado con *Atma* y su vehículo (el sexto principio, Buddhi). Una unión que él efectuó en un lapso relativamente breve, pasando por el proceso autoevolutivo, presentado por la Filosofía Oculta. Por lo tanto: cuando las personas expresan el deseo de "ver a un Mahatma", en realidad, parecen no entender lo que están pidiendo. ¿Cómo es posible que ellos, con sus ojos físicos, esperen ver eso que *trasciende* la vista? ¿Quizá anhelan y buscan ver el cuerpo, un mero cascarón o una máscara? Supongamos que vean el cuerpo de un Mahatma; ¿cómo pueden saber que detrás de esa máscara se esconde una entidad sublime? ¿Con qué parámetro juzgarán si la *Maya* (ilusión) que tienen al frente, refleja o no la imagen de un auténtico Mahatma? ¿Quién puede decir que lo físico no es *Maya*? Las cosas superiores son perceptibles sólo por un sentido afín a ellas. Por lo tanto: quienquiera ver el verdadero Mahatma, debe usar su vista *intelectual*. Debe elevar su *Manas* de manera tal que su percepción sea clara, disipando la neblina creada por *Maya*. Así su visión será nítida y podrá ver los Mahatmas en cualquier sitio que esté; pues, habiéndose unido con el sexto y séptimo principio, que son ubicuos y omnipresentes, podemos decir que los Mahatmas están por todas partes. Al mismo tiempo, aunque los Mahatmas abarcan, con su vista mental, a la humanidad entera, no se puede esperar que noten, particularmente, cada ser humano, a menos que él, con sus acciones especiales, haya atraído su atención. Podríamos decir que es análogo al escalador que, alcanzada la cumbre de una montaña, puede ver la planicie completa, pero sin discernir cualquier árbol o sitio particular, porque desde esta posición elevada, lo que está abajo es una simple amalgama, mientras su atención puede ser atraída hacia algo que sobresale de su medio ambiente. Lo que especialmente importa a los Mahatmas es el bien más elevado de la humanidad en su totalidad, porque se han identificado con el Alma Universal que compenetra a la Humanidad y aquél que quisiera atraer su atención, debe hacerlo mediante esta Alma omnipresente. A tal percepción de *Manas* se le podría llamar: "fe"; que no debemos confundir con la *creencia ciega*. A veces: "fe ciega", es una expresión usada para indicar una creencia sin percepción o entendimiento; mientras la verdadera percepción de *Manas* es esta creencia iluminada, que es el verdadero sentido de la palabra "fe." Al mismo tiempo, esta creencia debería ser acompañada por el *conocimiento*: la experiencia; ya que el "verdadero *conocimiento* conlleva la fe." La Fe es la percepción de *Manas* (el quinto principio), mientras el conocimiento, en la auténtica acepción del término, es la capacidad del Intelecto: su percepción espiritual. En síntesis: la individualidad superior humana, compuesta por el *Manas* superior y el sexto y el séptimo principio, debería trabajar como una unidad y sólo entonces podrá obtener la "sabiduría divina"; ya que las cosas divinas son perceptibles, únicamente, por las facultades divinas. Entonces, el deseo que debería inducir a un individuo a buscar el *discipulado*, es el de comprender las operaciones de la Ley de Evolución Cósmica, al grado que le permitirán trabajar en armonía con la Naturaleza, en lugar de oponerse a sus propósitos, debido a su ignorancia.

¿Son Los Chelas, "Médiums"?

Según la edición más reciente del Diccionario Imperial de John Ogilvie, L.L.D.: *"Un médium es una persona a través de la cual, se dice que, la acción de otro ser se manifiesta o se transmite por medio del magnetismo animal o: es una persona a través de la cual se producen, según se afirma, manifestaciones espirituales; pero es, epecialmente, alguien quien, según se supone, es capaz de comunicarse con los espíritus de los fallecidos."*

Los Ocultistas, no creyendo en ninguna comunicación con los "espíritus de los difuntos", en la acepción ordinaria del término, por la simple razón de que ellos saben que los *espíritus* de los "muertos" no pueden descender a comunicarse con nosotros, ni descienden; y visto que, si el editor del Diccionario Imperial fuese un Ocultista, hubiera modificado la expresión: *"por medio del magnetismo animal"*, tomaremos en consideración sólo la primera parte de la definición de la palabra *"Médium"*, esto es: *"un Médium es una persona a través de la cual, se dice que, la acción de otro ser se manifiesta o se transmite"*; sin embargo, nos gustaría poder agregar: *"por conducto de la voluntad consciente o inconscientemente activa del otro ser en cuestión."*

Sería extremadamente difícil encontrar en la tierra un ser humano que permanezca más o menos impermeable a la influencia del *"magnetismo animal"* o de la *Voluntad* activa, (la cual emite el "Magnetismo") ajeno. Si el amado General, en su caballo, encabeza al ejército, los soldados se convierten, todos, en *"Médiums"*; se llenan de entusiasmo y, siguiéndolo sin miedo, se precipitarán hacia la muerte. A todos los anima un impulso común, cada uno se convierte en el "Médium" del otro, los cobardes se empapan de heroísmo y sólo aquél que *no* es un *médium* para nada y por lo tanto es inmune a las epidémicas o endémicas influencias morales, constituirá la excepción, entonces, afirmará su independencia y escapará.

El "predicador" que, desde el pulpito, expresa las incongruencias más absurdas, coordinará todo con acciones y lamentos suficientemente impresionantes para producir "un cambio de actitud" entre, por lo menos, la parte femenina de su congregación y si es un hombre poderoso, aun los escépticos "que participan por mofarse de él, se quedarán rezando." La gente va al teatro y solloza o se desternilla de la risa, según si la representación es una pantomima, una tragedia o una farsa. No existe ningún ser humano, excepto aquél que es un verdadero estúpido, cuyas emociones y, consecuentemente, cuyas acciones, no puedan ser influenciadas de una forma u otra y, por lo tanto: *la acción ajena se manifiesta y se transmite a través de él.* Entonces, todos los hombres, las mujeres y los niños son *Médiums* y, quien no lo es, es un monstruo, un fracaso de la naturaleza; porque está fuera de los parámetros de la humanidad.

La definición del Diccionario Imperial no se puede considerar suficiente para expresar el sentido del término "Médium" en su acepción popular, si no le agregamos algunas palabras: "Según se dice, un médium es una persona a través de la cual la acción de otro ser se manifiesta y se transmite, *en grado anormal*, por medio de la voluntad consciente o inconscientemente activa del otro ser." Esto reduce el número de "Médiums" en el mundo a un grado proporcional al espacio alrededor del cual trazamos la línea entre lo normal y lo anormal y sería también difícil establecer quién es un médium y quién no lo es; ya que esto implicaría decir dónde la cordura termina y la insensatez empieza. Todo ser humano tiene sus pequeñas "debilidades" y cada individuo su pequeña "mediumnidad"; esto es: algún punto vulnerable mediante el cual se le puede coger desprevenido. Ciertamente: el primero no puede definirse un verdadero orate, ni el otro puede llamarse un "médium." A menudo, las opiniones difieren en determinar si uno es un loco o no; lo mismo se puede decir acerca de su mediumnidad. Ahora bien, en la vida práctica, una persona puede ser estrafalaria, pero no se considera una demente hasta que su insensatez alcanza el grado en que no sabe lo que hace y, por lo tanto, es incapaz de cuidarse a sí misma o cumplir con sus compromisos.

Podemos extender la misma línea de razonamiento a los Médiums, diciendo que son médiums sólo los que permiten a otros seres que los influencien en la manera descrita, *al grado que pierden su autocontrol* y no tienen el poder o voluntad propia para regular sus acciones. Abandonar el autocontrol puede ser activo o pasivo, consciente o inconsciente, voluntario o involuntario y difiere según la naturaleza de los seres que ejercen dicha influencia activa sobre el médium.

Una persona puede someter, consciente y voluntariamente, su voluntad a otro ser, convirtiéndose en su esclavo. Es posible que este otro ser sea una persona y, entonces, el médium será su servidor obediente, el cual puede ser usado para el bien o el mal. En el caso de que este otro "ser" sea una *idea*, por ejemplo: el amor, la codicia, el odio, los celos, la avaricia o alguna otra pasión, el efecto en el médium será proporcional a la fuerza de la idea y al grado de autocontrol dejado en él. Es posible que este "otro ser" sea un elementario o un elemental y el pobre médium se convertirá en un epiléptico, un maníaco o un criminal. Si este "otro ser" es el principio superior del ser humano, ya sea a solas o relacionado con otro rayo del principio colectivo universal espiritual, entonces, el médium será un gran genio, un escritor, un poeta, un artista, un músico, un inventor y así sucesivamente. Es posible que este "otro ser" sea uno de esos seres sublimes llamados Mahatmas y al médium consciente y voluntario se le llamará su "Chela."

Aunque una persona jamás haya oído en su vida la palabra "Médium", puede serlo de forma muy poderosa a pesar de que esté inconsciente del hecho. Es posible que su medio ambiente visible o invisible influencie, más o menos, sus acciones. Puede convertirse en una víctima de los Elementarios y de los Elementales, aun desconociendo el sentido de estas palabras y, consecuentemente, puede llegar a ser un ladrón, un asesino, un violador, un borracho y un degollador. A menudo, ha sido comprobado que los crímenes se convierten, frecuentemente, en epidemias. Además, mediante ciertas influencias invisibles, él puede ejecutar acciones totalmente incompatibles con su carácter previo: si es un gran mentiroso, alguna influencia invisible puede inducirlo, por una vez, a decir la verdad; si es una persona miedosa, en alguna gran ocasión y espontáneamente, puede ejecutar un acto heroico; si es un ladrón de la calle, un vagabundo, de repente puede actuar generosamente, etc.

Además, un médium puede conocer o no las fuentes de las cuales la influencia procede o en términos más explícitos: *"la naturaleza del ser cuyas acciones se transmiten a través de él"*. Es posible que esté bajo la influencia de su séptimo principio y se imagine que está comunicándose con un Jesucristo personal o un santo. Podría estar en relación con el rayo "intelectual" de Shakespeare y escribir poesía shakespeariana y, al mismo tiempo, imaginar que el espíritu personal del gran poeta escribe a través de él. Además: el simple hecho de que crea o no en esto, no influenciaría la calidad de su poesía. Algún Adepto podría influir sobre él para que escribiera un profundo tratado científico, mientras que él desconoce, completamente, la fuente de su inspiración o quizá se imagine que fue el "espíritu" de

Faraday o de Lord Bacon, el que estuvo escribiendo a través de él, mientras en realidad, había estado actuando siempre como un "Chela", sin saberlo.

Consecuentemente: el ejercicio de la mediumnidad consiste en el abandono, más o menos completo, del autocontrol. Lo que determina si este ejercicio es bueno o malo, es el uso al cual se aplica y el propósito con el cual se hace. Esto depende, nuevamente, del grado de conocimiento que la persona mediúmnica posee con respecto a la naturaleza del ser a cuyo cuidado entrega, voluntaria o involuntariamente y por un cierto lapso, la tutela de sus poderes físicos o intelectuales. Una persona que encomienda, indistintamente, esas facultades a la influencia de cada poder desconocido, es, indudablemente, un "chiflado"; y no puede considerarse menos insensato del que entregara su dinero y cosas de valor al primer desconocido o vagabundo que se lo pidiera. De vez en cuando encontramos personas del género, aunque son relativamente raras y reconocibles por su mirada fija, idiota y el fanatismo con que se aferran a su ignorancia. Hay que sentir lástima por ellas sin culparlas y, si fuese posible, se debería desengañarlas en lo referente al albur que corren. Después de una debida consideración de lo antedicho, al lector le corresponderá decidir, independientemente, si puede considerarse como un "Médium", en el sentido vulgar del término, a un Chela que consciente y voluntariamente presta, por un lapso, sus facultades mentales a un ser superior que conoce y en cuya pureza de intención, honestidad de propósito, inteligencia, sabiduría y poder, confía plenamente.

Los Chelas

A pesar de la gran cantidad de artículos aparecidos en esta revista referentes al tema de los Chelas, parece que aun subsiste una plétora de concepciones erróneas y puntos de vista falsos. ¿Qué son los Chelas y cuáles son sus poderes? ¿Tienen limitaciones y en qué particular se distinguen de las personas que no son Chelas? ¿Deberíamos tomar, cada palabra proferida por un Chela, como una verdad sacrosanta?

Estas preguntas son el fruto de las concepciones tan absurdas que, por un cierto lapso, las personas han tenido acerca de los Chelas y cuando se percataron de que estas ideas debían ser cambiadas, en varios casos la reacción ha sido muy violenta.

La palabra "Chela" significa, simplemente: *un discípulo;* sin embargo, en la literatura teosófica se ha cristalizado y en muchas mentes tiene tantos sentidos distintos como los que tiene la palabra "Dios." Según el punto de vista exagerado de algunos: cuando un ser humano es un Chela, se le coloca, de pronto, en un plano en que, toda palabra que pueda desafortunadamente pronunciar, se interpreta como si tuviese autoridad, sin concederle, al pobre, previlegio de hablar como una persona ordinaria. Si se descubriera que lo proferido era fruto de su pensamiento y responsabilidad, se le imputaría querer extraviar a su audiencia.

Ha llegado el momento de corregir, de una vez por todas, esta idea errónea. Existen Chelas y Chelas, así como hay Mahatmas y Mahatmas. En verdad, existen Mahatmas que son los Chelas de Mahatmas aun más elevados. Sin embargo, nadie podría confundir, ni siquiera por un instante, un Chela que acaba de empezar su camino espinoso, con aquel Chela más grandioso que es un Mahatma.

En efecto, el Chela es un ser desafortunado que se ha encaminado a lo largo "de un sendero inmanifestado" y como Krishna dice: "éste es el camino más difícil."

El se da cuenta de que, en lugar de ser el vocero constante de su Gurú, su soledad en el mundo supera la de los que no son Chelas y su sendero está infestado de peligros que abrumarían a muchos aspirantes, si los retratáramos con sus colores naturales. Así que, en lugar de aceptar a su Gurú y pasar un examen de admisión con el propósito de conseguir un bachillerato en el Arte del Ocultismo, bajo la guía constante y amistosa de su maestro, él fuerza la entrada en un recinto vigilado y, desde entonces, debe luchar y conquistar o morir. En lugar de que él acepte, deber ser digno de aceptación. Ni siquiera tiene que ofrecer su persona. Este año, uno de los Mahatmas ha escrito: "No se precipiten hacia nosotros por entrar en el estado de Chela, esperen hasta que éste inunde su conciencia."

Haber sido aceptado como un Chela no implica que él sea un simple instrumento de su Gurú. Hablará de manera común y corriente, ahora como antes; y sólo cuando el maestro envía, por conducto del Magnetismo del Chela, un mensaje escrito, la audiencia podrá decir que una comunicación llegó a través de él.

Ocasionalmente, entre los Chelas, así como entre cualquier autor, se pueden proferir palabras verdaderas y hermosas, pero no se debe concluir que, durante tal expresión, el Gurú estaba hablando a través del Chela. Si en la mente de este último había un buen pensamiento, la influencia del Gurú, como la lluvia refrescante para la semilla, puede haber facilitado su germinar repentino a la vida, desarrollándolo de manera anormal; sin embargo, ésta no es la voz del maestro. En realidad, raros son los casos en que los maestros hablan a través de un Chela.

Los poderes de los Chelas varían en armonía con su adelanto y todos deberían saber que si un Chela tiene algún "poder", no se le permite usarlo, sino en casos excepcionales y jamás puede ufanarse de poseerlo. Consecuentemente: los neófitos tienen, virtualmente, los mismos poderes que un ser común y corriente. En efecto: la meta que se le depara al Chela no consiste en adquirir un poder psicológico; ya que su tarea principal es: despojarse del sentido imperante de la personalidad, el espeso velo que nos oculta la parte inmortal, el verdadero ser. Mientras que él permita a este sentimiento permanecer, seguirá quedándose ante la puerta del Ocultismo, incapaz de ir más allá.

El sentimentalismo no es la característica de un Chela. Su trabajo es duro, el camino espinoso y la meta muy distante. Con el mero sentimentalismo no dará ni un paso. ¿Quizá esté esperando que el maestro le pida mostrar su osadía, despeñándose de un precipicio o desafiando el frío rígido de los Himalayas? Esperanzas vanas. No lo llamarán así. Por lo tanto: como no debe revestirse de sentimentalismo, la gente, cuando quiere considerarlo, no debe sobreponer a todas sus acciones y palabras, un falso velo de sentimentalismo.

Entonces, de ahora en adelante, tratemos de usar más cordura cuando miremos a un Chela.

"Los Mahatmas Teosóficos"

Lamento, sincera y profundamente, lo que he leído en el editorial de la revista "El Mundo Oculto", publicada en Rochester y editada por la señora J. Cables, la devota presidente de la Sociedad Teosófica de allá, quien ha publicado un artículo de fondo con la colaboración del señor W.T. Brown. De antemano debo decirles que, ya, nada me sorprende; pues, durante los años, me he acostumbrado a tales declaraciones. Quizá los repentinos sentimientos de hastío por parte de la señora Cables sean naturales, en cuanto, jamás se le dio la oportunidad que el señor Brown tuvo. Es innegable que muchos teósofos comparten el estado de ánimo de Cables cuando escribe que: "después de un gran anhelo por ser puesta en comunicación con los Mahatmas Teosóficos, me percaté de lo inútil que era esforzar la vista psíquica hacia los Himalayas." Aun se debe dirimir la cuestión de: si estas quejas son justificadas y si la culpa reside en los "Mahatmas" o en los teósofos. Ha sido un caso en vilo por muchos años y ahora hay que solucionarlo; pues las dos quejas declaran que: "no necesitan perseguir a Místicos orientales *que niegan su habilidad de ayudarnos.*" La última frase en letras bastardillas necesita un serio escrutinio. Pido el privilegio de presentar algunas observaciones pertinentes al caso.

Comenzaré por decir que el tono de todo el artículo es el de un verdadero *manifiesto*. Si lo condensamos y lo depuramos de sus expresiones Bíblicas enfáticas, se reduce a esta paráfrasis: "Hemos tocado a su puerta y no nos han contestado; hemos rezado por nuestro pan y nos han negado hasta una piedra." La acusación es muy seria; sin embargo, quiero demostrar que es injusta.

Creo que es mi deber contradecir la veracidad de esta declaración, explicando la situación en su totalidad; ya que me siento culpable, habiendo sido la primera, en los Estados Unidos, en hacer pública la existencia de nuestros Maestros. Así, expuse los nombres sagrados de dos miembros de una Hermandad hasta entonces desconocida en Europa y en América (excepto a unos pocos místicos e Iniciados en todas las eras), sin embargo sagrada y reverenciada en oriente y, especialmente, en la India. Todo esto causó una especulación y una curiosidad vulgares que medraron alrededor de esos nombres benditos y culminaron con un rechazo público. Quizá esta explicación beneficie a algunos e interese a otros.

Además, no quiero que nadie piense que pongo bajo mi égida de defensora y paladina a aquellos que no necesitan ningún resguardo. Me propongo, simplemente, presentar algunos *hechos,* dejando que la situación se juzgue conforme a sus méritos. A nuestros hermanos y hermanas, según los cuales: "han vivido alimentándose de cáscaras, persiguiendo dioses extraños", sin recibir admisión, les preguntaría si: "¿están seguros de haber tocado a la puerta justa?" ¿Están seguros de no haber perdido el camino, *deteniéndose, a menudo, en su viaje, en puertas extrañas tras de las cuales acechan los enemigos más fieros de los que ustedes buscan?"* Nuestros Maestros no son "un dios celoso"; son simplemente mortales santos, sin embargo más elevados que cualquiera en este mundo, desde el punto de vista moral, intelectual y espiritual. A pesar de lo sagrado y adelantado que estén en la ciencia de los Misterios, aun son hombres, miembros de una Hermandad y son los primeros, en ella, que se muestran leales a sus leyes y reglas venerables. Una de las primeras reglas de la Hermandad exige que las personas que emprenden su camino *hacia Oriente,* como candidatos a los favores y consideración de los custodios de esos Misterios, deben seguir el recto camino sin detenerse en ninguna vía secundaria, buscando unirse a otros "Maestros" y preceptores, a menudo de la Ciencia del Lado Izquierdo. Además, deberían tener confianza y mostrar paciencia en conjunto con varias otras condiciones a llenar. Si alguien fracasa en todas, desde la primera hasta la última, ¿qué derecho tiene a quejarse sobre la responsabilidad de los Maestros para ayudarle?

En verdad: "¡Los moradores del umbral anidan dentro de nosotros!"

Una vez que un teósofo aspira a convertirse en un candidato para el *estado de chela* o para recibir favores de los Maestros, debe estar consciente de la promesa mutua que las dos partes han contraído y aceptado tácitamente, si no formalmente y que *tal promesa es sagrada.* Es un vínculo por un período de prueba de *siete* años. Si durante este lapso, a pesar de las numerosas limitaciones y errores humanos del candidato (exceptuando dos, que es inútil especificar en la prensa), él permanece, a través de todas las tentaciones, *leal al Maestro escogido* o a los Maestros (en el caso de candidatos *laicos*) y fiel a la Sociedad fundada siguiendo sus deseos y bajo sus órdenes, el teósofo será iniciado en * * * y, a partir de entonces, se le permitirá comunicarse con su *gurú* sin reserva. Todas sus limitaciones, excepto aquella especificada, pueden ser soslayadas, pertenecen a su *Karma* futuro; sin embargo se dejan, ahora, a la discreción y al juicio del Maestro, el único que tiene el poder de determinar si, aun durante estos largos siete años, el *chela* recibirá el favor de comunicaciones ocasionales con su gurú y procedentes de él, a pesar de sus errores y los deberes incumplidos del chela. El gurú, estando minuciosamente familiarizado con las causas y los motivos que indujeron al candidato a cometer pecados de omisión o comisión, es el único capaz de juzgar si el momento es oportuno o inoportuno para animarlo; ya que solo él tiene tal derecho, porque, también él está bajo la inexorable ley de Karma, a la cual nadie, desde el zulú salvaje, hasta el arcángel supremo, puede sustraerse y el gurú debe asumir la gran responsabilidad por las causas que creó.

Así: la condición principal y la única indispensable en el caso del candidato o chela en período de prueba, es simplemente: una lealtad diamantina al Maestro escogido y a sus propósitos. Esta es una condición imprescindible pues, como ya mencioné: no se basa en algún sentimiento de celos, sino en *la relación magnética entre los dos, la cual, cada vez que se interrumpe, es doblemente difícil restablecerla.* Además: no es justo que los Maestros esfuercen sus poderes por las personas acerca de las cuales pueden, nítidamente, prever su curso y deserción final. Sin embargo: ¿cuántos, entre aquellos que, esperando lo que yo llamaría "favores por anticipación", al no recibirlos, se decepcionan y, en lugar de repetir humildemente mea culpa, acusan a los Maestros de ser egoístas e injustos? Ellos interrumpen, intencionalmente, el sutil canal de comunicación diez veces durante un año y sin embargo, ¡esperan que cada vez se les reacepte, siempre, sobre las bases antiguas! Conozco a un teósofo, del cual no mencionaré el nombre, pero espero que pueda reconocerse a sí mismo, que es un caballero tranquilo, inteligente y joven, un místico congénito quien, en su entusiasmo e impaciencia imprudentes, cambió *Maestros* e ideas una media docena de veces en menos de tres años. Empezó por ofrecerse como chela en período de prueba, dando su voto y fue aceptado. Después de un año quiso casarse, a pesar de las varias pruebas corporales de la presencia de su Maestro y numerosos favores que se le otorgaron. Los proyectos matrimoniales no se llevaron a cabo y él buscó "Maestros" por otros lados, convirtiéndose en un Rosacruz entusiasta. Después volvió a la teosofía como místico cristiano; luego trató de atemperar sus austeridades con una mujer y, al final, abandonó la idea y se entregó al espiritismo. Ahora se postula nuevamente, "para que se le reacepte como chela" (tengo su carta); pero dado que su Maestro permaneció en silencio, él lo abjuró para buscar, repitiendo las palabras del manifiesto susodicho: "su antiguo Maestro Esenio para *poner a prueba los espíritus* en su nombre."

La editora, hábil y respetada, de la revista "El Mundo Oculto" y su secretario tienen razón y han escogido el único sendero auténtico en que, con una dosis muy pequeña de fe ciega, están seguros de evitar todo engaño y decepción. Ellos dicen: "Para algunos de nosotros es un placer obedecer al llamado del 'Hombre de Dolor' que no rechazará a nadie sólo porque es indigno o no ha acumulado un cierto porcentaje de mérito personal." ¿Cómo *pueden* saberlo?; a menos que acepten el dogma cínicamente terrible y nocivo de la Iglesia Protestante que enseña el perdón del crimen más cruento, siempre que el asesino *crea, sinceramente,* que la sangre de su "Redentor" lo salvará en la última hora. ¿Qué es esto, si no fe *ciega* y antifilosófica? El sentimentalismo *no* es filosofía y Buda dedicó toda su larga vida de autosacrificio para alejar, precisamente, a la gente de esa superstición que *engendra el mal.* ¿Por qué mencionar a Buda? Porque la doctrina de la salvación mediante el mérito *personal* y el olvido de *uno mismo* es la piedra angular de su enseñanza. El binomio: editora de "El Mundo Oculto" y su secretario, puede haber "perseguido *dioses extraños*"; sin embargo *no eran nuestros* Maestros. Ellos "Lo han negado tres veces" y ahora, "con los pies sangrientos y el ánimo postrado", quieren "pedirle (a Jesús) que los tome otra vez bajo su ala." Ciertamente, el "Maestro Nazareno" los complacerá hasta aquí. Sin embargo "se alimentarán de *cáscaras*" y de "fe ciega." Pero, en lo referente a esto, ellos son sus mejores jueces y nadie debería inmiscuirse en sus creencias privadas en nuestra Sociedad y esperemos que, debido a su reciente decepción, no se conviertan, un día, en nuestros peores enemigos.

Ahora bien, a estos teósofos que se sienten desencantados con la Sociedad Teosófica en general, les diremos que nadie, jamás, les hizo ninguna promesa imprudente; ni siquiera, la Sociedad y sus fundadores ofrecieron sus "Maestros" como *premio* para los que se comportan mejor. Durante años, a cada nuevo miembro se le ha dicho siempre que *no se le promete nada;* ya que todo depende sólo de su mérito personal. Al teósofo se le deja actuar según su libre albedrío. Cada vez que él se sienta descontento, puede siempre probar en algún otro sitio, a menos que haya ofrecido su ser a los Maestros con la determinación de ganarse sus favores. Me dirijo, especialmente, a este individuo y le pregunto: "¿Has cumplido con *tus* obligaciones y promesas? ¿Tú, que estás dispuesto a culpar a la Sociedad y a los Maestros, que son la caridad, la tolerancia, la justicia y el amor universales encarnados, has, quizá, *llevado la vida teosófica* y has cumplido con las condiciones necesarias para el que se convierte en un candidato? Que se levante y *proteste* aquél que sienta, en su corazón y conciencia, que jamás ha fallado seriamente, que nunca ha dudado de la sabiduría de su Maestro, que nunca ha buscado *otro* Maestro o Maestros en su impaciencia por convertirse en un Ocultista con poderes y que jamás ha traicionado su deber teosófico en pensamiento o en acción. Puede protestar intrépidamente, no será castigado ni reprochado y ni siquiera excluido de la Sociedad Teosófica, la más amplia y liberal en sus ideas y la más católica de todas las Sociedades conocidas o por conocer. Temo que mi invitación se quedará sin respuesta. Durante los once años de existencia de la Sociedad Teosófica, de entre los 72 chelas regularmente aceptados en prueba y los centenares de candidatos *laicos*, sólo *tres* no han, hasta la fecha, fracasado y *sólo uno* tuvo éxito completo. Nadie obliga a nadie a entrar al estado de chela. No se profieren promesas, excepto aquella contraída entre el Maestro y el chela aspirante. Es muy cierto que muchos son los llamados pero pocos los escogidos o podríamos decir que son pocos los que tienen la paciencia de ir hasta el fin amargo, si es que podemos definir amargo, la simple perseverancia y el propósito bien enfocado.

¿Qué decir de la Sociedad Teosófica en general, fuera de la India? ¿Quién, entre los millares de miembros, *lleva la vida teosófica*? ¿Sólo porque uno es un vegetariano rígido, *como lo son los elefantes y las vacas*; un célibe, si bien en su juventud fue lo contrario; un estudiante del "Bhagavad Gita" o de la "filosofía Yoga" *integral*, se debería considerar un teósofo *según el corazón de los Maestros*? Como no es el hábito lo que hace al monje, así el pelo largo y un aspecto soñador en el rostro, no son suficientes para hacer de uno un seguidor fiel de la Sabiduría *divina*. ¡Mirad alrededor y observad nuestra llamada Hermandad Universal! ¿Durante estos once años de prueba en América y en Europa, en qué se ha convertido esta Sociedad fundada para remediar los males evidentes del Cristianismo, eliminar el fanatismo y la intolerancia, la *hipocresía* y la superstición y cultivar el real amor universal que se extiende hasta todos los reinos? Sólo en un aspecto hemos tenido éxito para que se nos considere más elevados que nuestros hermanos cristianos, los cuales, según la expresión gráfica de Lawrence Oliphant: "se matan en el nombre de la Hermandad, combatiendo como diablos por el amor de Dios". El aspecto en cuestión es que: hemos eliminado *todo dogma* y ahora estamos tratando de desembarazarnos, justa y sabiamente, hasta del último vestigio de autoridad nominal. Sin embargo, bajo cualquier otro punto de vista, somos tan malos como los cristianos: ¡entre nosotros hay chisme, calumnia, impiedad, crítica, un incesante grito de guerra y un estruendo provocado por las censuras mutuas; ¡todo esto es motivo de orgullo para el infierno cristiano! Supongo que lo antedicho sea culpa de los Maestros; ya que no ayudan a los que auxilian a los demás a lo largo de la salvación y la liberación del egoísmo con patadas y escándalos. ¡Cómo podemos pensar que *somos* un ejemplo para el mundo y los compañeros dignos de los ascetas sagrados de la Cadena nevada!

Algunas palabras antes de terminar. Se me preguntará: "¿Quién es usted para que nos critique? Usted que afirma estar en contacto con los Maestros, recibiendo favores diarios de Ellos ¿es quizá tan santa, pura y digna?" Les contestaré que *no lo soy.* Mi naturaleza es imperfecta y limitada, mis defectos son muchos y muy evidentes, motivo por el cual mi Kârma es más pesado que el de cualquier otro teósofo. Así *es* y debe serlo; ya que, durante muchos años, me han puesto en la picota como blanco para mis enemigos y también para algunos amigos. Sin embargo, acepto *la prueba* felizmente. ¿Por qué? Porque a pesar de todas mis limitaciones, estoy bajo la égida del Maestro, debido simplemente a que: durante 35 años y más, desde 1851, período en que vi al Maestro *física* y personalmente por primera vez, *jamás lo negué, ni dudé de El,* ni siquiera en el pensamiento. De mis labios no ha salido un reproche ni un suspiro contra El y nunca han entrado en mi cerebro, por un instante, bajo las pruebas más duras. Desde el principio sabía lo que me esperaba; ya que se me comunicó y siempre lo he repetido a los demás: tan pronto como uno incursiona a lo largo del Sendero que conduce al *Ashram* de los Maestros benditos, los últimos y únicos custodios de la Sabiduría y la Verdad primordiales, su Karma, en lugar de distribuirse a lo largo de su vida, se precipita sobre el candidato en masa, aplastándolo con su peso. Aquél que cree en lo que profesa y en su Maestro, sobrellevará la prueba, saliendo victorioso de ella. *Aquél que duda*, el cobarde que teme recibir lo que debe y trata de sustraerse al cumplimiento de la justicia, *fracasará*. No escapará al Karma para nada, pero perderá sólo eso por lo cual ha arriesgado sus visitas prematuras. Esto es el motivo por el cual lo he sobrellevado todo, a pesar de que el Karma me haya azotado constantemente y sin piedad, usando a mis enemigos como armas inconscientes. Me he sentido segura de que el Maestro no permitiría que pereciera y que siempre aparecería en *la última hora y así lo hizo*. Me ha salvado tres veces de la muerte y, la última vez, casi contra mi voluntad. Entonces volví al frío mundo cruel, inducida por el amor hacia El, quien me enseñó lo que sé y me moldeó en lo que soy. Por lo tanto: cumplo con su trabajo y voluntad; esto es lo que me ha dado la fuerza leonina para soportar las sacudidas mentales y físicas, una de las cuales hubiera sido suficiente para matar a cualquier teósofo que dudara de la protección poderosa. Mi único mérito y la causa de mi éxito en Ocultismo, es una devoción inquebrantable hacia El, quien encarna el deber que se me ha delineado y una creencia en la Sabiduría colectiva, de esa grande y misteriosa, sin embargo real, Hermandad de santos. Ahora repetiré las palabras del *Paragurú*, el Maestro de mi Maestro, el cual las envió como mensaje para los que querían hacer de la Sociedad un "club de milagros" en lugar de una Hermandad de Paz, Amor y asistencia mutua: "Mejor perezca la Sociedad Teosófica y sus desgraciados fundadores", yo agrego que perezcan sus doce años de trabajo y sus vidas, en lugar de ver lo que estoy presenciando hoy: teósofos que eclipsan los "círculos" políticos en su búsqueda por el poder personal y la autoridad; teósofos que critican y difaman los unos a los otros como lo harían dos sectas cristianas rivales; en fin: teósofos que rechazan *llevar la vida teosófica* y luego critican y denigran a los hombres más nobles y grandiosos, los cuales, vinculados por sus leyes sabias y venerables, basadas en la experiencia de la naturaleza humana que tiene miles de años, no quieren interferir con el Karma ni subordinarse a las veleidades de cualquier teósofo que los invoca, ya sea que lo merezca o no.

Si no se instrumentan, rápidamente, reformas radicales en nuestras Sociedades americanas y europeas, me temo que, en breve, sólo permanecerá un centro de Sociedades Teosóficas y de Teosofía en el mundo entero, es decir: en la India. Hacia este país dirijo todas las bendiciones de mi corazón. Todo mi amor y aspiraciones pertenecen a mis hermanos amados, los Hijos de la antigua Aryavarta, la Tierra Natal de mi Maestro.

H. P. Blavatsky

Chelas y Chelas Laicos

Dado que la Teosofía ha introducido, entre muchos otros términos, la palabra: *Chela* en la nomenclatura de la metafísica occidental y puesto que la circulación de nuestra revista está en constante ascenso, sería oportuno dar una explicación más definida referente al sentido del término Chela y acerca de las reglas del estado de Chela (Chelaship, en inglés), para el beneficio de los miembros europeos si no orientales. Entonces: un "Chela" es aquella persona que se ha entregado como discípulo para aprender, prácticamente, "los misterios ocultos de la Naturaleza y los poderes psíquicos latentes en el ser humano." En la India, con el término *Gurú,* se indica el maestro espiritual al cual él propone su candidatura y el Gurú auténtico es siempre un Adepto en la Ciencia Oculta. Es un ser con un profundo conocimiento exotérico y esotérico, especialmente en lo que concierne a este último. Ha controlado, por medio de su *Voluntad,* la naturaleza carnal; ha desarrollado, en sí, tanto el poder (*Siddhi*) para controlar las fuerzas de la naturaleza, como la capacidad de hurgar sus secretos, valiéndose de los poderes de su ser que, anteriormente, estaban latentes; pero ahora son activos. Este es el verdadero Gurú. Ofrecerse como candidato al estado de Chela es suficientemente fácil; mientras que, desarrollarse en un Adepto, es la tarea más ardua que algún ser pueda emprender. Hay una profusión de poetas, matemáticos, mecánicos y estadistas "congénitos"; sin embargo, un Adepto congénito es algo prácticamente imposible. Pues, aunque muy raramente se oye hablar de alguien que tiene una extraordinaria capacidad innata para adquirir el conocimiento y el poder ocultos, también este individuo debe experimentar las mismas pruebas que adiestran a la personalidad y pasar por la misma autodisciplina que cualquier otro compañero aspirante menos dotado. En este aspecto, es una verdad diamantina que no existe ningún camino rápido a lo largo del cual, los privilegiados pueden viajar.

Durante siglos, los Mahatmas himaláyicos han seleccionado los Chelas fuera del grupo hereditario dentro del gon-pa (templo), entre la profusa clase de místicos congénitos Tibetanos. Las únicas excepciones han sido los casos de hombres occidentales como Fludd, Thomas Vaughan, Paracelso, Pico de la Mirandola, Conde de St.Germain, etc., cuya afinidad temperamental con esta ciencia celestial indujo, más o menos, a los Adeptos distantes, a entablar relaciones personales con ellos, dándoles la oportunidad de obtener una porción, más o menos pequeña, de la verdad plena, según era posible divulgar en su medio ambiente social. En el cuarto Libro de Kiu-te, en el Capítulo concerniente a "Las Leyes de los Upasanas", aprendemos que las calificaciones necesarias en un Chela son:

1. Una salud física perfecta.
2. Una pureza mental y física absolutas.
3. Propósito inegoísta, caridad universal, compasión para todos los seres animados.
4. Lealtad y una fe diamantina en la ley de Karma, independiente de algún poder en la naturaleza que podría interferir como una ley cuyo curso no puede obstruirse por ningún agente, ni ser modificado por la oración, ni siquiera por ceremonias exotéricas propiciatorias.
5. Una osadía intrépida en toda emergencia, aun a costo de la vida.
6. Una percepción intuitiva de que él es el vehículo de Avalokitesvara manifestado o Atma Divino (Espíritu.)
7. Una calmada indiferencia; pero una justa apreciación, para todo lo que constituye el mundo objetivo transitorio, en su relación con y hacia las regiones invisibles.

Estas deben ser, al menos, las calificaciones de uno que aspira al estado de Chela perfecto. Sólo la primera, en casos raros y excepcionales, puede ser modificada, mientras las demás son objetos de insistencia irrevocable y todas deben haber sido, más o menos, desarrolladas en la naturaleza interna por los *Esfuerzos autoinducidos* del Chela, antes de que pueda ser puesto, verdaderamente, a prueba.

Cuando el asceta, según su capacidad natural a lo largo del camino autoevolutivo, tanto dentro del mundo activo o fuera de él, ha dominado y se ha colocado sobre su (1) *Sarira*, cuerpo; (2) *Indriya*, sentidos; (3) *Dosha*, limitaciones; (4) *Dukkha*, dolor; y está listo para hacerse uno con su *Manas*, la mente; *Buddhi*, el intelecto o inteligencia espiritual y *Atma*, el alma suprema o espíritu y además reconoce en *Atma* el regente más elevado en el mundo de las percepciones y en la voluntad, la energía (o poder) ejecutiva suprema, entonces, conforme a las reglas venerables, puede ser tomado bajo la égida de uno de los Iniciados. Ahora se le podrá mostrar el camino misterioso a cuyo final, al Chela se le enseña el discernimiento infalible de *Phala* o los frutos de causas producidas, entregándole los medios para alcanzar *Apavarga*, la emancipación de la miseria de los renacimientos cíclicos (en cuya determinación el ignorante es impotente), evitando, así, *Pratya-bhava*, la transmigración.

Desde el advenimiento de la Sociedad Teosófica, una de cuyas arduas tareas consistía en volver a despertar en la mente aria la memoria latente de la existencia de esta ciencia y de estas capacidades humanas trascendentales, las reglas de la selección del Chela, desde un punto de vista, se han hecho levemente menos austeras. Muchos miembros de la Sociedad Teosófica se postularon como candidatos al estado de Chela porque la prueba práctica que se les dio, sobre los puntos anteriores, los convenció y justamente pensaron que, si otros seres humanos han alcanzado la meta, también ellos, si estaban inherentemente preparados, podrían realizarla, siguiendo el mismo camino. Vista su insistencia, se les otorgó la oportunidad de, al menos, comenzar; ya que hubiera sido una interferencia con el Karma negársela. Hasta la fecha, los resultados han sido muy poco alentadores y se ordenó la recopilación de dicho artículo a fin de mostrar a estos desdichados la causa de su fracaso y poner alerta a otros que, sin pensar, quisieran precipitarse en un destino similar. A pesar de que los candidatos en cuestión fueron advertidos con anticipación, empezaron cometiendo el error de mirar egoístamente al futuro, perdiendo de vista el pasado. Se olvidaron que no habían hecho nada para merecer el raro honor de la selección, nada que les garantizara tal privilegio al cual sentían tener derecho y que no podían ufanarse de ninguno de los méritos enumerados. Como seres humanos del mundo sensual y egoísta, casados o solteros, comerciantes, empleados, soldados o catedráticos, todos habían pasado por una escuela más calculada para asimilarlos con la naturaleza animal que para desarrollar en ellos las potencialidades espirituales. Sin embargo, cada uno de ellos era tan vanidoso que suponía que, en su caso, se haría una excepción a la ley establecida en un pasado remoto, como si, en realidad, en su persona ¡hubiese nacido un nuevo *Avatar* en el mundo! Todos esperaban que se les enseñaran las cosas ocultas y que se les entregaran poderes extraordinarios sólo por haberse unido a la Sociedad Teosófica. Sin embargo debemos ser justos y decir que algunos determinaron mejorar sinceramente sus vidas, abandonando la mala conducta.

Al principio fueron rechazados todos, empezando por el Coronel Olcott, el Presidente y no hacemos ningún mal en decir que no fue aceptado formalmente como Chela hasta que probó, por más de un año de duro trabajo devoto y una determinación inquebrantable, que podía ser puesto a prueba sin peligro. Entonces, por todos lados se oyeron quejas: de los hindúes, que debían haber sido más perceptivos y de los europeos, los cuales, obviamente, no estaban en la condición de saber nada acerca de las reglas. Se concitaba que: si no se daba la oportunidad de probar a unos pocos teósofos, la Sociedad homóloga no podía sobrevivir. Todo otro aspecto noble y altruista de nuestro programa fue ignorado y en la febril carrera hacia el adeptado, se pisotearon y se perdieron de vista el deber de uno hacia su prójimo, su país, su deber de ayudar, iluminar, alentar y elevar a los más débiles y menos afortunados que él. En todo círculo resonaba el pedido por los fenómenos y sólo los fenómenos; los Fundadores no podían llevar a cabo su verdadero trabajo porque se les importunaba a fin de que intercedieran con los Mahatmas, la fuente de la verdadera queja, aunque fueron sus pobres agentes el blanco de todo ataque. Al final; las autoridades superiores accedieron que unos pocos de los candidatos más insistentes, podían ser aceptados por lo que eran. Quizá el resultado del experimento muestre de forma más clara que cualquier sermón, lo que implica el estado de Chela y cuáles son las consecuencias del egoísmo y de la temeridad. Cada candidato fue advertido que debía esperar años antes de que se probara su idoneidad y que debía pasar por una serie de pruebas que llevarían a la superficie todo lo que había de bueno o malo en él. La mayoría eran hombres casados, por eso se les denominó "Chelas Laicos", un neologismo en español; sin embargo, su sinónimo era muy antiguo en los idiomas asiáticos. Un Chela Laico es una persona del mundo que anhela, firmemente, convertirse en un sabio en las cosas espirituales. Virtualmente, cada miembro de la Sociedad Teosófica que acepte el segundo de los tres "Principios Declarados", es un Chela Laico. Sin embargo, aunque no pertenezca al número de los Chelas auténticos, tiene la posibilidad de convertirse en tal, porque ha atravesado el confín que lo separaba de los Mahatmas y podríamos decir que se ha hecho notar por Ellos. Al unirse a la Sociedad Teosófica y al comprometerse en ayudar al trabajo, ha dado su promesa de actuar, en cierto grado, en armonía con esos Mahatmas, por cuya instancia se organizó la Sociedad y bajo cuya protección condicional permanece. Unirse a ella es, simplemente, la introducción; todo el resto depende plenamente del miembro, que nunca deberá esperar el más pequeño "favor" por parte de uno de nuestros Mahatmas o de algún otro Mahatma en el mundo y si este último decidiera hacerse conocer, esto no sería el fruto completo del mérito personal. Los *Mahatmas son los servidores de la Ley de Karma y no los árbitros. El Estado de Chela Laico no otorga ningún privilegio a nadie; excepto aquel de trabajar para el mérito, bajo la observación de un Maestro.* Que el Chela vea o no el Maestro no altera el resultado: sus pensamientos, sus palabras y acciones buenas fructificarán, así como las malas. Ufanarse por ser un Chela Laico u ostentarlo, es la manera más cierta para reducir la relación con el Gurú a algo simplemente nominal; ya que sería una prueba tajante de vanidad e incapacidad para un progreso ulterior. Durante años hemos enseñado siempre la máxima: "Primero merece y luego desea" una relación íntima con los Mahatmas.

Ahora bien: en la naturaleza obra una ley terrible, inalterable y cuya operación aclara el aparente misterio de la selección de ciertos "Chelas" que en estos años pasados han resultado ser tristes ejemplos morales. ¿Recuerda, el lector, el antiguo proverbio: "dejar lo bueno en paz?" Este encierra un mundo de verdad oculta. Ningún ser humano conoce su fuerza moral hasta que es *puesto a prueba*. Millares llevan vidas respetables porque jamás se han visto acorralados. No cabe duda que esta es una verdad común; pero es muy pertinente en el caso en cuestión. Aquél que trata de emprender el estado de Chela, despierta y exacerba, hasta la desesperación, toda pasión latente de su naturaleza animal. Este es el comienzo de una lucha por el dominio de nosotros, en la cual no hay espacio para la indulgencia; ya que implica, de una vez por todas: "Ser o No ser." La victoria conduce al Adeptado; la derrota a un Martirio innoble, porque caer víctima de la lujuria, el orgullo, la avaricia, la vanidad, el egoísmo, la cobardía o cualquier otra de las tendencias inferiores es, en realidad, algo innoble para el parámetro de un verdadero ser humano. El Chela, no sólo es llamado a encarar todas las proclividades malas latentes en su naturaleza, sino también todo el poder maléfico acumulado por la comunidad y la nación a las cuales pertenece; ya que es parte integrante de esos agregados y lo que influencia al ser humano individual o a la colectividad (ciudad o nación), repercute sobre el otro. En este caso, la batalla que ha librado en favor de la bondad, desarmoniza todo el conjunto de la maldad en su ambiente, la cual reacciona precipitando su furia sobre él. Si está satisfecho con seguir la corriente de sus semejantes, siendo casi como ellos, quizá un poco mejor o algo peor de lo ordinario, no atraerá la atención de nadie. Sin embargo, tan pronto como se sabe que ha podido detectar la vaciedad del teatro de la vida social, su hipocresía, egoísmo, sensualidad, codicia y otros aspectos negativos y ha tomado la determinación de levantarse a un nivel superior, inmediatamente se convierte en el objeto de odio y toda naturaleza negativa, fanática o malévola, le envía una corriente de malquerencia que se opone a su poder de voluntad. Si el Chela es inherentemente fuerte la domina, así como el poderoso nadador se desliza por la corriente impetuosa que arrastraría a uno más débil. Sin embargo, en esta lucha moral, si el Chela tiene una sola limitación, haga lo que haga, ésta *aflorará*. El barniz de las convencionalidades que la "civilización" sobrepone a todos nosotros, debe disiparse hasta su último vestigio para que el Yo Interno pueda expresarse libre y exento del más leve velo que oculta su realidad. Bajo la presión del estado de Chela, es posible que se olviden los hábitos sociales que, hasta cierto punto, mantienen la humanidad bajo un freno moral, obgligándola a pagar tributo a la virtud, aparentando una bondad que puede ser o no ser genuina y, al mismo tiempo, estos frenos pueden desintegrarse. Ahora, el Chela se encuentra en una atmósfera ilusoria, *Maya*. El vicio asume su máscara más cautivante y las pasiones tentadoras tratan de embelesar al aspirante inexperto en las anfractuosidades del degrado psíquico. Lo antedicho no es análogo al cuadro de un gran artista donde Satán está jugando ajedrez con un hombre que ha apostado su alma, mientras el ángel de la guarda lo asiste y lo aconseja. Pues, en el caso del Chela, la lucha es entre su Voluntad y su naturaleza carnal y el Karma prohibe que algún ángel o Gurú interfiera hasta que se sepa el resultado. En "Zanoni", obra que los ocultistas siempre apreciarán, Bulwer Lytton idealiza todo esto con una vívida fantasía poética; mientras, en "Una Historia Extraña", se vale de la misma facundia para mostrar el lado negro de la búsqueda oculta y sus peligros mortales. El otro día, un Mahatma definió el estado de Chela como un "disolvente psíquico que carcome toda la incrustación, dejando aflorar el oro puro." Si el candidato tiene un deseo latente por el dinero, el embrollo político, el materialismo escéptico, la ostentación vana, la mentira, la crueldad y la gratificación sensual de cualquier tipo, es casi cierto que esta semilla brotará, análogamente a las cualidades nobles de la naturaleza humana. Emerge lo que en realidad somos. Entonces: ¿no es, quizá, la cumbre de la demencia, dejar el camino tranquilo de la vida común y corriente, para escalar los desfiladeros del estado de Chela sin estar seguro que uno posee en sí lo que se necesita? La Biblia dice: "Que aquel que está de pie ponga atención, si no quiere caerse." Palabras que todo aspirante Chela debería tomar en seria consideración antes de precipitarse en el fuego. Para algunos de nuestros Chelas laicos, hubiera sido conveniente si lo hubiesen pensado dos veces antes de retar las pruebas. *Recordemos varios fracasos de los últimos doce meses.* Uno enloqueció, negó los sentimientos nobles expresados sólo unas semanas anteriores y se hizo miembro de una religión que había, justa y desdeñosamente, comprobado ser falsa. Un segundo fue el reo de un delito y escapó con el dinero de su patrón, que es también un teósofo. Un tercero se entregó a una lujuria grosera, cofesándola, inútilmente, entre murmullos y sollozos, a su Gurú. Un cuarto se enredó con una persona del sexo opuesto y alienó sus amistades más queridas y verdaderas. Un quinto mostró síntomas de aberración mental y fue llevado a Corte bajo cargos de conducta vergonzosa. Un sexto, cuando estaba por ser capturado, se disparó para sustraerse a las consecuencias de su conducta criminal. La lista continúa. Todos eran, aparentemente, buscadores sinceros de la verdad y llevaban una vida respetable. Externamente y según las apariencias, eran buenos candidatos para el estado de Chela; sin embargo: "en el interior, todo era putrefacción y huesos de muertos." La capa del mundo era tan densa que ocultaba la ausencia del oro atrás y el "disolvente", haciendo su trabajo, mostró que, en cada caso, el candidato era una simple figura blanqueada de escorias morales, desde la circunferencia hasta el centro [...]

En lo anterior hemos tratado, naturalmente, sólo los fracasos entre los Chelas Laicos; sin embargo ha habido, también, éxitos parciales que están pasando, gradualmente, por las primeras etapas de su prueba. Algunos tratan de ser útiles a la Sociedad Teosófica y al mundo en general mediante un buen ejemplo y la enseñanza. Si persisten, ellos y nosotros nos beneficiaremos. Les esperan pruebas muy arduas; pero nada "es Imposible para quien tiene la Voluntad." Las dificultades en el estado de Chela jamás se amortiguarán hasta que la naturaleza humana cambie, desenvolviendo una nueva. San Pablo, (en Romanos, vii., 18, 19), debe haber pensado en un Chela cuando dijo: "la voluntad está presente en mí; pero no encuentro cómo poner en práctica lo que es bueno. Pues el bien que quisiera hacer no lo hago y el mal que no quisiera hacer, esto sí lo hago." En el sabio "Kiratarjuniya de Bharavi" leemos:

Los enemigos que afloran dentro del cuerpo humano,
Las pasiones malas son de difícil dominio,
Si las combatiéramos con osadía, *el que las conquista*
Es comparable al conquistador de los mundos. (XI, 32.)

Madame Blavatsky, Acerca De "los Hermanos Himaláyicos"

Caballero:

"Según la autoridad de un adepto (?) ellos (los teósofos y Madame Blavatsky), son todos médiums bajo la influencia de espíritus inferiores." Esta es la frase que usted escribió en una reseña de la obra del señor Sinnett: "El Mundo Oculto", aparecida en la revista "Spiritualist" del 17 de Junio. A pesar de lo dudoso de la pertinencia de lo que dijo, no encontré, personalmente, mucho que objetar, especialmente cuando, en otra parte, me rinde el honor de expresar su convicción según la cual, (ya sea que me controlen espíritus buenos o malos), soy una "fuerte médium física" y este término excluye, al menos, la sospecha de que soy una embustera cualquiera. Por lo tanto: la presente no se dirige a Usted; sino a las afirmaciones de un pseudo "adepto". Antes de continuar, vale la pena presentar otro punto, de manera que se defina la situación lo más claro posible.

Como durante los últimos siete años he sido una de las personas más abusadas, me he acostumbrado a este tipo de tratamiento. Por lo tanto, ahora, ni siquiera tomaría una pluma para defender mi carácter. En realidad, no puedo hacer nada si las personas se olvidan que soy una mujer y, además, una anciana y si son tan incapaces de percibir que: si hubiese declarado ser algo especial en la creación, excepto una Teósofa y una de los fundadores de la Sociedad Teosófica, mi posición, material y social, recibiría mejor consideración en el mundo. Sin embargo, no obstante la persecución y la oposición encontradas, sigo siendo una Teósofa y lo declaro abiertamente, así no puedo ser la charlatana y la farsante que algunos piesan que soy. Los insensatos no pueden discernir y los sabios no están dispuestos a captar lo incoherente de tal acusación y, usando las palabras de Shakespeare, diremos:

"La demencia, en los dementes, no es tan evidente
Como lo es en los sabios, cuando la agudeza disminuye."

Por lo tanto: no pido espacio en vuestras columnas para defenderme; pero sí para contestar a uno, cuyas declaraciones autoritarias, han volcado el sentido de la justicia en varios Teósofos en la India y, así, quiero resguardarlos porque se merecen todos los sentimientos de reverencia que mi naturaleza puede expresar.

Recientemente, un nuevo corresponsal se ha ganado un sitio prominente en vuestro periódico a pesar de que sea uno de estos individuos peligrosos y casi anónimos que se aprovechan de su privilegio literario, ocultando su verdadera personalidad tras de una o dos iniciales, evitando, entonces, asumir su responsabilidad. Se define un "adepto", lo cual es simple decirlo; pero ¿puede probarlo? En primer lugar: la actitud que los espiritistas y los escépticos en general asumen hacia un "adepto", a pesar de que venga del Tíbet, de la India o de Londres, es siempre la misma. Los escépticos seguirán llamándolo un impostor; mientras los espiritistas lo considerarán un médium o un prestidigitador, también cuando les probara sus poderes. Ahora bien: cuando vuestro "J.K." declara, en la revista "Spiritualist" del 24 de Junio, que los "fenómenos concernientes al verdadero adeptado se encuentran en un plano totalmente distinto al del 'Espiritismo'", arriesga, o mejor dicho, es cierto, que los escépticos y los espiritistas le echen en cara todos los mencionados reniegos.

El podría ignorar tales epítetos si sólo probara lo que declara, esto es: los poderes que otorgan a una persona el título de un iniciado. Sin embargo, vuelvo a preguntar: ¿está listo a demostrar lo que afirma? En primer lugar: el lenguaje que emplea no es el de un verdadero adepto. Es totalmente dogmático, autoritario y pletórico de insultos contra los que aun no se ha probado que son peores o inferiores a él. Además: no logra convencer las mentes de los profanos ni de los que saben algo de los adeptos e iniciados, estando conscientes que quien les habla no es uno de estos grandes seres. Se define un adepto cuyo "Hierofante es un señor occidental"; pero, después, confiesa su completa ignorancia sobre la existencia de un grupo ¡que un verdadero adepto no puede desconocer! Uso el verbo "no puede" porque, en todo el globo, no existe ningún neófito aceptado que ignore la existencia de la Fraternidad Himaláyica. La autorización para recibir la última y suprema iniciación, la verdadera "palabra susurrada", puede proceder sólo de esas fraternidades en Egipto, en la India y en el Tíbet y "Koot Hoomi Lal Singh" pertenece a una de ellas. Es cierto que existen "adeptos" y adeptos, los cuales difieren entre ellos; así como hay adeptos en más de un arte y ciencia. Por ejemplo: en América conozco a un zapatero que se hace publicidad diciendo que "es un adepto en el gran arte de la producción de coturnos parisienses." J.K. habla de Hermanos "en el plano del alma", de "la Cábala divina que culmina en Dios", de la "magia de los esclavos" y así sucesivamente. Esta fraseología me comprueba, de forma perentoria, que es simplemente uno de estos diletantes en el ocultismo occidental que, hace algunos años, estaban bien representados por los "egipcios y algerinos" nacidos en Francia, los cuales leían el Tarot y colocaban a sus visitantes dentro de círculos encantados con un Tetragrammaton inscrito en el centro. Con esto, no quiero decir que J.K. es uno de ellos, le pido que me entienda. Como no sé quién es y, además, se oculta tras sus dos iniciales, no seguiré su ejemplo grosero y no lo insultaré por todo esto. Pero quiero reiterar que: tristemente, su lenguaje lo delata. Si es un cabalista, él y su "Hierofante" son simplemente los discípulos autodidactas de los llamados Cabalistas "cristianos" medievales, de los adeptos que, como Agrippa, Khunrath, Paracelso, Vaughan, Robert Fludd y otros, revelaron su conocimiento al mundo *sólo para ocultarlo mejor* y jamás, en sus enseñanzas, dieron la clave para entenderlo. Con estilo engolado afirma su conocimiento y poder, juzgando a personas que desconoce y no puede saber nada acerca de ellas. He aquí lo que escribe de los "Hermanos": "Si son verdaderos adeptos, no han mostrado mucha sabiduría mundana; ya que la organización que debería difundir su doctrina es un fracaso completo, en cuanto los miembros de la Sociedad Teosófica desconocen y no practican ni los primeros principios psíquicos y físicos de la Teosofía y de la ciencia oculta auténticas."

¿Cómo puede saberlo? ¿Acaso los Teósofos lo han tomado en su confianza? ¿Si sabe algo acerca de la Sociedad Teosófica Británica, qué *puede* saber de las de la India? Si pertenece a alguna de ellas, entonces es desleal a todo el grupo y es un traidor. En caso de que no pertenezca a ninguna ¿qué puede decir de sus miembros, dado que la Sociedad Teosófica en general y especialmente sus secciones esotéricas que integran sólo unos pocos "escogidos", son grupos secretos?

Mientras más leo con atención su artículo, más quiero reírme del tono dogmático que lo imbuye. Si fuese un espiritista, sospecharía una buena "tramoya" de John King, cuyas iniciales están representadas en J.K. Que este maravilloso Hermano del "Círculo Hermético Occidental en el plano del alma" aprenda algunos hechos acerca de los adeptos en general, antes de que se cubra aun más de ridículo.

(1)   Ningún verdadero adepto, bajo ninguna circunstancia, revelará lo que él es al profano. Ni trataría con desaire a las

personas que, ciertamente, no son más ridículas y, en muchos casos, más sabias que él. Aunque los teósofos fueran estas pobres criaturas descarriladas que él describe, un verdadero adepto los ayudaría en lugar de escarnecerlos.

(2)   Jamás hubo un Iniciado auténtico que desconociera las secretas Fraternidades orientales. No es Eliphas Levi quien negaría su existencia; ya que la afirma. Aun P.B. Randolph, ese maravilloso, aunque errático genio americano y vidente semiiniciado, quien consiguió su conocimiento en el oriente, tuvo buenas razones para saber de la existencia actual de las Fraternidades, como sus escritos comprueban.

(3)   Quien habla con énfasis de su sabiduría oculta y afirma practicar *sus* poderes en el nombre de algún profeta, deidad, o Avatar particular, es, en los mejores de los casos, un fanático místico. No puede ser un adepto en el sentido oriental, un *Mahatma*, porque el matiz de su religión dogmática particular afectará y empañará su juicio.

(4)   La gran ciencia que el vulgo llama "magia" y sus adeptos orientales *Gupta Vidya* es universal, por lo tanto incluye a toda ciencia; ya que es el cenit del conocimiento, constituye la perfección de la filosofía y como ya se ha dicho, no puede circunscribirse a ninguna nación o localidad geográfica particular. Como la Verdad es *una*, también el método para alcanzar su máxima versación debe ser, necesariamente, *uno*. No puede fragmentarse porque, una vez fraccionada, cada parte, dejada a sus propios recursos, análogamente a los rayos solares, divergirá, en lugar de convergir hacia su centro, la meta ultérrima del conocimiento. Estas partes pueden volver a ser el *Entero,* sólo reuniéndolas, de otra manera, cada fragmento será sólo un fragmento.

Se debe recordar esta verdad, que podría definirse como matemáticas elementales para la infancia, a fin de refrescar la memoria de ciertos "adeptos" bien dispuestos a olvidar que la "Cábala Cristiana" es simplemente una fracción de la Ciencia Oculta *Universal*. Si creen que ya no tienen nada que aprender, mientras menos se dirijan a los "Adeptos Orientales" para información, mejor será para ambos. Existe sólo un camino real hacia la "Magia Divina", si uno lo descuida y lo abandona para dedicarse a una de las sendas que divergen de éste, se encontrará perdido en un laberinto interminable, como acontece al viajero que vaga a solas. Supongo que la Magia se remonta a milenios antes de la era cristiana; por lo tanto: ¿si así es, deberíamos pensar, como lo hacen nuestros amigos eruditos, los "Cabalistas Modernos", que era toda Magia *Negra* practicada por la "Vieja firma del Diablo y Co.?" Sin embargo, haciendo eco a toda persona que sabe de lo que está hablando, diré que no es así para nada y J.K. parece ignorar, completamente, hasta la enorme diferencia existente entre un Cabalista y un Ocultista. ¿Está o no está consciente de que la relación entre un Cabalista y un Ocultista es análoga a aquella entre una pequeña colina a los pies de los Himalayas y el monte Everest y que cuanto se conoce como Cábala hebraica de Simón Ben Jochai, es la versión desfigurada de su fuente primordial, el Gran "Libro Caldeo de los Números"? Además: ¿se ha percatado de que la Cábala, con su adaptación a la Dispensación Hebraica, su internacional Angelogía y Demonología entreveradas, sus Orfieles, Rafaeles y Tetragramas griegos, es una copia endeble de la Cábala caldea? Entonces: la Cábala de los alquimistas cristianos y los rosacruces es, simplemente, la edición torturada de la hebraica. Al centralizar el Poder Oculto y su curso de acción en algún Dios o *Avatar* nacional, que sea Jehová o Cristo, Brahma o Mahoma, el cabalista se aleja aun más de la Verdad axial una.

Sólo el Ocultista, el adepto Oriental es, merced a su Espíritu Divino, un Hombre Libre y omnipotente, conforme a como lo puede ser en la tierra. Se ha emancipado de todas las concepciones humanas y cuestiones secundarias, es uno con un Sabio Caldeo, un Mago Persa, un Teúrgo Griego, un Hermético Egipcio, un Rahat Budista y un Yogui Indo. Ha reunido en un fajo todas las fracciones separadas de la Verdad ampliamente dispersas en todas las naciones y en sus manos tiene la Verdad Unica, una antorcha de luz que ningún viento puede torcer, apagar o hasta hacer temblar. Tampoco es Prometeo, quien robó una porción del Fuego Sagrado, por lo cual fue encadenado en el monte Caucaso mientras los buitres le devoraban los intestinos; ya que el Ocultista se ha asegurado el Dios dentro de él y no depende de la veleidad ni del capricho de las deidades del bien o del mal.

Es cierto: "Koot Hoomi" menciona al Buda. Pero no porque los hermanos lo consideran como Dios o "un Dios"; sino porque es el Patrón de los Ocultistas Tibetanos, el *Iluminado* y el adepto más grande de todos, cuyo Espíritu Divino o el "Yo-Dios", lo inició en los misterios del universo invisible. Entonces, cuando uno dice que imita "la vida de Cristo", de Buda, Zoroastro o de cualquier otro hombre en la tierra que alguna nación en particular lo escogió como su Dios y líder, muestra que es un fanático hasta en la Cábala, una fracción de la "Ciencia Universal" una, el Ocultismo, que es prehistórico y coetáneo con la inteligencia. El Sol brilla tanto para los profanos asiáticos como para los cristianos europeos y me agrada decir que su esplendor es más glorioso para los primeros.

Para concluir: es suficiente considerar esa frase, cuya paternidad es muy dudosa y es más apropiada a la pluma de un jesuita que a la de un cabalista; ya que facilita la suposición que los "Hermanos" son sólo una rama de la vieja y establecida firma del "Diablo y Co", para estar convencidos que J.K. *no sabe nada*, excepto un poco de "Abracadabra" entresacado de un antiguo manuscrito polvoriento del Cabalismo cristiano. Sus oraciones altisonantes, que quieren aparentar algo que él no es, pueden producir alguna sensación en el profano rudimentario o en un espiritista inocente.

Por supuesto, no es necesario ir al Tibet o a la India para encontrar *algún* conocimiento y poder: "los cuales están latentes en cada alma humana". Sin embargo: la obtención del conocimiento y del poder más elevados exigen, no sólo muchos años de estudio severísimo, iluminado por una inteligencia superior y una intrepidez que nada puede detener; sino también muchos años en retiro en una soledad relativa, asociándose sólo con estudiantes que siguen el mismo objetivo en una localidad donde la naturaleza conserva, como el neófito, una inmovilidad absoluta e initerrumpida, un verdadero silencio, donde el aire es libre de toda influencia mefítica por centenares de millas, la atmósfera y el magnetismo humanos son absolutamente puros y la sangre de los animales no es derramada. ¿Acaso estas condiciones son accesibles en Londres o hasta en las aldeas inglesas más remotas?

H.P.Blavatsky

Bombay, 20 de Julio.

¿Pueden los Maestros ser Egoístas?

En varios escritos sobre temas ocultos, se encuentra la declaración que el *altruismo* es una condición imprescindible para tener éxito en ocultismo o podríamos decir, de forma más correcta, que el desarrollo de un sentimiento altruista es, en sí, la disciplina primaria que conlleva "el conocimiento que es poder", como accesorio necesario. Por lo tanto, el ocultista no trabaja para el "conocimiento" comúnmente entendido, sino que le llega por haber descorrido el velo que ocultaba el verdadero saber de su vista. La base del conocimiento existe por dondequiera, dado que el mundo fenoménico proporciona o mejor dicho, abunda con hechos, cuyas causas deben descubrirse. Nosotros vemos sólo los *efectos* en el mundo *fenoménico*; ya que cada causa en ese mundo es, en sí, el *efecto* de alguna otra causa y así sucesivamente. Entonces, el verdadero conocimiento consiste en penetrar en la raíz de todos los fenómenos, llegando así, a una correcta comprensión de la causa *primaria*, la "raíz sin raíz", que, en su turno, no es un efecto.

A fin de percibir algo correctamente, se pueden usar sólo esos sentidos o instrumentos que corresponden con la naturaleza de dicho objeto. Por lo tanto: para comprender al nóumeno, se necesita un sentido nouménico; mientras los fenómenos transitorios son perceptibles mediante los sentidos que corresponden con la naturaleza de tales fenómenos. La Filosofía Oculta nos enseña que la única Realidad eterna es el séptimo principio, mientras los restantes, perteneciendo al impermanente "mundo de las formas", son ilusorios en el sentido que son transitorios. El radio de acción de ellos se limita al mundo fenoménico, conocible mediante los sentidos correspondientes con la naturaleza de esos seis principios. Quedará claro que sólo el séptimo sentido, que pertenece al mundo *nouménico*, es capaz de comprender a la Realidad Abstracta que está en la base de todos los fenómenos. Como este séptimo principio es omnipenetrante, existe potencialmente en todos nosotros y aquél que quiere llegar al verdadero saber, debe desarrollar este sentido en sí o mejor dicho: debe descorrer los velos que le ocultan su manifestación. Todo sentido de *personalidad* se circunscribe sólo a estos seis principios inferiores, los cuales se relacionan, únicamente, con el "mundo de las formas." Por lo tanto, el *verdadero* "conocimiento" es obtenible sólo desgarrando todas las cortinas de *Maya* que el sentido de *personalidad* interpuso ante el *Atma impersonal*.

Sólo en esa *personalidad* se centra el egoísmo o mejor dicho: el egoísmo crea la personalidad y viceversa; ya que ambos actúan y repercuten mutuamente. El egoísmo es ese sentimiento que busca la exaltación de la propia personalidad egoísta, excluyendo a los demás. Por lo tanto: si el egoísmo nos limita en personalidades estrechas, es imposible alcanzar el conocimiento absoluto sin haberse liberado del egoísmo. Sin embargo, mientras que vivimos en este mundo fenoménico, no podemos estar *completamente* exentos de algún sentido personal, a pesar de lo elevado que ese sentimiento pueda ser, es decir: que no deba quedar nigún sentimiento de exaltación o ambición *personales*. Nuestra constitución y estado evolutivo nos colocan en el "Mundo de la Relatividad"; pero cuando discernamos que la *impersonalidad* y la no-dualidad es el fin último de la evolución cósmica, deberemos esforzarnos para trabajar con la Naturaleza, sin oponernos a su impulso inherente, que al final debe imponerse. Antagonizarlo implica el sufrimiento; ya que una fuerza más débil en su egoísmo, trata de oponerse a una ley *universal*.

Todo lo que el ocultista hace, es *acelerar* este proceso, permitiendo a su Voluntad actuar al unísono con la Voluntad Cósmica o la Mente del Demiurgo. Esto es factible mediante el control exitoso del conato vano de la *personalidad* de imponerse, contrastando la Voluntad Cósmica. Dado que el Mahatma es simplemente un ocultista adelantado, que hasta la fecha ha controlado su "yo" inferior, avasallándolo, de forma más o menos completa, al impulso Cósmico, en la naturaleza de las cosas le es imposible actuar egoístamente. Tan pronto como deja que el "yo personal" se imponga, cesa de ser un Mahatma. Por lo tanto: los que, aún enmarañados en la madeja de los sentidos engañadores de la personalidad, acusan a los Mahatmas de ser "egoístas" por detener el "conocimiento", no saben de lo que están hablando. La Ley de evolución Cósmica opera constantemente para alcanzar su propósito de la unidad última y para transportar el plano fenoménico en el *nouménico*; además: los Mahatmas, que están en relación con tal plano, dan su asistencia para que dicho propósito se realice. Entonces, ellos son los que saben muy bien cuál conocimiento es mejor para la humanidad en un particular estado de su evolución y nadie más es competente para juzgar este asunto; ya que sólo ellos tienen el

101

conocimiento básico para poder determinar el curso correcto y ejercer el discernimiento adecuado.

Por lo tanto, cuando nosotros, que aun estamos luchando en la telaraña de los sentidos ilusorios, queremos dictar cuál conocimiento los Mahatmas deberían impartirnos y cómo deberían actuar, es como si un chamaco de la calle presumiera enseñar la ciencia al profesor Huxley o la política a Gladstone. Es evidente que, tan pronto como el sentido más leve de *egoísmo* trata de imponerse, la visión del sentido espiritual, que es la única percepción del Mahatma, se opaca y él pierde el "poder" que sólo el "conocimiento" *abstracto* puede entregar. Por eso hay que ejercer un control constante de la "Voluntad" para prevenir que nuestra naturaleza inferior aflore, como acontece en nuestro estado actual no desarrollado. Por lo tanto, la condición esencial con que el estudiante debe empezar, es un extremo esfuerzo activo y no la pasividad. En primer lugar: su actividad se dirigirá a tener en jaque a la influencia antagónica del "yo inferior"; una vez realizado esto, su Voluntad libre de fluir y centrada en su "yo" superior (real), sigue trabajando de forma muy eficiente y activa al unísono con la ideación cósmica en la "Mente Divina."

Prefacio

La interrogante filosófica: "¿Qué es la Verdad?", se convirtió en el título de uno de los artículos más importantes de H.P.Blavatsky, publicado en la revista "Lucifer" en Febrero de 1888. La respuesta que dio es crucial para otras cuestiones: véase el asunto de la "autoridad" en filosofía y en Teosofía. Además, proporcionó una ilustración de la aplicación práctica de esta respuesta, recurriendo, en tal coyuntura, a la descripción del enfoque editorial de su Revista.

H.P.B., aunque nunca usó un lenguaje ambiguo con respecto al contraste entre la opinión moderna científica o teológica y las enseñanzas de la Religión-Sabiduría, estaba, simultáneamente, dispuesta a reconocer la verdad dondequiera que se encontrara, aun cuando fuera simplemente un "fragmento de oro perdido en un montón de basura." Además, ella estaba dispuesta a dar crédito, abiertamente, a los científicos y a los eruditos por sus esfuerzos concienzudos, aun cuando considerara que en algunas de sus conclusiones se habían equivocado completamente.

En este artículo se encuentra también una valiosa expresión concerniente a las enseñanzas teosóficas, las cuales "trascienden un cierto límite de especulación"; ya que consisten en ideas cuyo desmedro es viable sólo mediante la áspera atmósfera de la controversia. En lo que concierne a sus aspectos "de creencias espirituales más profundas y podríamos decir, casi religiosas", ella escribió: "ningún verdadero Teósofo debería degradarlas sometiéndolas a la discusión pública, sino que debería atesorarlas y recatarlas en la reconditez del santuario de su alma más interna." En las publicaciones teosóficas dijo que cuando se tratan estas ideas deberíamos considerarlas "como hipótesis ofrecidas a la consideración de la porción pensante de público." Este punto de vista, análogamente a la declaración sobre el enfoque del "Lucifer", fluyen directamente de las consideraciones desarrolladas en tal artículo sobre la verdad relativa y absoluta.

El segundo artículo aquí impreso: "Filósofos Antiguos y Críticos Modernos", se publicó póstumo en el "Lucifer" de Julio y Agosto. Es obviamente una ampliación del material que apareció en el primer volumen de "Isisi Sin Velo" (1877), en la sección "Antes del Velo." En este artículo se hace aún más clara la importancia que Platón tuvo durante la historia europea previa, como eslabón entre el pensamiento oriental y occidental. A fin de llevar a cabo esto, H.P.B. se vale de ulteriores explicaciones acerca de los significados del filósofo griego, cuya interpretación ahora se expresa usando el vocabulario de la naturaleza septenaria humana, los conceptos presentados en "La Doctrina Secreta" (1888) y en "La Clave De La Teosofía." El artículo muestra que Platón y sus seguidores, los Neoplatónicos, estaban cabalmente familiarizados con las enseñanzas teosóficas de los estados después de la muerte y con las doctrinas del Karma y de la Reencarnación.

Además, aquel que estudie el artículo en cuestión, se dará cuenta del por qué Madame Blavatsky, en la introducción de "La Doctrina Secreta", invita al lector "a prodigar toda su atención al milenio que separa los períodos pre-cristianos de los post-cristianos mediante el año Uno de la Natividad." Lapso que, "empezando con Buda y Pitágoras a un extremo y los neoplatonicos al otro, es el único foco dejado en la historia donde convergen, por última vez, los rayos brillantes de la luz que fluyen de los eones del tiempo pasado y que la mano del fanatismo y de la intolerancia no ha oscurecido."

"¿Qué Es La Verdad?"

La *Verdad* es la Voz de la Naturaleza y del Tiempo,
La *Verdad* es el consejero asombroso *dentro de nosotros*,
Nada está destituído de ella, procede de las estrellas,
Del áureo sol y de toda brisa que sopla [...]

W. Thompson Bacon

El sol inmortal de la Hermosa Verdad
A veces se esconde en las nubes; no porque su luz
Sea, en sí, defectuosa; sino que la oscurecen
Mi débil prejuicio, la fe imperfecta
Y todas las millares de causas que obstaculizan
El crecimiento de la bondad [...]

Hannah More

"¿Qué es la verdad?" preguntó Pilatos a uno que debía conocerla, si las pretensiones de la iglesia cristiana son, aún aproximadamente, correctas. Sin embargo, él permaneció en silencio. Así la verdad que no divulgó, se quedo sin revelarse tanto para sus seguidores como para el gobernador romano. El silencio de Jesús en esta y en otras ocasiones, no impide a sus actuales acólitos actuar como si hubiesen recibido la Verdad última y absoluta y de ignorar el hecho de que se les proporcionó solo ciertas palabras de Sabiduría que contenían una porción de la verdad, la cual se ocultaba en parábolas y dichos hermosos aunque obscuros.[1]

Esta actitud condujo, gradualmente, al dogmatismo y a la afirmación. Dogmatismo en las iglesias, en la ciencia y por todos lados. Las verdades posibles, vagamente percibidas en el mundo de la abstracción, análogamente a aquellas inferidas mediante la observación y el experimento en el mundo de la materia, se imponen, bajo la forma de *revelación Divina* y *autoridad Científica,* a las muchedumbres profanas, excesivamente atareadas para pensar con su propia cabeza. Sin

---

[1] Jesús dice a los "Doce": "A vosotros se os da el misterio del Reino de Dios, sin embargo, para *ellos que están fuera, todas las cosas se les expresan en parábolas*," etc. (Marcos iv. II.)

embargo, la misma pregunta quedó en suspenso desde los días de Sócrates y Pilatos, hasta nuestra edad de negación completa. ¿Existe algo de *verdad absoluta* en las manos de algún grupo o de algún ser humano? La razón responde: "que no puede ser posible." En un mundo tan finito y condicionado como es el del ser humano, no hay espacio para la verdad absoluta tocante a algún tema. Sin embargo, existen verdades relativas y debemos libar de ellas lo mejor que podamos.

En cada edad han habido Sabios que han dominado el absoluto; pero sólo podían enseñar verdades relativas; ya que, aún, ninguna prole de mujer mortal, en nuestra *raza*, ha divulgado, ni pudo haber divulgado, la verdad completa y final a otro ser humano, en cuanto todo individuo debe encontrar este conocimiento final *en* sí mismo. Como no hay dos mentes absolutamente idénticas, cada una debe recibir la iluminación suprema *mediante* sus esfuerzos, en consonancia con sus capacidades y no por conducto de una luz *humana*. La cantidad de Verdad Universal que el sumo adepto viviente puede revelar, depende de la capacidad asimilativa de la mente a la que está imprimiendo, la cual no puede ir más allá de su habilidad receptiva. *Tantos hombres, tantas afirmaciones*, es una verdad inmortal. El sol es uno; sin embargo, sus rayos son incontables y los efectos producidos son benéficos o maléficos según la naturaleza y la constitución de los objetos sobre los cuales brilla. La polaridad es universal, pero el polarizador yace en nuestra conciencia. Nosotros, los seres humanos, asimilamos la verdad suprema de manera más o menos absoluta, en proporción al ascenso de nuestra conciencia hacia ella. Todavía, la conciencia humana es simplemente el girasol de la tierra. La planta, añorando los rayos cálidos, sólo puede dirigirse hacia el sol y circunvalar a su alrededor siguiendo la trayectoria de la estrella inasequible: sus raíces la mantienen anclada al suelo y mitad de su vida transcurre en la sombra [...]

Sin embargo, cada uno de nosotros puede alcanzar, relativamente, el Sol de la Verdad aún en esta tierra y asimilar sus rayos más cálidos y directos a pesar del estado diferenciado en que puedan tornarse después de su largo viaje a través de las partículas físicas del espacio. A fin de alcanzar esto, existen dos

106

métodos. En el plano físico podemos usar nuestro polariscopio mental y, analizando las propiedades de cada rayo, escoger el más prístino. Para arribar al Sol de la Verdad, en el plano de la espiritualidad, debemos trabajar con ahinco para el desarrollo de nuestra naturaleza superior. Sabemos que, al paralizar, gradualmente, dentro de nosotros, los apetitos de la personalidad inferior, sofocando, entonces, la voz de la mente puramente fisiológica, la cual depende y es inseparable de su medio o *vehículo*: el cerebro orgánico; el ser animal en nosotros puede hacer espacio a lo espiritual y, una vez levantado de su estado latente, los sentidos y las percepciones espirituales más elevadas crecen y se desarrollan en nosotros, proporcionalmente al "ser divino." Esto es lo que los grandes adeptos, los yoguis orientales y los místicos occidentales han hecho siempre y aún hacen.

Además, sabemos que, salvo pocas excepciones, ningún ser del mundo, ni ningún materialista, creerá jamás en la existencia de tales adeptos o aún en la posibilidad de este desarrollo espiritual o psíquico. "El incauto del pasado, en su corazón pronunció que no existe ningún Dios," el individuo moderno dice: "No hay adeptos en la tierra, son simplemente el producto de vuestra imaginación desquiciada." Al estar consciente de esto, nos apresuramos a reafirmar a nuestros lectores Santo Tomases. Les rogamos que se dediquen a la lectura de otros artículos de esta revista más compatibles con sus intereses: los misceláneos ensayos sobre el Hilo-Idealismo por varios autores.[2]

Desde luego, la revista "Lucifer" trata de satisfacer a sus lectores de cualquier "escuela de pensamiento", demostrándose igualmente imparcial hacia el teísta y el ateo, el místico y el

---

[2] Véase el breve artículo "Autoconcentricismo" tocante a la misma "filosofía", o el ápice de la pirámide Hilo-Idealista en este número. Es una carta de protesta que el erudito Fundador de la Escuela en cuestión nos envió para impugnar un *error* nuestro. Se queja por el hecho de que "acopiamos" su nombre con los de Spencer, Darwin, Huxley y otros, en lo concerniente al asunto del ateismo y del materialismo; ya que el Doctor Lewins considera estas luces de las ciencias psicológicas y físicas excesivamente fatuas, "transigentes" y débiles para merecerse el honorable título de ateos o aún agnósticos.

agnóstico, el cristiano y el gentil. Nuestros artículos de fondo, los Comentarios relativos a "La Luz en el Sendero", etc., no se dirigen a los materialistas; sino a los teósofos o a esos lectores conscientes, en su corazón, de la *verdadera* existencia de los Maestros de Sabiduría. Y si bien la verdad *absoluta* no se alberga en la tierra y se debe buscar en regiones más elevadas, aún en este irrisorio y pequeño globo rotante existen ciertas cosas que la filosofía occidental aún no ha, ni siquiera, imaginado.

Volvamos a nuestro tema. Por lo tanto, aunque para muchos de nosotros, como en el caso de Rousseau: "la verdad *abstracta* general, es la bendición más preciosa", debemos, temporalmente, satisfacernos con las verdades relativas. En realidad, en la mejor de las hipótesis, somos un pobre grupo de mortales que siempre siente pavor aún frente a una verdad relativa, en cuanto podría devorarnos junto a nuestros preconceptos anodinos. En la vertiente de una verdad absoluta, la mayoría de nosotros no logra verla, así como no alcanza a llegar a la luna en bicicleta. En primer lugar, porque la verdad absoluta es tan inconmovible como la montaña de Mahoma, la cual rehusó molestarse para el profeta, el cual tuvo que ir a ella. Debemos seguir su ejemplo si queremos acercarnos a ésta aún a distancia. En segundo lugar, porque el reino de la verdad absoluta no es de este mundo; mientras nosotros estamos demasiado anclados a él. Y, finalmente, porque a pesar de que en la fantasía del poeta, el ser humano es:

[…] El abstracto
De toda perfección, que la obra
Del cielo ha modelado […],

en realidad es un acopio de anomalías y paradojas, una persona pretensiosa, entumecida con su propia importancia y con opiniones contradictorias y fácilmente influenciables. Es a la vez una criatura arrogante y débil; quien, si bien sienta un constante temor de alguna autoridad terrenal o celestial:

[…] como un mono iracundo
Juega tales trucos fantásticos delante del Cielo elevado
Que hace sollozar a los ángeles.

108

Ahora bien, como la verdad es una joya polifacética, cuyos aspectos son imposibles de percibir todos a la vez y como no existen dos hombres, a pesar de su ansia por discernir la verdad, capaces de ver, siquiera una de estas facetas de manera similar, ¿qué podemos hacer para ayudarlos a percibirla? Visto que el ser físico, cuyas ilusiones lo limitan y obstaculizan por todos lados, no puede alcanzar la verdad mediante la luz de sus percepciones terrenales, os decimos que desarrolléis vuestro conocimiento *interno*. Desde el período en el cual el oráculo délfico dijo al investigador: "Hombre, conócete a ti mismo", no se ha enseñado una verdad más grande o más importante. Sin tal percepción, el ser humano permanecerá, para siempre, ciego a muchas verdades relativas por no mencionar la absoluta. El hombre debe *conocerse a sí mismo*: adquirir las percepciones *interiores* que nunca engañan, antes de que domine alguna verdad absoluta. La verdad absoluta es el *símbolo de la Eternidad* y ninguna mente *finita* podrá jamás asir lo eterno. Por lo tanto, ninguna verdad podrá descender a ella en su totalidad. Para alcanzar el estado durante el cual el ser humano la ve y la percibe, debemos paralizar los sentidos del hombre externo de arcilla. Se nos dirá que ésta es una tarea complicada y, en tal coyuntura, la mayoría de las personas preferirá, indudablemente, satisfacerse con verdades relativas. Sin embargo, aún el acercarse a las verdades terrenales exige, en primer lugar, *amor hacia la verdad por la verdad misma*, de otra manera no se le podrá reconocer. ¿Quién ama a la verdad, en esta edad, por la verdad misma? ¿Cuántos, entre nosotros, están preparados a buscarla, aceptarla y ponerla en práctica, en una sociedad en que cualquier cosa que tenga éxito *debe construirse en las apariencias y no en la realidad, en el egocentrismo y no en el valor intrínseco*? Estamos completamente conscientes de las dificultades que se interponen en el camino para recibir la verdad. La doncella de belleza celestial desciende sólo al terreno que le conviene, el suelo de una mente imparcial, sin prejuicios e iluminada por la pura Conciencia Espiritual y ambos son raros habitantes en las tierras civilizadas. En nuestro siglo de vapor y de electricidad, en el que el ser humano vive a una velocidad febril, dejándole muy poco tiempo para la reflexión, por lo general se deja ir a la deriva, de la cuna a la tumba, clavado a la cama de Procuste de las usanzas y convencionalidades. Ahora bien, el convencionalismo puro y simple es una *mentira* congénita, ya que, en cada caso, es una "*simulación* de los sentimientos según un patrón recibido" (definición de F.W.Robertson) y donde hay alguna simulación, *no puede haber ninguna verdad.* Aquellos obligados a vivir en la atmósfera sofocante del convencionalismo social y que, aún cuando deseen y añoren aprender, no osan aceptar las verdades que anhelan por temor al Moloch feroz llamado sociedad, saben muy bien cuán honda es la observación de Byron según el cual: "la verdad es una joya que se encuentra en una gran profundidad, mientras, en la superficie de este mundo, se sopesan todas las cosas *mediante las falsas escalas de la costumbre.*"

Que el lector mire a su alrededor; que estudie los relatos de viajeros de fama mundial, que tenga presente las observaciones conjuntas de pensadores literarios, los datos científicos y estadísticos. Que elabore, en su vista mental, un esbozo general de la imagen de la sociedad, de la política, de la religión y de la vida modernas. Que recuerde las usanzas y las costumbres de todas las razas cultas y naciones bajo el sol. Que observe el comportamiento y la actitud moral de la gente en los centros civilizados europeos y americanos y hasta del lejano oriente y de las colonias, en cualquier lugar donde el hombre blanco ha transportado los "beneficios" de la llamada civilización. Ahora bien, después de haber pasado revista a todo esto, que se detenga y reflexione y luego que nombre, *si puede*, aquel *El Dorado* bendito, aquel lugar excepcional en el globo, *donde la Verdad es la invitada de honor, mientras la Mentira y el Engaño son los marginados so·pena de ostracismo*; y constatará que *no puede.* Pero nadie podrá, a menos que esté preparado y determinado a agregar su fragmento a la masa de falsedades que reina suprema en cada departamento de la vida nacional y social. "¡La Verdad!" clamó Carlyle, "la verdad, a pesar de que los cielos me aplasten por seguirla y no la falsedad, no obstante que todo el reino celestial fuese el premio de la Apostasía." Estas son nobles palabras. Sin embargo, ¿cuántos piensan y *osarían* hablar como Carlyle, en nuestro siglo xix? ¿Acaso no prefiere, la gigantesca y pasmosa mayoría, el "paraíso de los perezosos", el país de la felicidad del egoísmo cruel? Esta es la mayoría que se retira llena de pánico ante del esbozo más nebuloso de cada nueva verdad impopular, inducida por un simple miedo cobarde, no sea que el señor Harris denunciara y la señora Grundy condenara a sus paladines a la tortura infligida por su lengua asesina, la cual desmenuza gradualmente.

El Egoísmo es el primogénito de la Ignorancia y el fruto de la enseñanza según la cual: por cada recién nacido se "crea" una nueva alma, *separada y distinta* del Alma Universal. Este Egoísmo es la pared inexpugnable entre el Ser *personal* y la Verdad. Es la madre prolífica de todos los vicios humanos, la *mentira* nace de la necesidad de disimular, mientras la *hipocresía* procede del deseo de encubrir la *mentira*. Es el hongo que crece y se refuerza con la edad en cada corazón humano en el cual ha devorado todos los mejores sentimientos. El egoísmo mata todo impulso noble en nuestras naturalezas y es la deidad que no teme, por parte de sus acólitos, falta de fe o deserción. Por lo tanto, vemos que reina supremo en el mundo y en la llamada sociedad a la moda. Consecuentemente, vivimos, nos movemos y existimos en esta deidad de la oscuridad bajo su aspecto trinitario de Engaño, Hipocresía y Falsedad, llamado Respetabilidad.

¿Es esto Verdad y Hecho o es calumnia? Podéis dirigiros hacia cualquier dirección y discerniréis que, desde la cúspide de la escalera social hasta el fondo, el engaño y la hipocresía operan para el bien del querido Ser en toda nación e individuo. Sin embargo, las naciones, por acuerdo tácito, han determinado que los motivos políticos egoístas deberían llamarse: "noble aspiración nacional, patriotismo", etc.; mientras el ciudadano los considera, en su círculo familiar, como "virtud doméstica." A pesar de todo, el Egoísmo, que alimenta el deseo de extensión territorial o la competencia comercial a expensas del prójimo, jamás se podrá considerar como una virtud. Vemos que al Engaño perpetrado con panegíricos y a Fuerza Bruta, el *Jachin* y el *Boaz* de todo Templo Internacional de Salomón, se le llama Diplomacia, mientras nosotros les damos su nombre adecuado. ¿Deberíamos aplaudir al diplomático que, postrándose ante estas

111

dos columnas de gloria nacional y de política, pone su simbolismo masónico en práctica diariamente: "esta casa mía se establecerá a la fuerza (astuta)" y obtiene, con el engaño, lo que no puede alcanzar con la fuerza? La siguiente calificación del diplomático: "destreza o habilidad en asegurarse las ventajas" para su propio país a expensas de otros, no puede alcanzarse diciendo la *verdad*; sino hablando de manera astuta y engañosa. Por lo tanto, la revista "Lucifer" llama a esta acción una Mentira *viviente* y ostensible.

Sin embargo, la política no es el sólo ambiente en el que, la costumbre y el egoísmo han avenido a llamar virtud al engaño y a la patraña, recompensando a aquel que sabe mentir mejor en público. Todo tipo de sociedad vive en la Mendacidad y se disgregaría sin ella. La aristocracia culta y temerosa de Dios, estando prendada del fruto prohibido como cualquier plebeyo, se ve obligada a mentir constantemente a fin de encubrir lo que le gusta llamar sus "pecadillos", al paso que la Verdad los considera inmoralidad burda. La sociedad de la clase media rebosa de falsas sonrisas, palabras mentirosas y engaños mutuos. Para la mayoría, la religión se ha convertido en un sutil velo arrojado sobre el cádaver de la fe espiritual. El maestro va a la iglesia para engañar a sus servidores; el cura hambriento, predicando lo que ya ha cesado de creer, embauca a su arzobispo, el cual, a su vez, burla a su Dios. Los diarios políticos y sociales pueden adoptar como su lema y con beneficio, la pregunta inmortal de George Dandin: "A quiénes de nosotros dos engañamos? Aún la ciencia, en un tiempo la tabla de salvación de la Verdad, ha cesado de ser el templo del Hecho *escueto*. Casi todos los científicos se esfuerzan sólo para imponer a sus colegas y al público, la aceptación de alguna idea personal predilecta, de alguna teoría recién elaborada, que dará lustre y fama a su nombre. Un científico está tan pronto a suprimir las pruebas que podrían dañar una hipótesis científica corriente, como un misionero en tierras paganas o un predicador en su patria, persuade a su congregación de que la geología moderna es una mentira y la evolución es puramente una vanidad y una aberración del espíritu.

Esta es la situación en el año 1888. ¡Aún, ciertos periódicos nos atacan por verlo en colores más tétricos!

La mentira, amparada por el hábito y los convencionalismos, se ha esparcido a un nivel tal, que hasta la cronología obliga a la gente a mentir. Los sufijos A.C. y D.C., empleados después de las fechas por los hebreos y los paganos en Europa y en Asia, tanto por los materialistas y los agnósticos como por los cristianos en patria, son una *mentira* usada para sancionar otra Mentira.

Entonces, ¿dónde podemos encontrar, siquiera, la verdad relativa? Si ya en el lejano siglo de Demócrito le apareció bajo la forma de una diosa que yacía en el fondo de un pozo tan profundo que daba poca esperanza para su liberación; en las circunstancias actuales tenemos cierto derecho a creer que se esconda, al menos, en el lado siempre invisible y *oscuro* de la luna. Quizá ésta sea la razón por la cual, a todos los defensores de las verdades ocultas se les tilda de lunáticos. Pase lo que pase, en ningún caso y bajo ninguna amenaza, la revista "Lucifer" jamás será obligada a gratificar alguna mentira universal, tácitamente reconocida y universalmente practicada, pero se atendrá al hecho puro y simple, tratando de pregonar la verdad dondequiera que se encuentre y bajo ninguna máscara de cobardía. El fanatismo y la intolerancia podrán considerarse actitudes ortodoxas y congruentes, mientras el fomentar los prejuicios sociales y las predilecciones personales a expensas de la verdad, podrán reputarse como un comportamiento sabio a seguir a fin de asegurarse el éxito de una publicación. Que así sea. Los editores del "Lucifer" son Teósofos y su apotegma ya se escogió: *Vera pro gratiis* (La verdad sobre todo).

Están muy conscientes de que las libaciones y los sacrificios del "Lucifer" a la diosa Verdad no emanan un humo dulce y rico a las narices de los señores de la prensa, ni el brillante "Hijo de la Mañana", emite un dulce aroma en sus orificios nasales. Se le ignora, cuando no se abusa; ya que la *verdad da a luz al odio*. Hasta sus amigos están empezando a detectar faltas. No entienden *por qué no debería ser una revista puramente teosófica* o, en substancia, por qué rechaza de ser dogmática y fanática. En lugar de dedicar cada línea de sus columnas a las

113

enseñanzas teosóficas y ocultas, abre sus páginas "a la publicación de los elementos más grotescamente heterogéneos y a las doctrinas contrastantes." Esta es la acusación principal, a la cual contestamos ¿y por qué no? La teosofía es conocimiento divino y el conocimiento es verdad. Por lo tanto, cada hecho *verdadero*, cada palabra sincera, es parte integrante de la teosofía. La persona versada en la alquimia divina o aproximadamente bienaventurada con el don de la percepción de la verdad, encontrará y extraerá esta última, tanto de una declaración errónea como de una correcta. A pesar de lo pequeño que sea un fragmento de oro en un montón de basura, es siempre el noble metal y vale la pena rescatarlo aun cuando se requiere un poco de trabajo adicional. Como se ha dicho, a menudo es un tanto útil saber lo que una cosa *no es* como aprender lo que *es*. El lector común difícilmente podrá esperar encontrar algún hecho en una publicación sectaria bajo todos sus aspectos, en favor y en contra, ya que, de una forma u otra, su presentación ha de ser, seguramente, influenciada y las escalas tenderán a inclinarse hacia el lado al cual se dirige la proclividad del editor. Por lo tanto, quizá una revista teosófica sea la única publicación donde se pueda esperar encontrar, al menos, la verdad y los hechos imparciales, aún siendo aproximativos. La verdad escueta se refleja en el "Lucifer" bajo sus múltiples aspectos; ya que de sus páginas no se excluye a ninguna filosofía y a ninguna concepción religiosa. Además, como toda filosofía y religión, a pesar de lo incompleto, lo inadecuado y hasta de lo insensato que ocasionalmente algunas de ellas pueden ser, debe estribar en alguna verdad y en algún hecho, el lector tiene la oportunidad de comparar, analizar y escoger, entre las varias filosofías que aquí se discuten. "Lucifer" ofrece tantas facetas de la Unica joya universal en conformidad con su espacio limitado y dice a sus lectores: "Escoged, en este día, a quien serviréis: ¿ya sea a los dioses que estaban del otro lado de la inundación que sumergió a los poderes del razonamiento humano y al conocimiento divino, o a los dioses de los Amorites de la *costumbre* y de la *falsedad social* o aún, al Señor del Ser (superior), el brillante destructor de los poderes lóbregos de la ilusión? Seguramente, la mejor filosofía es aquella que tiende a disminuir en lugar de incrementar, el total de la miseria humana.

De todos modos, hay posibilidad de elección que es el único motivo por el cual hemos abierto nuestras páginas a todo género de colaboradores, por lo tanto: se encuentran los conceptos de un clérigo cristiano quien cree en su Dios y en el Cristo; pero rechaza las interpretaciones malignas y los dogmas impuestos de su iglesia ambiciosa y orgullosa, en concomitancia con las doctrinas del hilo-idealista que niega a Dios, al alma y a la inmortalidad, no creyendo en nada salvo en sí mismo. Los materialistas más empedernidos encontrarán hospitalidad en nuestra revista; sí, hasta aquellos que no tuvieron ningún escrúpulo en llenar las páginas con escarnios y observaciones personales sobre nosotros, abusando las doctrinas teosóficas que tanto queremos. Cuando una revista de *libre pensamiento*, editada por un ateo, inserte un artículo de un místico o de un teósofo en el cual se elogien sus conceptos ocultos y el misterio de Parabrahman aunque el editor se limite a expresar sólo algunas observaciones casuales, diremos que el "Lucifer" ha encontrado un rival. Cuando un periódico cristiano o de los misioneros, acepte un artículo de un libre pensador que se burle de la creencia en Adán y su costilla, acogiendo la crítica al cristianismo, la fe de su editor, en manso silencio, entonces, habrá alcanzado un nivel digno del "Lucifer" y se podrá decir que ha arribado al grado de tolerancia donde se puede equiparar con alguna publicación teosófica.

Sin embargo, mientras que ninguno de dichos órganos cumpla con esto, son todos sectarios, fanáticos, intolerantes y jamás podrán tener una idea de la verdad y de la justicia. Pueden lanzar alusiones contra el "Lucifer" y sus editores, sin afectar a ninguno de los dos. En realidad, los editores de tal revista están orgullosos de dicha crítica y acusación; ya que atestiguan la ausencia absoluta de fanatismo o arrogancia de algún tipo en la teosofía, el resultado de la belleza divina de las doctrinas que predica. Desde luego, como se ha dicho, la teosofía concede una audiencia y una justa oportunidad a todos. Considera que ninguna concepción, si es sincera, está completamente exenta de verdad. Respeta a los hombres pensantes, sin importar a la clase de pensamiento que puedan pertenecer. Está siempre dispuesta a impugnar las ideas y las concepciones capaces de crear simplemente confusión sin beneficiar a la filosofía, deja a sus divulgadores libres de creer, personalmente, en lo que quieran y rinde justicia a sus ideas cuando son buenas. De hecho, las conclusiones o las deducciones de un escritor filosófico, pueden ser totalmente antitéticas a las nuestras y a las enseñanzas que exponemos. A pesar de esto, sus premisas y afirmaciones pueden ser muy correctas y cabe que otras personas se beneficien de la filosofía opuesta, aun cuando nosotros la rechazamos, creyendo que tenemos algo más elevado y más próximo a la verdad. En todo caso, ahora se ha clarificado nuestra profesión de fe y todo lo que se ha dicho en las páginas anteriores justifica y explica nuestra conducta editorial.

Al resumir la idea concerniente a la verdad absoluta y relativa, cabe repetir sólo lo que ya hemos dicho. *Fuera de un cierto estado mental altamente espiritual y elevado, durante el cual el Hombre es uno con la* Mente Universal, *en la tierra él no puede educir, de cualquier filosofía o religión, nada que no sea la verdad o verdades relativas.* Aun cuando la diosa que se alberga en el fondo del pozo, saliera de su lugar de cautiverio, no podría transmitir al ser humano más de lo que él puede asimilar. Entretanto, todos nosotros podemos sentarnos en las inmediaciones del pozo, cuyo nombre es Conocimiento y, atisbando en las profundidades, esperar ver, al menos, el reflejo de la hermosa imagen de la Verdad en las aguas oscuras. Sin embargo, según la observación de Richter, esto presenta un cierto peligro. Por supuesto, de vez en cuando, alguna verdad puede reflejarse, como en un espejo, en el sitio donde estamos observando, recompensando, entonces, al paciente estudiante. Pero el pensador alemán agrega: "He oído que algunos filósofos en pos de la Verdad, a fin de tributarle un homenaje, han visto su propia imagen en el agua, acabando por adorar a ésta en lugar de la verdad." […]

A fin de evitar tal calamidad, la cual se ha abatido sobre todo fundador de escuela religiosa o filosófica, los editores se dedican, con esmero, a no ofrecer al lector sólo esas verdades que encuentran reflejadas en sus cerebros personales. Entregan al público una amplia gama de elección y rechazan mostrar fanatismo e intolerancia, que son las indicaciones principales a lo largo de la senda del sectarismo. A la par que dejamos el margen más extenso posible para el cotejo, nuestros oponentes no pueden esperar encontrar *sus caras* reflejadas en las aguas prístinas de nuestro "Lucifer", sin que las acompañen ciertas observaciones o una justa crítica referente a los aspectos prominentes de sus doctrinas, si contrastan con las concepciones teosóficas.

Sin embargo, todo esto se circunfiere dentro de la revista pública y abarca sólo el aspecto meramente intelectual de las verdades filosóficas. En lo que concierne a las creencias más espirituales y casi podríamos decir religiosas, ningún verdadero teósofo debería degradarlas sometiéndolas a la discusión pública, sino que debería atesorarlas y esconderlas en las reconditeces del santuario más interno de su alma. Tales creencias y doctrinas no deberían exponerse imprudentemente porque corren el riesgo inevitable de que las personas indiferentes y críticas las traten de forma áspera, profanándolas. Ni deberían incorporarse a ninguna publicación excepto como hipótesis ofrecidas a la consideración del público pensante. Las verdades teosóficas, una vez que transcienden un cierto límite de especulación, es mejor que permanezcan escondidas al público; ya que "la prueba de las cosas no vistas" no es una prueba salvo para aquel que la ve, la oye y la percibe. No debe arrastrarse fuera del "Santo de los Santos", el templo del *Ego* divino e impersonal o el Yo que se alberga dentro; ya que, mientras la percepción de todo hecho externo puede ser, como ya hemos demostrado, en la mejor de las hipótesis, sólo una verdad relativa, un rayo de la verdad absoluta puede reflejarse únicamente en el espejo inmaculado de su propia llama, nuestra Conciencia Espiritual superior. ¿Cómo puede, la oscuridad (de la ilusión), comprender la Luz que brilla dentro de ella?

Filósofos Antiguos Y Críticos Modernos

En una de las filosofías y sistemas religiosos más antiguos de los tiempos prehistóricos, leemos que al final de un Mahâ-Pralaya (disolución general), la gran Alma, Param-Atmâ, lo Auto-Existente, eso que es "comprensible sólo mediante lo suprasensual", llega a *manifestarse a sí mismo.*[3]

Los hindúes llaman a esta "Existencia" con diferentes nombres, uno de los cuales es Svayambhû o Auto-Existente, del cual emana la facultad creativa o Svâyambhuva, el "Hijo del Auto-Existente". Así, el Uno se convierte en Dos, que, a su vez, desenvuelve un tercer principio con la potencialidad de llegar a ser Materia, a la que el ortodoxo llama Virâj o Universo.[4] Después, esta Trinidad incomprensible se antropomorfizó en la Trimûrti, a la cual se le conoce como Brahmâ, Vishnu y Shiva, los símbolos de los poderes creativos, conservativos y destructivos en la Naturaleza y, simultáneamente, de las fuerzas transformadoras y regeneradoras o mejor dicho, de los tres aspectos de la Fuerza Universal única. Es la Tridanda, la Unidad triplemente manifestada, la cual dio origen al ortodoxo AUM, que para ellos es simplemente la Trimûrti abreviada. Es sólo bajo este aspecto triple que las masas profanas pueden comprender el gran misterio. Cuando el Dios tríplice se convierte en Shârirâ o asume una forma visible, tipifica todos los principios de la Materia, todos los gérmenes de la vida, es el Dios con los tres rostros o poder triple, la esencia de la Tríada védica. "Que los Brâhmanes conozcan la Sagrada Sílaba [Aum], las tres palabras de Sâvitrî y que lean los Vedas diariamente."[5]

Después de haber producido el universo, Aquel cuyo poder es incomprensible, desaparece de nuevo, absorbido en el Alma Suprema. [...] Habiéndose retirado a la oscuridad primitiva, la

---

[3] Véase el "Manava Dharma Shastra" (Leyes de Manu), I, 5, 6, 7, 8, etc.

[4] Todo estudiante de Teosofía reconocerá, en estas tres emanaciones consecutivas, los tres Logoi de la *Doctrina Secreta* y el Esquema Teosófico.

[5] Compárese con *Manu*, iv., 125.

Gran Alma permanece dentro del ignoto y es privada de toda forma [...]

Cuando, habiendo reunido nuevamente los principios elementarios sutiles, se inserta en una semilla vegetal o animal, asume, en cada una, una nueva forma.

Por lo tanto, mediante un despertamiento y un reposo alternativos, el Ser Inmutable hace revivir y morir, eternamente, a todas las criaturas existentes, activas e inertes.[6]

Aquel que ha estudiado las especulaciones de Pitágoras sobre la Mónada, la cual, después de haber emanado la Díada, se retira en el silencio y la oscuridad, creando, entonces, la Tríada, puede comprender de donde procedió la Filosofía del gran sabio samiano y después de él, aquella de Sócrates y Platón. La Década mística $(1 + 2 + 3 + 4 = 10)$, es una forma de expresar tal idea. El Uno es Dios; el Dos la Materia, el Tres es el Mundo fenoménico que combina la Mónada y la Díada y participa de la naturaleza de ambos; la Tétrade o la forma de perfección, expresa el vacío del todo y la Década o la suma de todo, abarca al Kosmos[7] entero.

Veamos como las ideas brâhmánicas se armonizan con las filosofías paganas pre-cristianas y con el mismo cristianismo. Conviene empezar con la filosofía platónica, el compendio más elaborado de los sistemas recónditos de la antigua India.

Aunque hayan pasado 22 siglos y medio de la muerte de Platón, las grandes mentes del globo todavía se dedican a sus escritos. Fue el intérprete del mundo en el sentido más completo del término. El más grande Filósofo de la era precristiana reflejaba, en sus escritos, el espiritualismo de los Filósofos védicos, quienes lo antecedieron en millares de años con sus expresiones metafísicas. Se discernirá que, Vyâsa, Jaimini, Kapila, Patanjali y muchos más transmitieron, mediante Pitágoras, su sello indeleble a Platón y a su escuela, a través de los siglos que se intercalan entre ellos. Por ende, se deduce que

---

[6] Compárese con *Manu*, i., 50 y otras estrofas.

[7] H.P.B. emplea el término Cosmos (con C), refiriéndose sólo al Cosmos visible: nuestro sistema solar, mientras cuando lo deletrea con K, Kosmos, implica la manifestación manvantárica integral, el Kosmos universal, del cual participa nuestro sistema planetario. (N.d.T.)

tanto a Platón como a los antiguos Sabios hindúes, se les reveló la misma sabiduría. Así, esta sabiduría, sobreviviendo a la erosión del tiempo, ¿qué otra cosa puede ser, si no divina y eterna?

Platón enseñó que la justicia subsistía en el alma y era el bien más grande de su poseedor. "Los hombres, proporcionalmente a su intelecto, han admitido sus afirmaciones trascendentales." Sin embargo, sus comentadores, casi por unanimidad, rehuyen cada pasaje que implica que la Metafísica platónica estriba en una base sólida y no en concepciones ideales.

Sin embargo, Platón no pudo aceptar una Filosofía destituída de aspiraciones espirituales; para él, las dos eran una sola. Según el antiguo Sabio griego, existía un único objeto a realizar: el Conocimiento Real. Consideraba que los Filósofos genuinos o los estudiantes de la verdad, eran aquellos que poseían el conocimiento de lo que existe realmente, contrapuesto a los meros objetos de percepción, de lo que existe perennemente contrapuesto a lo transitorio y de lo que existe permanentemente, contrapuesto a lo que aparece y desaparece siguiendo un curso alternativo de desarrollo y destrucción.

Más allá de todas las existencias finitas y causas secundarias, de todas las leyes, las ideas y los principios, se halla una Inteligencia o Mente (*Nous*, el Espíritu), el primer principio de todos los principios, la Idea Suprema en la cual estriban todas las demás, la substancia última de la cual todas las cosas derivan su ser y esencia, la Causa primera y eficiente de todo orden, armonía, belleza, excelencia y bondad que hienche el universo, a la cual se le llama, por motivos de preeminencia y excelencia, el Dios Supremo, el Dios (ο θεος), "el Dios sobre todo" (ο επι πασι θεος).[8]

Para un Teósofo no es difícil reconocer en este "Dios": (*a*) la Mente Universal en su aspecto cósmico y (*b*) el Ego Superior en el ser humano en su aspecto microcósmico. Desde luego, como Platón dice, El no es la verdad ni la inteligencia: "sino el Padre de ella", o sea, el "Padre" del Manas Inferior, nuestra "mente-cerebro" personal, cuya manifestación depende de los órganos de los sentidos. Aunque nuestros sentidos físicos no puedan

---

[8] "El Cristianismo y la Filosofía Griega" (xi., 377) por Cocker.

percibir dicha esencia eterna de las cosas, ésta es asible para la mente de aquellos que no son, voluntariamente, obtusos.[9] Constatamos que Platón declara, en manera cristalina, que todo lo visible se creó y se desenvolvió de la Voluntad invisible y eterna, siguiendo su patrón. El dice que nuestro Cielo se produjo en armonía con la ordenación eterna del "Mundo Ideal", contenida, como todo el resto, en el dodecaedro, el modelo geométrico usado por la Deidad.[10] Para Platón, el Ser Primordial es una emanación de la Mente del Demiurgo (Nous), la cual contiene en sí, desde la eternidad, la "Idea" del "mundo a crearse" y esta Idea la produce de sí mismo.[11] Las leyes de la Naturaleza son las relaciones establecidas de esta Idea con las formas de sus manifestaciones. Dos mil años después, encontramos que el gran filósofo alemán Schopenhauer toma prestada tal concepción cuando dice:

> Estas formas son el tiempo, el espacio y la causalidad. A través del tiempo y del espacio, la idea varía en sus manifestaciones incommensurables.

Por lo tanto, si la Teología ha, a menudo, desfigurado a la Teosofía; la Psicología y las Ciencias Modernas han desfigurado a la Filosofía Antigua. Ambas entresacaron de la Sabiduría Antigua sin reconocerle nada; sino denigrándola y menospreciándola cada vez que pudieron. Sin embargo, los métodos de la Ciencia Moderna, a pesar de lo exacto que sean, careciendo de una comprensión de los grandes principios filosóficos y teosóficos, deben desembocar en la nada, no pudiendo demostrar el origen ni la esencia última de las cosas en ninguna rama. En lugar de reconducir el efecto a su fuente primordial, la Ciencia Moderna procede al revés. Según sus enseñanzas, los tipos superiores se desarrollaron de otros anteriores e inferiores. Comienza desde el fondo del ciclo que un hilo de Materia conduce, paso a paso, en el gran dédalo de la Naturaleza. Tan pronto como éste se quiebra, el asomo se pierde

---

[9] Este "Dios" es la Mente Universal, Alaya, la fuente de la cual ha emando el "Dios" en cada uno de nosotros.

[10] Compárese con el "Timeo Locrio" pag. 97.

[11] Véase "Explicaciones" por Mover, pag. 268.

y la ciencia retrocede despavorida de lo Incomprensible, confesándose impotente. Sin embargo, Platón y sus discípulos no se comportaban así. Para ellos y para nosotros, *los tipos inferiores eran simplemente las imágenes concretas de los tipos abstractos superiores.* El Espíritu, que es inmortal, tiene un comienzo aritmético, mientras el cuerpo lo tiene geométrico. Este comienzo, el reflejo del Archaeus universal, es semoviente y del centro se difunde sobre el cuerpo entero del microcosmo.

¿Es la triste percepción de esta verdad, cuyo reconocimiento y adopción por parte de cualquier científico implicaría el suicidio, que induce a muchos de ellos, incluyendo a eruditos famosos, a confesar cuán impotente es la ciencia física aún sobre el mundo de la Materia?

Casi un siglo separa a Platón de Pitágoras,[12] por lo tanto no pudieron haberse conocido. Sin embargo, ambos eran Iniciados y no es sorprendente encontrar que enseñaron la misma doctrina concerniente al Alma Universal. Pitágoras enseñó a sus discípulos que Dios es la Mente Universal difundida en todas las cosas, la cual, por la única virtud de su identidad universal, podía comunicarse de un objeto a otro y el sólo poder de la voluntad humana podía inducirla a crear todas las cosas. También entre los griegos antiguos, Kurios era el Dios-Mente (nous). "Ahora bien, Koros (Kurios) significa la naturaleza pura y prístina del intelecto, la sabiduría", dice Platón en el "Cratilo". Por lo tanto, notamos que todos los grandes filósofos, desde Pitágoras, Timeo de Locris, Platón, hasta los Neo-Platónicos, derivaron el Alma-Mente humana del Alma-Mente Universal.

Platón, con respecto a los mitos y a los símbolos, la desesperación del orientalismo moderno, declara, en el "Gorgias" y en el "Fedro", que eran los vehículos de las grandes verdades y que valía la pena buscar. Sin embargo, los comentadores han establecido una relación tan superficial con el gran Filósofo, que se ven obligados a reconocer que ignoran donde "termina la doctrina y empieza el mito." Platón ahuyentó las supersticiones populares concernientes a la magia y a los demonios, desarollando las exageradas nociones de aquel tiempo

---

[12] Pitágoras nació en 580 y Platón en 430 antes de J. C.

en teorías racionales y concepciones metafísicas. Quizá no pasen el método de razonamiento inductivo establecido por Aristóteles, sin embargo son satisfactorias al máximo para aquellos que comprenden la existencia de la facultad superior de penetración interna o intuición, en cuanto proporcionan un criterio para apurar la verdad. Desde luego, en todo sistema religioso, existen pocos mitos sin una base histórica y científica. Según Pococke:

> Ahora se ha probado que los Mitos son fábulas proporcionalmente a nuestra mala interpretación de ellos y son verdades proporcionalmente a la manera en que en un tiempo se comprendían. Nuestra ignorancia es la que ha hecho de la historia un mito y nuestra ignorancia es una herencia Helénica, en substancia, el resultado de la vanidad Helénica.[13]

Platón, basando todas sus doctrinas en la presencia de la Mente Suprema, enseñó que el Nous, Espíritu o Alma Racional humana, siendo "generada por el Padre Divino", poseía una naturaleza similar o hasta homógenea, a la Divinidad y era capaz de observar las realidades eternas. Tal facultad de contemplar la realidad de manera directa e inmediata, pertenece sólo a Dios; la aspiración hacia este conocimiento constituye el verdadero sentido de la palabra Filosofía: el amor de la sabiduría. El amor por la verdad es, inherentemente, el amor por lo bueno, que, predominando sobre todo deseo del alma, purificándola y asimilándola a lo divino de manera que gobierne cada acción del individuo, eleva al ser humano a participar y a comulgar con la Divinidad, restableciéndolo a imagen de Dios. En el "Theaetetus" Platón dice:

> El vuelo consiste en convertirse en Dios y tal asimilación es el llegar a ser justo y santo con sabiduría.

Siempre se afirma que la base para esta asimilación es la pre-existencia del Espíritu o Nous. En la alegoría en "Fedro" de la carroza con los caballos alados, él representa la naturaleza psíquica compuesta o doble: *thumos* o la parte sensual, formada por las substancias del mundo de los fenómenos y *thumoeides* (θυμοειδες), cuya esencia se conecta con el mundo eterno. La vida terrenal presente es una caída y un castigo. El Alma habita

---

[13] "La India en Grecia", Prefacio pag. ix.

en "la tumba que llamamos cuerpo". En su estado incorporado y antes de la disciplina de la educación, el elemento noético o espiritual está "dormido". Así, la vida es más bien un sueño que una realidad. Nosotros, análogamente a los prisoneros en la cueva subterránea descrita en "La República", damos nuestra espalda a la luz, por lo tanto percibimos sólo las sombras de los objetos que pensamos que son la realidad actual. ¿No es ésta la idea de Maya o la ilusión de los sentidos en la vida física, un aspecto muy enfatizado en la Filosofía Hindú? Sin embargo, si no nos hemos embebido totalmente con nuestra naturaleza sensual, estas sombras despiertan en nosotros el recuerdo de aquel mundo superior que en un tiempo habitábamos.

El espíritu interior tiene algún recuerdo vago y nebuloso de su estado pre-natal de beatitud y añora, de manera instintiva y profética, retornar ahí.

Toca a la disciplina de la Filosofía desvincular al Alma de su cautiverio en los sentidos, elevándola al empíreo del pensamiento puro, la visión de la verdad eterna, la bondad y la belleza, uniéndola, entonces, con el Espíritu.

El alma no puede entrar a la forma humana si jamás ha visto la verdad. Esta es la remembranza de esas cosas que nuestra alma miró previamente mientras se movía con la Deidad, desdeñando las cosas que ahora decimos que son y oteando eso que realmente es. Por lo tanto, sólo el nous, o el espíritu del Filósofo [o del estudiante de la verdad superior], está provisto de alas, porque él mantiene estas cosas en su mente como mejor puede y cuya contemplación hace divina la misma Deidad. Un ser humano, al usar correctamente estas cosas que recordamos de una vida previa y perfeccionándose, constantemente, en los misterios perfectos, se convierte en un ser verdaderamente perfecto, un iniciado en la sabiduría más divina.

Porfirio, de la escuela Neo-Platónica, nos asegura que la Filosofía de Platón se enseñaba y representaba en los Misterios.[14] Muchas personas han puesto en entredicho y

---

[14] "Las acusaciones contra Sócrates, de ateismo, de haber introducido deidades advenedizas y haber corrompido a la juventud ateniense, justificaron ampliamente la actitud de Platón de esconder la expresión arcana de sus doctrinas. Indudablemente, la terminología particular o la

negado esto y Lobeck, en su *Aglaophomus*, se ha extralimitado representando las fiestas sagradas como una exhibición vacía para cautivar la imaginación. ¡Imaginad, por veinte siglos y más, Atenas y la Grecia acudían, cada quinto año, a Eleusis para presenciar una solemne farsa religiosa! Augustino, el Obispo de Hippo, ha desacreditado estas aserciones. El declara que las doctrinas de los Plátonicos alejandrinos eran las doctrinas Esotéricas originales de los primeros seguidores de Platón y describe a Plotino como un Platón reencarnado. Explica también los motivos del gran Filósofo para velar el sentido interno de lo que enseñaba.

Entonces, es comprensible el por qué las escenas más sublimes en los Misterios eran siempre nocturnas. La vida del Espíritu interno es la muerte de la naturaleza externa y la noche del mundo físico implica el día de la naturaleza espiritual. Por lo tanto, se adora a Dionisio, el sol nocturno, más que a Helios, la estrella diurna. Los Misterios simbolizaban la condición pre-existente del Espíritu y del Alma y el lapso de esta última en la vida terrenal y en el Hades, las miserias de esa vida, la purificación del Alma y su restablecimiento a la beatitud divina o reunión con el Espíritu. Theón de Smyrna compara,

---

'jerga' de los alquimistas, se empleó con el mismo propósito. Los cristianos de toda denominación, especialmente los católicos romanos, usaban, sin escrúpulos, muchos medios de tortura contra aquellos que enseñaban, hasta la ciencia natural, si se oponía a las teorías que la Iglesia promulgaba. Aun el papa Gregorio el Grande restringió el uso gramatical del Latín, considerándolo pagano. La ofensa de Sócrates consistió en presentar a sus discípulos la doctrina arcana concerniente a los dioses que se enseñaba en los Misterios y constituía un crimen capital. Aristófanes lo acusó también de introducir el nuevo Dios Dinos en la república, como demiurgo o artífice y el señor del universo solar. El sistema heliocéntrico era también una doctrina de los Misterios, así, cuando Aristarco el Pitagórico la enseñó abiertamente, Cleantes declaró que los griegos debían haberlo llamado a juicio condenándolo por haber blasfemado contra los dioses." Sin embargo, Sócrates jamás fue iniciado y por lo tanto no divulgó nada que nunca se le había impartido.

hábilmente, la disciplina filosófica con los ritos místicos y sus concepciones son resumibles, en los escritos de Taylor, así:

A la Filosofía se le puede llamar la iniciación en los verdaderos arcanos y la instrucción en los Misterios genuinos. Esta iniciación es quíntuple: I. la purificación previa, II. la admisión a la participación en los ritos arcanos, III. la revelación epóptica, IV. la investidura o el entronamiento, V. la quinta, que es el producto de todas éstas, consiste en la amistad y la comulgación interior con Dios y el gozo de esa felicidad que surge del coloquio íntimo con los seres divinos. [...] Platón llama *epopteia* a la perfecta contemplación de las cosas comprendidas intuitivamente, verdades e ideas absolutas. Además, considera la inclinación de la cabeza y el coronamiento, análogos a la autoridad que cada uno recibe de sus instructores: conducir a los otros en la misma contemplación. La quinta gradación es la más perfecta felicidad que surge de allí y, según Platón es, para los seres humanos, una asimilación, lo más posible, con la divinidad.[15]

Este es el Platonismo. Ralph Waldo Emerson dice que: "Platón es la fuente de la cual proceden todas las cosas que los hombres de pensamiento aún escriben y debaten." Platón absorbió el saber griego de su tiempo, desde Filolao hasta Sócrates, aquel de Pitágoras en Italia y lo que puuv entresacar de Egipto y del oriente. El era tan extenso que toda la Filosofía europea y asiática es ubicable en sus doctrinas y a la cultura y a la contemplación añadió la naturaleza y las cualidades del poeta.

Por lo general, los seguidores de Platón se adhirieron rigurosamente a sus teorías psicológicas. Sin embargo, algunos, como Xenócrates, incursionaron en especulaciones más atrevidas. Speusippo, sobrino y sucesor del gran Filósofo, fue el autor de "Análisis Numérico", un tratado sobre los Números pitagóricos. Algunas de sus especulaciones no son localizables en los *Diálogos* escritos. Sin embargo, como se encontraba en la audiencia durante las conferencias no recopiladas de Platón, el juicio de Enfield, según el cual no discrepaba con su Maestro es, sin reparo, correcto. Aunque no se mencione su nombre era, evidentemente, el antagonista que Aristóteles criticaba cuando

---

[15] Thomas Taylor: "Los Misterios Eleusinos y Baquícos", pag. 47.

profesaba mencionar la argumentación de Platón contra la doctrina de Pitágoras que todas las cosas eran, en sí, números o mejor dicho, eran inseparables de la idea de números. El se dedicó especialmente a mostrar que la doctrina plátonica de las ideas difería, en esencia, de la pitagórica, en cuanto presuponía que los números y la magnitud existían separados de las cosas. También pregonó que, según la enseñanza platónica, no podía existir ningún conocimiento *real* si el objeto de este conocimiento no trascendía lo sensible.

Sin embargo, Aristóteles no era un testigo fehaciente. Malrepresentó a Platón y casi caricaturizó las doctrinas de Pitágoras. Existe un canon interpretativo que debería guiarnos en nuestro examen de toda opinión filosófica: "La mente humana, bajo la operación necesaria de sus leyes, se ha visto obligada a tener las mismas ideas fundamentales y el corazón humano para apreciar los mismos sentimientos en todas las edades." Es cierto que Pitágoras despertó la simpatía intelectual más profunda de su época y sus doctrinas ejercieron una poderosa influencia en la mente de Platón. Su idea cardinal consistía en la existencia de un principio permanente de unidad tras de las formas, los cambios y otros fenómenos del universo. Aristóteles afirmó que Pitágoras enseñó que: "los números son los primeros principios de todas las entidades." Según la opinión completamente correcta de Ritter, la fórmula pitagórica debería considerarse de manera simbólica. Aristóteles sigue asociando estos *números* con las "formas" y las "ideas" de Platón, llegando al punto de declarar que este último dijo: "las formas son números" y "las ideas son existencias substanciales, seres reales." Sin embargo, esta no era la enseñanza de Platón. El declaró que la causa final era la Bondad Suprema: το αγαθον.

"Para la razón humana, las ideas son objetos de concepción pura y son atributos de la Razón Divina."[16] Ni jamás dijo que "las formas son números." Lo que divulgó puede encontrarse en el "Timeo": "Dios [el Nous Universal o Mente], forjó las cosas mientras surgieron, en armonía con la formas y los números."

---

[16] "Historia de la Filosofía" por Cousin, I., pag. ix.

La ciencia moderna reconoce que todas las leyes superiores de la naturaleza asumen la forma de declaración cuantitativa. ¿Qué es esto, si no una elaboración más completa o una afirmación más explícita de la doctrina pitagórica? A los números se les consideraba como las mejores representaciones de las leyes de la armonía que embebía al Kosmos. En realidad, en química, los números definen, arbitrariamente, la doctrina de los átomos y las leyes de combinación. Según lo expresa W. Archer Butler:

> Por lo tanto, el mundo es, a través de todos sus departamentos, una aritmética viviente en su desarrollo y una geometría realizada en su reposo.

La clave para los dogmas pitagóricos es la *fórmula general de la unidad en la multiplicidad, el Uno que se desenvuelve y penetra los muchos. En definitva, esta es la antigua doctrina de la emanación.* Aún el apóstol Pablo la aceptó como verdadera cuando dijo: *"Desde él, a través de él y para él, todas las cosas son"*. Sin embargo, un Iniciado, un "Maestro Constructor", difícilmente hubiera usado el pronombre "él" refiriéndose a la Mente Universal.

A los más grandes Filósofos antiguos se les acusa de poseer un conocimiento superficial y poco profundo en lo que concierne a esos detalles en la ciencia exacta acerca de los cuales los modernos tanto se ufanan y Platón no puede sustraerse del destino común. Sin embargo, una vez más, sus críticos modernos deberían tener presente que el Juramento Sodaliano del Iniciado en los Misterios le impedía divulgar su conocimiento al mundo de manera explícita. Con respecto a esto, Champollion escribe:

> Era el sueño de su vida (de Platón), escribir una obra grabando en ella, de manera integral, las doctrinas que los hierofantes egipcios enseñaron. A menudo hablaba de esto, sin embargo se vio obligado a abstenerse de la empresa debido a su solemne juramento.

Los varios comentadores de Platón declaran que ignoraba completamente la anatomía y las funciones del cuerpo humano; desconocía el uso de los nervios para transmitir las sensaciones y no tenía nada mejor que ofrecer que vanas especulaciones relativas a las cuestiones fisiológicas. Según ellos dicen, generalizó, simplemente, las divisiones del cuerpo humano, sin impartir nada que nos recuerde los hechos anatómicos. Sus concepciones acerca de la estructura humana, el ser Microcósmico, que en su mente era la imagen en miniatura del Macrocosmo, son extremadamente trascendentales para que nuestros escépticos exactos y materialistas les prodiguen alguna atención. Según algunos de sus traductores, la idea de que dicha estructura humana esté formada por triángulos, análogamente al universo, es absurdamente ridícula. Sólo el profesor Jowett, en su introducción al "Timeo", observa honestamente que el filósofo físico moderno: "casi no concede a sus nociones el mérito de ser 'los huesos del difunto' de los cuales se ha elevado a un conocimiento superior";[17] olvidándose, entonces, cuánto la Metafísica de antaño ha ayudado a las ciencias "físicas" actuales. Si en lugar de protestar por la insuficiencia y, a veces, la ausencia de términos y definiciones rigurosamente científicas en las obras de Platón, las analizáramos meticulosamente, nos daríamos cuenta que tan sólo el "Timeo" contiene, en su espacio limitado, los gérmenes de todo nuevo descubrimiento. Ahí se mencionan claramente la circulación sanguínea y la ley de gravitación, si bien, puede ser que, con respecto a la sangre, no se presentan definiciones tan claras para hacer frente a los ataques repetidos de la ciencia moderna. Desde luego, para Jowett, Platón desconocía el descubrimiento específico según el cual la sangre sale fluyendo de un lado del corazón a través de las arterias, retornando al otro mediante las venas. Sin embargo, el filósofo griego estaba perfectamente consciente de que "la sangre es un fluido en constante movimiento."

El método de Platón, como aquel de la Geometría, consistía en descender de lo universal a lo particular. La ciencia moderna busca, en vano, una Causa Primera entre las permutaciones de las moléculas, mas Platón la buscó y la encontró entre la majestuosa moción de los mundos. Para él era suficiente conocer el gran esquema de la creación y poder reconducir los movimientos más poderosos del Universo, a través de sus cambios, a su causa última. Los detalles anodinos, cuya

---

[17] "Los Diálogos De Platón", por Jowett, ii., 508.

observación y clasificación han puesto a prueba y demostrado la paciencia de los científicos modernos, suscitaban poca atención entre los Filósofos antiguos. Por lo tanto, mientras un joven de la escuela primaria inglesa puede expresarse, acerca de las minucias de la ciencia física, de manera más erudita que Platón, el profesor más letrado en la Academia más ínclita no podrá competir con el discípulo más obtuso de Platón en lo que concierne a las grandes leyes cósmicas y a sus mutuas relaciones; ya que él demostraba tener una familiaridad y un control sobre las Fuerzas Ocultas que yacen tras de ellas.

Este hecho, tan poco apreciado y jamás ponderado por los traductores de Platón, explica los panegíricos que nosotros, los modernos, nos hacemos a expensas de aquel Filósofo y sus compañeros. A fin de gratificar nuestro amor propio, sus presuntos errores en anatomía y fisiología se magnifican de manera tan exponencial que, adquiriendo la idea según la cual nuestra erudición es superior, perdemos de vista el esplendor intelectual que esmaltaba a las edades pasadas. Es como si uno amplificara las manchas solares hasta llegar a creer que la refulgente estrella ha sido totalmente eclipsada.

La acusación general de que los antiguos Filósofos solamente generalizaban sin sistematizar prácticamente nada, no prueba su "ignorancia" y, además, es falsa. Como al principio del tiempo, toda ciencia fue revelada por un Instructor *divino*, se convirtió, entonces, en sagrada, pudiéndola impartir sólo durante los Misterios de la Iniciación. Por lo tanto, ningún Filósofo iniciado, como Platón, tenía el derecho a revelarla. Una vez postulada esta realidad se explica la presunta "ignorancia" de los Sabios antiguos y de algunos autores clásicos iniciados. De todos modos, hasta una correcta generalización es más útil que algún sistema de ciencia exacta cuya entereza y cabalidad depende de un número de "hipótesis" y conjeturas. La relativa intrascendencia práctica de la mayoría de la búsqueda científica moderna, resulta patente en el hecho de que, mientras nuestros científicos tienen un nombre para la partícula mineral, la planta, el animal y el ser humano más insignificantes, los más sabios entre ellos no pueden decirnos nada de definido sobre la Fuerza Vital que produce los cambios en estos diversos reinos. A fin de avalar lo antes dicho, no es necesario buscar más allá de las obras de nuestras autoridades científicas.

Se requiere mucha osadía moral en un hombre que ocupa una posición profesional eminente, para rendir justicia al saber de los Antiguos delante de un sentimiento popular que se contenta, con nada menos, que su denigración. Cuando incurrimos en un caso de este género, nos alegramos de dar al erudito intrépido y honesto lo que se merece. Uno de estos es el profesor Jowett, Director de la Universidad de Baliol y Regio Profesor de griego en la Universidad de Oxford. El, en su traducción de las obras platónicas, habla de la "filosofía física de los antiguos en su integridad", dándoles el siguiente crédito.

1. "La teoría de las nebulosas era la creencia recibida de los primeros físicos." Por lo tanto, no podía estribar, según afirma Draper,[18] en el descubrimiento telescópico de Herschel.

2. "También Anaxímenes, en el sexto siglo A.C., compartía la idea del desarrollo de los animales de las ranas, quienes vinieron a la tierra y del ser humano de los animales." El profesor Jowett podía haber agregado que esta teoría antecedió a Anaxímenes por muchos millares de años, ya que era una doctrina aceptada entre los caldeos quienes la enseñaron *exotéricamente* en sus cilindros y tablillas y, *esotéricamente*, en los templos de Ea y Nebo, el Dios y profeta o revelador de la Doctrina Secreta.[19] Sin embargo, en ambos casos, las declaraciones son *velos*. Anaxímenes era el discípulo de Anaxímandro, quien era, a su vez, el amigo y estudiante de Thales de Mileto, el jefe de los "Siete Sabios" y entonces, un Iniciado como lo eran estos dos Maestros, así, lo que Anaxímenes quería decir con la palabra "animales" era algo distinto de los animales de la teoría moderna de Darwin. En realidad, los seres humanos con la cabeza aguileña y los animales de varias especies con cabezas humanas, pueden indicar dos cosas: el linaje de la humanidad desde los animales o la procedencia de los animales del hombre,

---

[18] "Conflicto entre la Religión y la Ciencia", pag. 240.
[19] "La Sabiduría de Nebo, del Dios mi instructor, muy agradabale", dice el séptimo verso en la primera tablilla, la cual describe la generación de los Dioses y de la creación.

como enseña la Doctrina Esotérica. De todos modos, se ha demostrado que aún la teoría más importante entre las actuales, no es toda original de Darwin. Jowett continúa mostrando: "que también Filolao y los primeros pitagóricos consideraban que la tierra era un cuerpo como las demás estrellas que circunvalaban en el espacio." Así, Galileo, estudiando algunos fragmentos pitagóricos cuya existencia Reuchlin avala aun en los días del matemático florentino[20] y estando familiarizado con las doctrinas de los antiguos Filósofos, reafirmó, simplemente, una enseñanza astronómica prevaleciente en la India durante la antigüedad más remota.

4. Los Antiguos "enseñaban que tanto las plantas como los animales tenían un sexo." Por lo tanto, nuestros naturalistas modernos deben sólo seguir los pasos de sus predecesores.

5. "Las notas musicales dependían de la longitud o tensión relativa de las cuerdas de la cual se emitían y se medían mediante la proporción numérica."

6. "Las leyes matemáticas penetran al mundo y se presumía que hasta las diferencias cualitativas tenían su origen en el número."

7. "Ellos negaban la aniquilación de la materia y sostenían que había simplemente una transformación." "Aun suponiendo que uno de estos descubrimientos fuera una conjetura afortunada," añade el profesor Jowett, "no podemos atribuirles a estos filósofos todo como simples coincidencias." Exactamente; ya

---

[20] Según las afirmaciones de algunos cabalistas eruditos, las frases pitagóricas griegas originales de Sextus, que ahora se dice que han sido perdidas, en aquel tiempo existían en un convento en Florencia y Galileo estaba familiarizado con estas escrituras. Además, agregan que Galileo poseía un tratado sobre la astronomía, un manuscrito de Archytas, un discípulo directo de Pitágoras, en el cual se anotaron todas las doctrinas más importantes de su escuela. Si alguien como Rufino se hubiese apoderado de tal manuscrito, indudablemente lo habría desfigurado, como Presbitero Rufino había pervertido las susodichas frases de Sexto, remplazándolas con una versión ·fraudulenta, cuya paternidad trató de atribuirla a un cierto Obispo Sexto. Véase la Introducción de Taylor (pag. xvii) a "Vida De Pitágoras" por Jámblico.

que, según lo que este profesor dice en algún otro lugar, nos da todo el derecho a creer que Platón indica (como en realidad lo hace) en el "Timeo", su conocimiento de la indestructibilidad de la Materia, de la conservación de la energía y de la correlación de las fuerzas. Jowett dice:

> La última palabra de la filosofía moderna es continuidad y desarrollo, sin embargo, para Platón, *éste es el principio y la base de la Ciencia*[21]

En substancia, la Filosofía platónica consistía en el orden, el sistema y la proporción. Incluía la evolución de los mundos y de las especies, la correlación y la conservación de la energía, la transmutación de la forma material, la indestructibilidad de la Materia y del Espíritu. La posición de los platónicos tocante a este último aspecto adelantaba por mucho a la Ciencia Moderna, estableciendo el arco de su sistema filosófico sobre una piedra angular a la vez perfecta e inamovible.

Finalmente, pocos negarán la enorme influencia que las concepciones de Platón han ejercido en la formación y la aceptación de los dogmas cristianos. Sin embargo, las ideas de Platón eran aquellas de los Misterios. Las doctrinas filosóficas que ahí se enseñaban son la fuente prolífica de la cual manaban todas las religiones exotéricas, incluídos el Viejo y, parcialmente, el Nuevo Testamento, perteneciendo a las nociones morales y religiosas más aventajadas. Mientras el significado literal se dejó al fanatismo de las clases sociales bajas e irracionales, las clases altas, la mayoría de las cuales integraban a los Iniciados, se dedicaban a sus estudios en el solemne silencio de los templos y también su culto del Unico Dios en el Cielo.

Si aceptamos las especulaciones de Platón en el "Banquete", sobre la creación de la humanidad primordial y el ensayo acerca de la Cosmogonía en el "Timeo", debemos considerarlas alegóricamente. Es este sentido pitagórico, escondido en el "Timeo", en el "Cratilo", en "Parmenides" y en otras trilogías y diálogos, que los neo-platónicos se aventuraron a expresar siempre entre los límites del juramento teúrgico de silencio.

---

[21] Introducción al "Timeo", "Diálogos de Platón", i. 590.

La doctrina pitagórica según la cual *Dios es la Mente Universal difundida a través de todas las cosas* y el dogma de la inmortalidad del alma, son los puntos acimutales en estas enseñanzas aparentemente incongruentes. La devoción de Platón y la gran veneración que sentía por los Misterios, son una garantía suficiente para impedir a su indiscreción de subvertir el profundo sentido de responsabilidad que todo Adepto siente. En el "Fedro"[22] dice: "Un hombre, perfeccionándose constantemente en los Misterios perfectos, sólo mediante ellos llega a ser verdaderamente perfecto."

No se esforzó en esconder su desagrado debido a que la secretez de los Misterios había disminuido con respecto a los períodos anteriores. En lugar de profanarlos, poniéndolos al alcance de las masas, los habría vigilado con dedicación celosa contra todo, a excepción de sus discípulos serios y meritorios.[23] Aún mencionando a los Dioses en cada página, su "Monismo Panteístico" es incuestionable en cuanto todo el hilo de su discurso señala que con el término "Dioses" implica una clase de seres muy inferiores en la escalera de la Deidad Unica y sólo un grado superiores al hombre externo. Aun Josepho percibió y reconoció este hecho a pesar del prejuicio natural de su raza. Este historiógrafo, en su famosa filípica sobre Apión dice:

> Aquellos que, entre los griegos, filosofaban en armonía con la verdad, no ignoraban nada [...] ni les pasaban desapercibidas las superficialidades escalofriantes de las alegorías míticas a causa de las cuales, justamente las despreciaban [...] A Platón esto lo indujo a decir que no era necesario admitir a ninguno de los otros poetas en la "Asociación" y soslaya a Homero blandamente después de

---

[22] "Fedro", i., 328., por Cory.

[23] El mismo Platón corrobora lo antes dicho cuando enuncia: "Tú dices esto, pero, en mi anterior discurso, no te he explicado suficientemente la naturaleza del *Primero*. Mis palabras son intencionalmente enigmáticas ya que, en caso de que la tablilla termine, accidentalmente, por tierra o por mar, en la mano de una persona desprovista de un conocimiento preliminar sobre el tema, podría no comprender sus contenidos." (Platón, Ep. II., pag. 312; Cory "Fragmentos Antiguos" pag. 304)

haberlo coronado y recubierto con ungüento a fin de que tampoco él destruya, con sus mitos, la creencia ortodoxa de la [Deidad] *Una*.[24]

Por lo tanto, aquellos que pueden discernir el verdadero espíritu de la Filosofía de Platón, no se sentirán satisfechos con la estimación que el profesor Jowett presenta a sus lectores en otra parte de su obra. Nos dice que la influencia ejercida sobre la posteridad por el "Timeo" se debe, parcialmente, a una comprensión errónea de la doctrina de su autor por parte de los neo-platónicos. Le gustaría hacernos creer que los significados ocultos que encontraron en este Diálogo, "discrepan mucho con el Espíritu de Platón." Esto equivale a la suposición según la cual el profesor Jowett comprende lo que era realmente tal espíritu; aunque su crítica acerca de este tópico particular indica que no lo penetra para nada. Si según nos dice, los cristianos parecen encontrar en la obra platónica a la Trinidad, la Palabra y la Iglesia Cristiana y también la creación del Mundo en el sentido hebraico, es porque todo ello *está* allí, por lo tanto es natural que lo hayan localizado. La estructura externa es la misma, sin embargo, el espíritu que animaba a la palabra muerta de la enseñanza del Filósofo ha huido y lo buscaríamos en vano en los dogmas áridos de la teología cristiana. La Esfinge es la misma ahora como lo era cuatro siglos antes de la era cristiana, pero Edipo no existe más. Ha sido asesinado porque dio al mundo lo que el mundo no estaba suficientemente maduro para recibir. Era la personificación de la verdad y tuvo que morir, como debe acontecer con toda gran verdad, antes de que pueda volver a vivir de sus cenizas como el ave Fénix de la antigüedad. Todo traductor de las obras platónicas ha observado la peculiar similitud entre la Filosofía de las doctrinas Esotéricas y Cristianas y cada uno de ellos trató de interpretarla en armonía con sus sentimientos religiosos. Así, Cory, en su obra: "Fragmentos Antiguos", procura probar que es simplemente una similitud externa rebajando, como mejor puede en la estima pública, la Mónada pitagórica y exaltando, sobre sus escombros, la deidad antropomórfica sucesiva. Taylor, abogando por la

---

[24] "Contra Apión", ii., pag. 1079, por Josephus.

Mónada pitagórica, actúa de forma muy poco ceremonial con el Dios de Moisés. Zeller escarnece intrépidamente las pretensiones de los Padres de la Iglesia los cuales, a pesar de la historia y de la cronología y ya sea que la gente les crea o no, insisten en que Platón y su escuela robó al Cristianismo sus aspectos principales. Es una fortuna para nosotros como es una desdicha para la Iglesia Romana, que una treta tan astuta como aquella a la cual acudió Eusebio es de difícil actuación en nuestro siglo. En los días del Obispo de Cesárea, tergiversar la cronología "en favor de los sincronismos", era más simple que hoy y mientras la historia exista, nadie puede impedir a la gente saber que Platón vivió seis siglos antes de que Iréneo asumiera la tarea de establecer una *nueva* doctrina procedente de las ruinas de la antigua Academia de Platón.

* * *

Esta doctrina de la Mente Universal difundida en todas las cosas está en la base de cada Filosofía antigua. Las enseñanzas del Bodhismo o Sabiduría, cuya mejor comprensión se alcanza sólo cuando se estudia la Filosofía pitagórica, su reflejo fiel, se derivaron de esta fuente al igual que la religión exotérica hindú y el cristianismo primordial. El proceso purificador de reencarnaciones, metempsicosis, a pesar de su aspecto pedestremente antropomorfizado en períodos sucesivos, debe considerarse sólo como una doctrina suplemental que el sofismo teológico desfiguró proponiéndose ejercer una presa más firme sobre los creyentes a través de una superstición popular. No era la intención de Gautama Buda, de Pitágoras ni de Platón enseñar *literalmente* esta alegoría puramente metafísica. Ninguno de ellos se dirigía a los profanos; sino sólo a sus seguidores y discípulos, quienes tenían un conocimiento muy profundo del elemento simbólico empleado, para que no entendieran el sentido de sus respectivos Maestros, aun durante las enseñanzas públicas. Por lo tanto, sabían que las palabras metempsicosis y transmigración implicaban simplemente la reencarnación de un cuerpo humano a otro, cuando esta enseñanza se refería a un *ser humano*. A mayor abundamiento, toda alusión de éste o de otro

136

sabio, como Pitágoras, según la cual en un nacimiento previo había sido un animal o después de la muerte había transmigrado a un animal, era alegórica y se remitía a los estados espirituales del alma humana. No es en la letra muerta de la literatura mística sagrada que los eruditos pueden esperar encontrar la verdadera solución de sus sutilezas metafísicas, las cuales cansan el poder del pensamiento debido a la inconcebible profundidad de su raciocinio y el estudiante nunca se encontrará más lejos de la verdad que en el momento en el cual cree que está por descubrirla. La maestría completa de toda doctrina de los pasmosos sistemas budistas y brahmánicos se alcanzará sólo procediendo en rigurosa armonía con el método pitagórico y platónico: desde el universal al particular. La clave para penetrarlos yace en las refinadas y místicas doctrinas del flujo espiritual de la vida divina. El Buda dice: "Aquel que desconoce mi ley y muere en ese estado, debe volver a la tierra hasta que se convierta en un Samaneano perfecto. Para conseguir este objetivo, debe destruir dentro de sí la trinidad de Mâyâ. Debe extinguir sus pasiones, debe unirse e identificarse con la ley [la enseñanza de la Doctrina Secreta] y debe comprender la religión del aniquilamiento," es decir: las leyes de la Materia y las del Karma y la Reencarnación.

Platón reconoce que el ser humano, al aparecer en este mundo material, es la marioneta del elemento de la necesidad, el Karma bajo otro nombre. Las causas externas afectan al hombre y éstas son *daimonia* como aquellas mencionadas por Sócrates. Feliz es el ser físicamente puro; ya que si su alma externa (el cuerpo astral, la imagen del cuerpo), es pura, fortificará a la segunda (el Manas inferior) o el alma que él define alma mortal superior, la cual, si bien sujeta a equivocarse debido a sus motivos, siempre se alineará con la razón contra las tendencias animales del cuerpo. En substancia, el rayo de nuestro Ego Superior, el Manas inferior, tiene su luz superior, la razón o los poderes racionales del Nous, para ayudarle en la lucha con los deseos Kámicos. La concupiscencia humana surge de resultas de su cuerpo material deleznable que es, según Platón, la causa de las demás enfermedades. Sin embargo, aunque a veces considere los crímenes como algo involuntario, ya que proceden, como las

137

dolencias físicas, de causas externas, Platón hace una amplia distinción entre estas causas. El fatalismo humano que atribuye a la humanidad no descarta la posibilidad de evitarlas si bien el dolor, el miedo, la cólera y otros sentimientos, se dan al ser humano por necesidad.

> Si ellos las conquistaran, vivirían correctamente, mientras que, si ellas los conquistaran, vivirían injustamente.[25]

El ser dual, uno del cual el Espíritu inmortal divino se ha apartado, dejando simplemente la forma animal y sideral, el alma *mortal* superior de Platón, es dejado meramente a sus instintos, ya que todos los males inherentes en la materia[26] lo han conquistado, por lo tanto, se convierte en un vehículo dócil en las manos de los seres Invisibles de la materia sublimada que aletean en nuestra atmósfera y están siempre preparados a inspirar a aquellos que son justamente abandonados por su consejero inmortal, el Espíritu Divino, al que Platón llama "genio."[27] Según este gran Filósofo e Iniciado:

> Aquel que vivió bien durante el tiempo que se le otorgó, retornará a la habitación de su estrella donde tendrá una existencia bienaventurada y adecuada. Sin embargo, si no logrará alcanzar esto en la segunda generación, pasaría en una mujer [se convertiría inerme y débil como una mujer]. Si no se detuviera de perpetuar el mal en esa condición, se trasmutará en un bruto, la efigie de sus rasgos malvados, y no saldrá de sus peripecias y trasformaciones [renacimientos o transmigraciones], hasta que haya seguido y asimilado el principio original dentro de él y, mediante la ayuda de la razón, haya dominado los últimos efluvios de los elementos turbulentos e irracionales [demonios elementarios], compuestos por el fuego, el aire, el agua y la tierra y haya vuelto a la forma de su primera y mejor naturaleza.[28]

Estas son las enseñanzas de la Doctrina Secreta, de la Filosofía Oculta. En la antigüedad, y hoy en día en los centros

---

[25] "Timeo", véase la obra del profesor Jowett.

[26] Esta es la enseñanza de la Filosofía Esotérica que se delineó vagamente en "Isis sin Velo." Para Platón, sólo el ser triple es perfecto: aquel cuyo Cuerpo, Alma y Espíritu se encuentran en estrecha afinidad.

[27] Y los Teósofos el Ego Superior o Buddhi-Manas.

[28] "Timeo" de Platón.

de Ocultismo oriental, se impartía la posibilidad de que el ser humano perdiera, debido a su depravación, su Ego Superior. El extracto mencionado muestra, claramente, que Platón creía en la Reencarnación y en el Karma como nosotros, aunque su manera de expresarse con respecto a esto era mítica.

No había Filósofo de renombre que no se atuviese a esta doctrina de la metempsicosis, según la enseñaban los brâhmanes, los budistas y sucesivamente los pitagóricos en su significado Esotérico, a pesar de su expresión más o menos inteligible. Orígenes y Clemente Alejandrino, Sinesio y Chaldicio, creían en ésta. Los gnósticos, que la historia proclama, sin vacilar, el grupo de hombres[29] más refinado, erudito e iluminado, creían todos en la metempsicosis. Sócrates tenía opiniones idénticas a las de Pitágoras y, como castigo por su Filosofía divina, fue condenado a una muerte violenta. La plebe ha sido la misma en todas las edades. Según las enseñanzas de estos individuos, el ser humano tiene dos almas cuyas naturalezas son separadas y muy distintas. Una es perecedera: el Alma Astral o el cuerpo interno fluido, que no debemos confundir con el *Cuerpo* Astral o "doble"; la otra es incorruptible e inmortal, el Augoeides o la porción del Espíritu Divino, Atma-Buddhi. Además, el Alma Astral o mortal, perece en cada cambio paulatino en el umbral de toda nueva esfera, purificándose más y más durante cada transmigración. Al Hombre Astral, intangible e invisible, como puede serlo para nuestros sentidos mortales y terrenales, lo constituye la materia, aunque sublimada.

Ahora bien, si lo que antecede tiene algún significado, implica que esta enseñanza de las "dos almas" es exactamente aquella de los Teósofos Esotéricos y de muchos Exotéricos. Las dos almas son el Manas dual: el "Alma Astral" inferior y personal y el Ego Superior. El "Alma Astral", un Rayo del Ego Superior que cae en la Materia, es decir que anima al ser humano convirtiéndolo en un ser pensante y racional en este plano, habiendo asimilado sus elementos más espirituales en la esencia divina del Ego que se reencarna, muere en su forma personal y material durante

---

[29] Véase "La Decadencia y la Caída del Imperio Romano."

todo cambio gradual, como Kama Rupa, en el umbral de cada nueva esfera o Devachan, seguida por una nueva reencarnación. Perece porque se desvanece al pasar del tiempo, exceptuando su fotografía intangible y evanescente en las olas astrales, impresa por la poderosa luz siempre cambiante, sin embargo perenne; mientras el "Alma Espiritual" incorruptible e inmortal, que llamamos Buddhi-Manas y el Yo individual, adquiere más pureza en cada nueva encarnación. Cargada con todo *lo que* podía salvar del Alma personal, el Ego lo lleva al Devachan para recompensarlo con edades de paz y beatitud. Esta no es una enseñanza *inédita*, no es un "nuevo desarrollo", como algunos de nuestros oponentes han tratado de probar. Aun en "Isis sin Velo", la primera obra teosófica moderna y por lo tanto la más circunspecta, se expone el hecho de manera nítida. La Doctrina Secreta no concede la inmortalidad a todos los seres humanos de la misma forma; pero, en consonancia con Porfirio, declara:

> Mediante la pureza y la castidad más elevada nos acercaremos más a [nuestro] Dios, recibiendo, al contemplarlo, el verdadero conocimiento y discernimiento.

Si el alma humana, durante su vida, ha descuidado recibir su iluminación del Espíritu Divino, nuestro Dios personal, entonces, al hombre burdo y sensual se le hace difícil sobrevivir su muerte física por un amplio lapso. Como un monstruo deformado no puede vivir mucho después de su nacimiento físico, así el alma, una vez que se ha tornado *excesivamente* material, no podrá existir, después de su muerte, en el mundo espiritual por un período muy extenso. La coherencia de la forma astral es tan débil, que las partículas no pueden adherirse firmemente una vez que se ha deslizado de la cápsula concreta del cuerpo externo. Sus partículas, obedeciendo gradualmente a la atracción desorganizadora del espacio universal, al final se dispersan sin ninguna posibilidad de reagregarse. Cuando dicha catástrofe acontece, el individuo personal cesa de existir; su glorioso Augoeides, el Ser inmortal, lo ha dejado para irse al Devachan, donde el Kama Rupa no puede seguirlo. Durante el período intermedio entre la muerte física y la desintegración de la forma astral, ésta vaga vinculada por la atracción magnética con su macabro cadáver, libando la vitalidad de víctimas susceptibles. El ser humano, habiendo expulsado de sí todo rayo de luz divina, se encuentra perdido en las tinieblas y por lo tanto se ase a la tierra y a lo que es terrenal.

Ninguna Alma Astral, aun aquella de un ser puro, bueno y virtuoso es inmortal en el estricto significado del término; "se formó de los elementos y a los elementos debe volver." Sin embargo, mientras el alma del malvado se desvanece y es absorbida sin redención, es decir: el difunto no ha impreso nada de sí en el Ego-Espíritu, aquella de cualquier otra persona, aun moderadamente pura, simplemente permuta sus partículas etéreas por otras más etéreas. Mientras que en el alma astral permanezca una chispa de lo Divino, el Ego personal no puede morir *completamente*; ya que sus pensamientos y sus aspiraciones más espirituales, sus "buenas obras", la eflorescencia de su estado de "yo soy", por así decirlo, ahora se han unido con su Padre inmortal. Proclo dice:

> Después de la muerte, el alma [el espíritu] sigue demorándose en el cuerpo aéreo [la forma astral], hasta que se purifique enteramente de todas las pasiones coléricas y voluptuosas [...] luego, al sobrevenir la segunda muerte, el cuerpo aéreo es desechado al igual que el terrenal. Entonces, los antiguos dicen que existe un cuerpo celestial que está siempre unido al alma, que es inmortal, luminosa y estelar.

Se nos ha reiterado que entre el Panteismo y el Fetichismo hay un sólo insignificante escalón. Según se afirma, Platón era un Monoteista, sin embargo lo era, de manera inequívoca, en un sentido; pero su Monoteismo jamás lo condujo a la adoración de un Dios *personal*; sino de un Principio Universal y a la idea fundamental de que sólo la Existencia absolutamente inmutable o incambiable realmente *es*; todas las existencias finitas y el cambio son únicamente apariencias: Maya.[30] Para Platón este *Ser* era un nóumeno y no un fenómeno. Si Heraclito postula una Conciencia-Mundo o una Mente Universal; Parmenides un *Ser* incambiante en la identidad del pensamiento universal e individual y si Pitágoras y Filolao descubren el verdadero Conocimiento (que es la *Sabiduría* o la Deidad), en nuestra

---

[30] "Sofistas", pag. 249.

conciencia de las relaciones constantes entre el número y la medida, una idea que posteriormente los Sofistas desfiguraron, es Platón quien da expresión a esta idea en la forma más inteligible. Mientras la vaga definición de algunos filósofos acerca del *Constante-Devenir* puede conducir a una persona inclinada a la polémica a un Materialismo sin esperanza, el *Ser* divino de algunos otros sugiere un antropomorfismo igualmente antifilosófico. En lugar de separar a los dos, Platón muestra la necesidad lógica de aceptar a ambos desde un aspecto Esotérico. Lo que él llama "Existencia Incambiable" o "Ser", la Filosofía Esotérica lo nomina *Seidad*. Es Sat, que se convierte, en períodos determinados, en la causa del *Devenir* y que después no se le puede considerar como *existente*; sino como algo que siempre tiende a existir en lo "Bueno" y tiende a ser uno con la Absolutez en su progreso cíclico hacia la Existencia Absoluta Una. Tanto para Platón como para los Vedantinos, la "Causa Divina" no puede ser una Deidad personal y por ende finita y condicionada; ya que Platón trata su tema teleológicamente y, en su búsqueda por las causas finales, a menudo *trasciende* la Mente Universal, aun cuando la considera como nóumeno. En diferentes ocasiones, los comentadores modernos han tratado de probar la falacia de la afirmación Neo-Platónica según la cual las enseñanzas de Platón entrañan un significado secreto, negando la presencia de "alguna huella definida de una doctrina secreta" en sus "Diálogos":

Tampoco los pasajes entresacados de las cartas Platónicas (VII, pag. 341*e*, II, pag. 314*c*), contienen ninguna prueba.[31]

Sin embargo, como nadie podría negar que Platón había sido iniciado en los Misterios, esto zanja las demás refutaciones. Los "Diálogos" están pletóricos de expresiones y alusiones que ningún traductor o comentador moderno ha comprendido correctamente, salvo uno, Thomas Taylor. A mayor abundamiento, la presencia de la doctrina pitagórica numérica y de los números sagrados en las conferencias de Platón, dirimen la cuestión de manera conclusiva.

---

[31] Véase Hermann, I, pag. 544, 744, nota 755.

Aquel que ha estudiado a Pitágoras y sus especulaciones sobre la Mónada, la cual, después de haber emanado la Díada, se retira en el silencio y en la obscuridad, creando entonces la Tríada, puede percatarse de dónde provino la Filosofía del gran Sabio samiano y después de él, aquella de Sócrates y de Platón.

Parece que Speusippo haya enseñado que el alma psíquica o thumética (astral) era inmortal, como el Espíritu o alma racional, y todo Teósofo comprenderá sus razones de decir esto. A menos que una personalidad experimente un completo aniquilamiento, que es extremadamente raro, una porción del "alma thumética" o Manas inferior es, desde un punto de vista, inmortal, es decir la parte que sigue al Ego en el Devachan. Además, Speusippo, análogamente a Filolao y a Aristóteles, en sus disquisiciones sobre el alma, hace del Eter un elemento; así existían cinco elementos principales que correspondían a las cinco figuras geométricas regulares. Esta se convirtió, también, en una doctrina de la escuela Alejandrina.[32] En realidad, las doctrinas de los Filaleteos entrañaban muchas cosas que no aparecían en las obras de los Platónicos más antiguos; pero no cabe duda que el Filósofo mismo la enseñó en substancia, aun cuando, con su usual reticencia, no la transcribió, siendo demasiado arcana para una publicación lega. Speusippo y Xenócrates después de él consideraban, al igual que su gran Maestro, que el Anima Mundi o el Alma del Mundo, no era una Deidad; sino una manifestación. Para estos Filósofos, el Uno jamás fue considerado como Naturaleza animada.[33] El Uno original no *existía*, según nuestra comprensión del término. Un Ser no se producía hasta que el Uno no se había unido con los muchos: la existencia emanada (la Mónada y la Díada). El τιμιον, el honrado, algo manifestado, se alberga en el centro como en la circunferencia, pero es simplemente el reflejo de la Deidad, del Alma del Mundo.[34] En esta doctrina encontramos todo el espíritu del *Bodhismo* Esotérico o Sabiduría Secreta.

---

[32] "Theo. Arith.", pag. 62, "Pitágoras, Números".

[33] "Parmenides" por Platón, 141 E.

[34] Véase "Eclesiástico" por Stobæus i., 862.

Aunque para algunos Speusippo es inferior a Aristóteles, el mundo le debe la definición y la exposición de muchas cosas que Platón dejó obscuras en su doctrina de lo Sensible e Ideal. Su máxima era: "Lo Inmaterial se conoce por medio del pensamiento científico, mientras lo Material mediante la percepción científica."[35]

Xenócrates enunció una copiosa cantidad de teorías y enseñanzas no escritas de su maestro. También él tenía en alta estima la doctrina pitagórica con su sistema de números y matemáticas. Al reconocer sólo tres grados de conocimiento: *Pensamiento, Percepción y Contemplación* (o conocimiento por medio de la *Intuición*), indujo al Pensamiento a ocuparse con todo lo que está más allá del cielo, la Percepción con las cosas en el cielo y la Intuición con el cielo mismo. La fuente de estas tres cualidades es ubicable en el *Manava Dharma Shastra* hindú, que trata de la formación del ser humano (o creación, en términos comunes). Brahmâ, que es Mahat o el Alma Universal, extrae de su esencia el Espíritu, *el aliento inmortal que no perece en el ser humano*; mientras al alma (inferior) de ese ser, Brahmâ le imparte Ahânkara, la conciencia del Ego. Luego le agrega "el intelecto formado por las *tres cualidades*."

Estas tres cualidades son: la Inteligencia, la Conciencia y la Voluntad, las cuales corresponden al Pensamiento, la Percepción y la Contemplación (Intuición) de Xenócrates, que parece haber sido menos reticente que Platón y Speusippo en su exposición del alma. Después de la muerte de su Maestro, Xenócrates viajó con Aristóteles y luego consiguió el puesto de embajador para Filipo de Macedonia. Sin embargo, 25 años más tarde, se encuentra dirigiendo la Antigua Academia, convirtiéndose en su Presidente como epígono de Speusippo, el cual había ocupado tal posición por más de un cuarto de siglo. Así, dedicó su vida a los temas filosóficos más recónditos. Se le considera más dogmático que Platón y por lo tanto debe haber sido más peligroso para las escuelas que se le opusieron. La elaboración de sus tres grados de conocimiento o las tres divisiones de la Filosofía, la separación y la conexión de las tres formas de

---

[35] "Matemáticas", Sexto, vii., 145.

conocimiento y comprensión, es más precisa que la de Speusippo. Según él, la ciencia es "esa esencia, el objeto del pensamiento puro y no está incluida en el mundo fenoménico". Esto es directamente antitético a las ideas aristotélicas-bacónicas. A la percepción sensual se le considera como lo que pasa en el mundo de los fenómenos y a la concepción como esa esencia "que es a la vez el objeto de la percepción sensual y, matemáticamente, de la razón pura, la esencia del cielo y las estrellas." Aristóteles, a pesar de toda la admiración que sentía, jamás trató con ecuanimidad la filosofía de su amigo y condiscípulo. Sus obras lo demuestran claramente. Cada vez que hace referencia a las tres formas de comprensión según las explica Xenócrates, se abstiene de mencionar el método mediante el cual este último prueba que la percepción científica participa de la verdad. La razón de esto se hace evidente cuando encontramos lo siguiente en una biografía de Xenócrates:

> Es probable que cuanto era peculiar en la lógica aristotélica no permaneció desapercibido para Xenócrates; ya que no cabe duda que la división de lo existente en lo absolutamente existente y lo relativamente existente, atribuida a Xenócrates, se oponía a la lista de las categorías aristotélicas.

Esto demuestra que Aristóteles no era mejor que ciertos científicos modernos quienes suprimen los hechos y la verdad para que no sean conflictivas con sus conceptos predilectos y sus "hipótesis"

Xenócrates amplió el desarrollo de la relación de los números con las Ideas más que Speusippo y superó a Platón en su definición de la doctrina de las Magnitudes Invisibles. Al reducirlas a sus elementos primarios ideales, demostró que toda cifra y forma se originó de la línea indivisible más diminuta. Es evidente que Xenócrates sustentaba las mismas teorías de Platón con respecto al alma humana (que se suponía ser un número), aunque Aristóteles contradiga esto en concomitancia a cada una de las enseñanza de dicho filósofo.[36] Esta es una prueba conclusiva de que Platón divulgó muchas doctrinas oralmente, aunque se demostrara que Xenócrates fue el primero en originar

---

[36] "Metafísica", 407, a. 3.

la teoría de las magnitudes indivisibles y no Platón. Xenócrates deriva el Alma de la primera Díade y la llama un número semoviente.[37] Según Theophrasto, Xenócrates penetró y elaboró esta teoría del Alma más que cualquier otro Platónico. Desde luego, consideraba la intuición y las ideas *innatas* δοξα, en un sentido más elevado que cualquier otro e hizo que las matemáticas mediaran entre el conocimiento y la percepción sensual.[38] Por lo tanto, elaboró la doctrina cosmólogica valiéndose de esta teoría del Alma y probó la existencia necesaria, en toda parte del Espacio universal, de series sucesivas y progresivas de seres animados y pensantes aunque espirituales.[39] Para él, el Alma Humana es un compuesto de las propiedades más espirituales de la Mónada y de la Díada, poseyendo los principios superiores de ambas. Por eso llama Deidades a la *Unidad* y a la *Dualidad* (*Monas* y *Duas*), mostrando la Unidad como una Existencia masculina que rige en el Cielo en el rol de "Padre Espíritu" y un número *impar* y a la Dualidad como una Existencia femenina, el Alma Madre, la Madre de los Dioses (¿Aditi?); ya que ella es el Alma del Universo.[40] Sin embargo, si menciona los Elementos como Poderes Divinos, llamándolos Dioses, como lo hacen Platón y Prodicus, tal apelación no evoca en él ni en otros, ninguna idea antropomórfica. Krische observa que los llamó Dioses sólo para que estos poderes elementarios no se confundieran con los demonios del mundo inferior,[41] (los Espíritus Elementarios). Como el Alma del Mundo permea al Cosmos entero, hasta las bestias deben tener en sí algo divino.[42] Esta es, también, la doctrina de los Budistas y de los Herméticos, además, Manu dota de un alma viviente aún a las plantas y a las hojas de hierba más diminutas, una doctrina absolutamente Esotérica.

---

[37] Apéndice al "Timeo".
[38] "De Interp.", Aristóteles, pag. 297.
[39] Stob., "Ecl.", i. 62
[40] Stob: allí mismo.
[41] "Forsch.", por Krische, pag. 322, etc.
[42] "Stro. Alex.", por Clemente, v. 590.

Según esta teoría, los demonios son seres intermedios entre la perfección divina y el carácter pecaminoso humano[43] y. los divide en clases, cada una de las cuales se subdivide en muchas otras. Sin embargo afirma, de manera específica, que el alma individual o personal es el demonio guardián de cada ser humano y ningún demonio tiene más poder sobre nosotros que el nuestro propio. Por lo tanto, el Daimonion socrático es el Dios o la Entidad Divina que lo inspiró durante toda su vida. Depende del individuo el abrir o cerrar sus percepciones a la voz Divina. Al igual que Speusippo, él atribuía la inmortalidad al cuerpo psíquico o alma irracional. Sin embargo, según la enseñanza de ciertos filósofos herméticos, el alma tiene una existencia continua separada sólo cuando, en su pasaje a través de las esferas, toda partícula material o terrenal permanece incorporada en ella y una vez que se haya purificado absolutamente, dichas partículas son aniquiladas y únicamente la quintaesencia del alma se cohesiona con su Espíritu divino, lo Racional y los dos se convierten en uno.

Es difícil no captar que las enseñanzas susodichas son un eco directo de las doctrinas indas mucho más antiguas y que ahora aparecen en las llamadas enseñanzas "Teosóficas" concernientes al Manas dual. Xenócrates considera al Alma del Mundo, que los Yogâchâryas Esotéricos llaman "Padre-Madre",[44] como un Principio masculino-femenino, cuyo elemento masculino, el Padre, lo llama el último Zeus, la última actividad divina, mientras los estudiantes de la Doctrina Secreta lo denominan el tercer y último Logos, Brahmâ o Mahat. A esta Alma del Mundo se le encomienda el dominio sobre todo lo que es sujeto al cambio y al movimiento. El dijo que la esencia divina infundió su Fuego o Alma en el Sol, en la Luna y en todos los Planetas, en una forma pura, en la facción de Dioses Olímpicos. Como poder sublunario, el Alma del Mundo se alberga en los Elementos, produciendo poderes y seres Daimónicos (espirituales), que son el eslabón entre los Dioses y los seres

---

[43] "De Isidis", por Plutarco, cap.25., p. 360.
[44] Véase las Estanzas en el primer volumen de "La Doctrina Secreta."

humanos, cuya relación con ellos es análoga "a la que existe entre el triángulo isóceles con el equilátero y el escaleno."[45]

Zeller afirma que Xenócrates prohibió el uso de comida animal, no porque veía en las bestias algo semejante al ser humano; ya que les achacaba una conciencia vaga de Dios; sino

> por la razón opuesta, no sea que la irracionalidad de las almas animales pudiera ejercer cierta influencia sobre nosotros.[46]

Pero nosotros creemos que dependía, en realidad, del hecho de que sus Maestros y Modelos fueron, como en el caso de Pitágoras, los Sabios hindúes. Según la descripción de Cicerón, Xenócrates despreciaba todo, excepto la virtud superior[47] y describe la austeridad prístina y severa de su carácter.

> Liberarnos de la sujeción de la existencia sensual y conquistar los elementos Titánicos en nuestra naturaleza terrenal a través de lo Divino, es nuestro problema.[48]

Zeller le hace decir:

> La pureza, aun en los anhelos secretos de nuestro corazón, es el deber más grande y sólo la Filosofía y la Iniciación en los Misterios ayudan a alcanzar tal objetivo.[49]

Esto deber ser verdadero; ya que hombres como Cicerón y Panecio y antes de ellos, Aristóteles y Theophrasto, su discípulo, exteriorizaron el más alto respeto por Xenócrates. Sus escritos deben haber sido una cornucopia que incluía tratados sobre la ciencia, la metafísica, la cosmología y la filosofía. Escribió sobre la física y los Dioses, acerca de lo Existente, el Uno y lo Indefinido, sobre las afecciones y la memoria, la felicidad y la virtud, cuatro libros sobre la Realeza e innumerables tratados sobre el estado, el poder de la ley, la geometría, la aritmética y, finalmente, la astrología. Docenas de escritores clásicos de renombre lo mencionan y lo citan.

---

[45] Cicerón, "La Naturaleza de los Dioses", i., 13., Strob., o Plutarco "De Orac. Defect", pag. 416, c.
[46] "Platón y la Antigua Academia."
[47] "Tuscolano", v. 18, 51.
[48] La misma obra de la nota previa, p.599.
[49] "Platón y la Antigua Academia."

Crantor, otro filósofo asociado con los primeros días de la Academia de Platón, concebía que el alma humana se formaba de la substancia preliminar de todas las cosas, la Mónada o el *Uno* y la Díada o el *Dos*. Plutarco se explaya sobre este Filósofo quien, como su Maestro, creía que las almas se distribuían en cuerpos terrenales a título de destierro y castigo.

Heráclito, aunque según algunos críticos no se adhirió rigurosamente a la filosofía primordial de Platón,[50] enseñó la misma ética. Zeller nos lo presenta mientras imparte, al igual que Hicetas y Ecphanto, la doctrina pitagórica de la rotación diurna de la tierra y la inmovilidad de las estrellas fijas; pero agrega que él ignoraba la revolución anual de la tierra alrededor del sol y el sistema heliocéntrico.[51] Sin embargo, tenemos buenas pruebas que dicho sistema se enseñaba en los Misterios y que Sócrates murió por "ateismo", es decir, por divulgar este conocimiento sagrado. Heráclito adoptó, en su totalidad, los conceptos pitagóricos y platónicos sobre el alma humana, sus facultades y sus capacidades. La describe como una esencia luminosa y altamente etérea. Afirma que las almas habitan la vía láctea antes de descender en la "generación" o en la existencia sublunar. Sus demonios o espíritus son cuerpos aéreos y diáfanos.

En "Epinomis" se declara, en su totalidad, la doctrina de los números pitagóricos en relación con las cosas creadas. Su autor, siendo un verdadero platónico, afirma que la sabiduría puede obtenerse sólo mediante un análisis meticuloso en la naturaleza Oculta de la creación; es la única cosa que puede asegurarnos una existencia dichosa después de la muerte. En este tratado se especula ampliamente sobre la inmortalidad del alma; pero su autor agrega que este conocimiento es alcanzable sólo mediante una comprensión total de los números; ya que el ser humano incapaz de distinguir la línea recta de la curva, jamás tendrá suficiente sabiduría para proporcionar una demostración matemática de lo invisible: debemos asegurarnos de la existencia objetiva de nuestra alma antes de aprender que

---

[50] "Filosofía de los Griegos", Ed. Zeller.
[51] "Platón y la Antigua Academia."

poseemos un Espíritu divino e inmortal. Jámblico dice lo mismo; añadiendo que es un secreto perteneciente a la Iniciación superior. El afirma que el Poder Divino se sintió siempre indignado con aquellos "que divulgaron la composición del *icostagonus*": los promulgadores del método mediante el cual el dodecaedro se inscribe en una esfera. La idea de que los "números", poseyendo la virtud más grande, producen siempre lo que es bueno y nunca lo que es malo, se refiere a la justicia, a la ecuanimidad de temple y a todo lo que es armonioso. Cuando el autor habla de cada estrella como un alma individual, implica sólo lo que los Iniciados hindúes y los herméticos enseñaron antes y después de él: toda estrella es un planeta independiente que, al igual que nuestra tierra, tiene un alma propia como cada átomo de Materia es impregnado con el flujo divino del Alma del Mundo. Respira y vive, siente y sufre a la vez que goza la vida a su manera. ¿Cuál naturalista está preparado a impugnarlo basándose sobre buenas pruebas? Por lo tanto, debemos considerar los cuerpos celestiales como imágenes de Dioses cuya substancia participa de los poderes divinos y aunque no son inmortales en su entidad-alma, su función en la economía de la naturaleza tiene el derecho a recibir honores divinos como los rindimos a los Dioses menores. La idea es clara y uno debe ser verdaderamente malévolo para representarla erróneamente. Si el autor de "Epinomis" coloca a estos Dioses ígneos en un nivel superior al de los animales, las plantas y aun de la humanidad y a todos los cuales adjudica, como criaturas terrenales, un lugar inferior, ¿quién puede probar que yerra por completo? Es menester penetrar profundamente en la anfractuosidad de la metafísica abstracta de las antiguas Filosofías, para comprender que las varias representaciones de sus concepciones estriban, después de todo, en una comprensión idéntica de la naturaleza de la Causa Primera, sus atributos y método.

Cuando el autor de "Epinomis", al unísono con muchos otros filósofos, ubica entre los Dioses superiores e inferiores, tres clases de Daimons y puebla el universo con huestes de Seres sublimados, es más racional que el Materialista moderno. Este último, al colocar una vasta laguna del ser y el terreno de recreo de las fuerzas ciegas, entre estos dos extremos: lo ignoto y lo invisble que, según su lógica, es lo *inexistente* y lo objetivo y lo sensual, puede tratar de explicar su actitud basándose en el "Agnosticismo científico" que jamás logrará probar que es coherente con la lógica o aun con el simple sentido común.

Prefacio

Estos tres artículos de H.P.Blavatsky ir
ilustrando la enseñanza teosófica de los C
varias consideraciones en "La
particularmente en las primeras pág
"Evolución Cíclica y Karma", etc. La med
es sugerida en el siguiente párrafo, extra
Secreta".

> En occidente se ha perdido el significado completo y
> tremendo del Nemesis griego (o Karma), desde que se execró
> la Sabiduría Pagana por haber crecido y haberse desarrollado
> mediante los poderes oscuros que se suponían estar en lucha y
> en oposición constante con el pequeño Jehová tribal. De otra
> manera, los cristianos se habrían dado mejor cuenta de la
> profunda verdad según la cual Nemesis no tiene atributos y
> aunque la temida diosa es absoluta e inmutable como
> Principio, somos nosotros: las naciones y los individuos, los
> que la activamos, dando el impulso hacia su dirección. Karma-
> Nemesis es la creadora de las naciones y de los mortales; sin
> embargo, una vez creados, ellos son los que la convierten en
> una furia o en un ángel gratificador.

"El Ciclo Se Mueve", artículo que vio luz por primera vez en
la revista "Lucifer" de Marzo 1890, describe las múltiples
influencias que acompañan el despertar espiritual y que se
liberan merced al ciclo recurrente del "último cuarto de
centuria", suscitando un insistente cuestionamiento y
corroborando lo que H.P.B., en un artículo análogo, "La
Marejada", llamó el "gran cambio psíquico y espiritual" que
estaba aconteciendo "en el campo del Alma humana." En "El
Ciclo Se Mueve", identifica la irrupción de "manifestaciones
psíquicas, mesméricas" y de fenómenos concomitantes, como
"un retorno temprano de una Teosofía rudimentaria";
preparando la matriz para otra impartición cíclica de la
"Religión-Sabiduría." Su trabajo era dicotómico: explicaba la
marea de psiquismo, ya que sus aguas no "eran primordiales ni
puras" y exponía de forma contemporánea la Filosofía perenne,
dirigiéndose a la "aspiración anhelante del Alma humana." Este
artículo describe también "la obra oculta del ciclo en constante

influenciando a escritores de gran calibre como
..spirando a millares de individuos intuitivos, que no
.osofos, ni espiritistas."

Nuestro Ciclo y el Próximo", republicado en la revista
"Lucifer" de Mayo 1889, ilustra el vigor inflexible de H.P.B. y
su sardónica ironía al exponer la "mojigatería y la hipocresía" de
la civilización moderna. Sin embargo, el artículo incluye más
que una simple crítica, contempla la operación de la ley cíclica
impersonal y la responsabilidad moral que la complacencia y la
imperante incuria de la justicia, en las cuestiones y en la opinión
pública, inevitablemente provocarán.

El artículo "Visiones Kármicas" es aun más ominoso, siendo
una alegoría sólo en la forma. Se publicó en el "Lucifer" de
Junio 1888. No podemos más que detenernos a admirar la prosa
exquisita de H.P.B. en vista de las terribles implicaciones de esta
excelsa "biografía del alma", que retrae a muchas naciones del
presente. Este profundo drama únicamente se propone contribuir
a un amplio cambio de estado de ánimo para facilitar el inicio de
un pensar y un actuar que, al final, emanciparán de la
impotencia, a aquellos que ya están imbuídos con la
determinación final del "Alma-Ego" torturado, descrito en
"Visones Kármicas." Esta realización es el punto de un pasaje
profético de "La Doctrina Secreta":

> Con el conocimiento apropiado o con una convicción firme
> de que nuestros prójimos no tratarán de dañarnos, como
> nosotros no pensaríamos en lastimar a ellos, los dos tercios del
> mal del mundo se desvanecerían en el aire puro. Si ningún ser
> humano perjudicara a su hermano, Karma-Nemesis no tendría
> una causa para operar, ni armas con las cuales actuar.

El Ciclo Se Mueve

Que el mundo grandioso gire para siempre a lo largo de los surcos espirales del cambio.

Tennyson

La meta de ayer, será el punto de partida de mañana.

Carlyle

Louis Claude de Saint Martin, el gran místico del siglo XVIII y ardiente discípulo de Jacob Boehme, en las postrimerías de su vida solía decir: "Me hubiera encantado reunirme más con los que especulan sobre las verdades, ya que sólo ellos son seres vivos."

Esta observación sobreentiende que, exceptuando al círculo limitado de místicos que siempre ha existido en toda edad, al final del siglo pasado las personas con una intuición psíquica eran aun menos que hoy. En realidad, a estos años los caracterizaba una completa ceguera del alma y una esterilidad espiritual. En el siglo XVIII, la oscuridad caótica y la confusión babilónica acerca de los asuntos espirituales, que siempre habían reinado en los cerebros excesivamente repletos de simple saber científico, se impusieron incisivamente sobre las masas. La inopía de percepción anímica no se limitaba a los "Cuarenta Inmortales" de la Academia Francesa y ni a sus colegas europeos menos pretenciosos, sino que había infectado casi todas las clases sociales, asumiendo el aspecto de una enfermedad crónica llamada escepticismo y negación de todo, a excepción de la materia.

Desde que los conquistadores paganos y cristianos en Europa elidieron los misterios, los únicos depositarios de la clave de los secretos de la naturaleza, los mensajeros que periódicamente se enviaban a occidente en el último cuarto de siglo, se tuvo la impresión de que vinieron en vano en el XVIII. Sólo las novelas de moda atribuyen a Cagliostro y a St. Germain poderes fenomenales, mientras las crestomatías los describen como simples charlatanes para obnubilar, según creemos, las mentes de las generaciones futuras. Friedrich Anton Mesmer fue el

155

único hombre cuyos poderes y conocimiento, la ciencia exacta hubiera podido fácilmente examinar, estableciendo un eslabón firme entre la física y la metafísica. Sin embargo, los más grandes "eruditos-ignorantes" europeos en asuntos espirituales, lo escarnecieron en la arena científica. Durante casi un siglo, de 1770 hasta 1870, en el hemisferio occidental bajó una densa oscuridad espiritual como si quisiese establecerse entre las sociedades *cultas*.

Sin embargo, al promediar el siglo XIX, en América se abrió brecha una sub-corriente que atravesó el Atlántico entre 1850 y 60. Siguiendo su flujo, apareció el maravilloso medium D.D.Home, capaz de efectuar manifestaciones físicas. Después de haber galvanizado la atención en los salones reales franceses, la luz se hizo inocultable. Ya algunos años anteriores a su advenimiento, "un cambio" estaba "revoloteando sobre el espíritu del sueño" de casi toda comunidad civilizada en los dos mundos y ahora había activado una gran fuerza reactiva.

¿Qué era? Simplemente esto: una brisa que soplaba de un cuartel totalmente inesperado, surgió entre el más grandioso resplandor de la autosuficiencia de la ciencia exacta y el coronamiento triunfante e incauto de la victoria sobre las ruinas de los fundamentos de las antiguas supersticiones y credos, como algún Darwinista había esperado con ansia y en medio de la calma de las negaciones. Al principio, el flujo significante era un susurro casi imperceptible, un soplo de viento en la obencadura de un galeón orgulloso, el barco llamado "Materialismo", cuya tripulación estaba conduciendo felizmente a sus pasajeros hacia el vórtice de la aniquilación. Muy pronto la brisa se vivificó y al final irrumpió como un ventarrón. A cada hora soplaba de manera más ominosa en el oído de los iconoclastas, convirtiéndose al final, en un estruendo audible para todos los que tenían oído para oír, ojos para ver y un intelecto para discernir. Era la voz interior de las masas, su intuición espiritual que se había despertado de un largo sueño cataléptico, la enemiga tradicional del frío raciocinio intelectual, el padre legítimo del materialismo. Como consecuencia, todos esos ideales del alma humana que, por amplio lapso, los presuntos conquistadores de las supersticiones mundiales, los guías autoconstituidos, habían conculcado, aparecieron de repente en el medio de todos estos elementos en fermentación del pensamiento humano y, como Lázaro que se levantó de la tumba, elevaron su voz y, enfáticamente, demandaron ser reconocidos.

La invasión de las manifestaciones del "Espíritu" causaron todo esto, cuando los fenómenos mediumnísticos asumieron un carácter endémico, esparciéndose por toda Europa como una influenza. Estos fenómenos, siendo genuinos y verídicos en su ser y realidad, resultaron ser innegables a pesar de que su interpretación filosófica dejaba mucho que desear. Dado que su naturaleza trascendía cualquier negación, se consideraron como pruebas evidentes de vida en ultratumba, abriendo, además, una amplia perspectiva para admitir toda posibilidad metafísica. Esta vez, los esfuerzos de la ciencia materialista para refutarlos fueron en vano. Las creencias de que el ser humano sobrevive después de la muerte y que el Espíritu es inmortal, no fueron ridiculizadas como el simple fruto de la imaginación. Desde luego, una vez probado que el carácter genuino de estos fenómenos trascendentales, sobrepasa el campo de la materia y de la investigación de la ciencia *física*, se demostró que iban más allá del reino del materialismo. Además: ya sea que estos fenómenos contengan intrínsecamente, o no, la *prueba de la inmortalidad,* demuestran, de forma inequívoca, la existencia de regiones espirituales invisibles, en las cuales operan otras fuerzas de las que la ciencia exacta conoce. Es suficiente atravesar, con un paso, la línea de la materia y el área del Espíritu se hace infinita. Por lo tanto, las amenazas de ostracismo y contumacia, endilgadas a los que creían en los fenómenos, no eran más eficaces por la simple razón que al principio, las manifestaciones polarizaron la atención de casi toda la clase alta europea, convirtiendo a sus miembros en fervientes "espiritistas." Considerando el número de los creyentes en los fenómenos, podemos decir que, en un cierto momento, el baluarte contra la poderosa oleada cíclica fue sólo un puñado de personas con ideas anticuadas y proclives a rezongar y a negarlo todo.

Una vez más se demostró que la vida humana se despoja de su sentido y significado superior si la privamos de todos sus ideales y creencias mundanas aceptadas por la antigüedad filosófica y culta, empezando por Sócrates, Platón, Pitágoras y los neo-platónicos alejandrinos. Los ideales del mundo jamás podrán extinguirse completamente. Desterrados por los padres, serán recibidos con los brazos abiertos por los hijos.

Y ahora vamos a rememorar como aconteció todo esto.

Como ya mencionamos, al promediar el siglo, en Europa se experimentó la reacción que en los Estados Unidos ya había acontecido. Los días de una rebelión contra el frío dogmatismo de la ciencia y las enseñanzas aun más glaciales de las escuelas de Büchner y Darwin, sobrevinieron en armonía con el tiempo preordenado y preestablecido de la ley cíclica. Nuestros lectores que nos acompañan desde más tiempo, recordarán el fluir de los eventos. Que tengan presente cómo el público y especialmente los prejuicios religiosos, detuvieron la oleada de misticismo durante sus primeros 12 o 15 años en América. Sin embargo, al final, irrumpió a través de todo dique artificial, inundando a Europa. Empezó en Francia y Rusia y terminó en Inglaterra, el más lento de todos los países en aceptar nuevas ideas, aunque éstas nos comuniquen verdades antiguas como el mundo.

A pesar de toda oposición, muy pronto la oleada asumió el nombre de "Espiritismo" y ganó su derecho de ciudadanía en Gran Bretaña. Por muchos años reinó incontrastable. En realidad, sus fenómenos, sus manifestaciones psíquicas y mesméricas eran simplemente los pioneros cíclicos que anunciaban el renacimiento de la Teosofía prehistórica y el Gnosticismo oculto de los misterios antediluvianos. Estos son hechos que ningún espiritista inteligente podrá negar ya que, en verdad, el espiritismo moderno es meramente un renacimiento prematuro de una Teosofía rudimentaria, mientras la Teosofía moderna es un *renacimiento* del antiguo Espiritualismo.

Así, las aguas de la gran inundación "Espiritual" no eran primordiales, ni puras. Cuando, merced a la ley cíclica, aparecieron por primera vez en Rochester, se dejaron a los expedientes y a las tramoyas aleves de dos chicas, para que los denominaran e interpretaran. Por lo tanto, cuando el dique fue demolido, estas aguas penetraron en Europa llevando consigo las escorias y los sedimentos procedentes de los antiguos naufragios de las hipótesis y de las aspiraciones nebulosamente esbozadas, cuyos cimientos eran las declaraciones de estas chicas. Aún el afán con que, casi todas las clases cultas europeas recibieron el "Espiritualismo" y su gemelo, el "espiritismo", entraña una lección estupenda a pesar de todas las trivialidades.

Así se pudo oír la voz de la conciencia pública en esta aspiración ferviente del Alma humana, en este vuelo irreprimible de los elementos humanos superiores hacia los Dioses olvidados y el Dios interno. Fue una respuesta innegable e inequívoca de la naturaleza humana interior al materialismo de entonces, que triunfaba malignamente, esponjándose. Para sustraerse de éste, existía solamente otra forma de mal: el adherirse al convencionalismo dogmático y eclesiástico de las religiones de estado. Era una protesta estentórea y enfática contra el materialismo y el dogmatismo religioso, un oscilar hacia el punto intermedio de los dos extremos, representados, a un lado, por la imposición, durante largos siglos, de un Dios *personal* de amor y compasión infinitas mediante los artificios diabólicos de la espada, el fuego y las torturas de la inquisición y del otro, como reacción natural, por el reino de la negación completa de tal Dios en conjunción con un Espíritu infinito, un Principio Universal que se manifiesta como Ley inmutable.

La verdadera ciencia se había esmerado, sabiamente, para eliminar la esclavitud mental humana y su Dios ortodoxo y paradójico. Sin embargo, la *pseudo*-ciencia, valiéndose de su ergotismo, se propuso aniquilar toda creencia exceptuando aquella de la materia. Los que detestan el Espíritu del mundo, al negar un Dios en la Naturaleza, así como una Deidad extra-cósmica, han estado preparándose, durante muchos años, para crear una humanidad artificial y desalmada. Por lo tanto, es justo que su Karma les enviara una hueste de *pseudo*-"Espíritus" o Almas para obstaculizar sus esfuerzos. ¿Puede alguien negar que los mejores próceres de la ciencia materialista no han capitulado delante de la fascinación fatua que, a primera vista, tenía visos

159

de prueba muy palpable de un *Alma inmortal* en el ser humano,[1] la presunta *comunión entre los muertos y los vivos*?[2] Aún, estas manifestaciones anormales, siendo, en su totalidad, genuinas y espontáneas, entusiasmaron y polarizaron la atención de todos los que entrañaban en sus almas la sagrada chispa de la intuición. Algunos se aferraron a ellas debido a la muerte de los ideales, la demolición de los Dioses y de la fe en todo centro civilizado, causándoles una consunción espiritual. Otros las aceptaron porque, viviendo en medio de una perversión ergotista de cada noble verdad, prefirieron una tenue aproximación a la verdad que la nada.

Sin embargo, ya sea que la gente creyera y siguiera el "espiritismo" o no, la evolución espiritual y psíquica del ciclo había ejercido una impresión indeleble sobre muchos y, estos ex-materialistas, jamás pudieron volver a sus ideas iconoclastas. La profusión en constante ascenso de los místicos actuales es la mejor prueba de la innegable obra oculta del ciclo. Millares de hombres y mujeres que no pertenecen a ninguna iglesia, secta y sociedad, los cuales no son teósofos ni espiritistas, son

---

[1] Que nuestros lectores tengan presente los nombres de algunos letrados y científicos eminentes que se han convertido en espiritistas abiertamente. En América es suficiente mencionar al profesor Hare, Epes, Sarjeant, Robert Dale Owen, Judge Edmonds etc; en Rusia los profesores Butlerof, Wagner y el más grande entre ellos, el difunto Pirogoff; en Alemania Zöllner; en Francia el astrónomo M. Camille Flammarion y al final, en Inglaterra, A. Russel Wallace, W. Crookes, Balfour Stewart, etc., seguidos por un número de estrellas científicas secundarias.

[2] Esperamos que los pocos amigos remanentes en las filas de los espiritistas no nos malentiendan. Acusamos a los "espíritus" falsos de las secciones espiritistas encabezadas por mediums profesionales y negamos la posibilidad de tales manifestaciones de espíritus en el plano físico. Sin embargo, creemos profundamente en los fenómenos espiritísticos y en la relación entre los Espíritus de *Egos* de entidades encarnadas y desencarnadas. Mas dado que estos últimos no pueden manifestarse en nuestro plano, es el Ego del ser vivo el que encuentra al Ego de la personalidad difunta, ascendiendo al plano Devachánico. Esto es realizable en estado de trance, durante los sueños y otros medios subjetivos.

virtualmente miembros de la Hermandad Silente, cuyos componentes a menudo no se conocen; ya que viven en naciones diferentes. Sin embargo, cada uno lleva entre sus cejas la marca del misterioso sello Kármico, convirtiéndole en un miembro de la Hermandad de los Electos del Pensamiento. No habiendo logrado satisfacer sus aspiraciones en las respectivas fes *ortodoxas*, se han separado de las iglesias en su alma si no en su cuerpo, dedicando el resto de sus vidas al culto de ideales más elevados y más puros que cualquier especulación intelectual pueda ofrecerles. Aunque son una pequeña minoría que uno infrecuentemente encuentra, su nombre es legión, si sólo eligiesen presentarse abiertamente.

Estos hombres y mujeres dedicados, prefieren seguir a solas y sin ayuda, los vericuetos estrechos y espinosos que se extienden delante de aquél que no reconoce las autoridades, ni se postra frente a la hipocresía. Los impulsa la influencia de esa misma búsqueda ardiente por la "vida en el espíritu y en la verdad", que insta a todo teósofo serio durante años de denigración moral y ostracismo público. Les mueve el idéntico descontento con los principios de la pura convencionalidad social moderna y el desdén hacia el pensamiento de moda aun triunfante; el cual, apoderándose con irreverencia de los epítetos honrados de "científico" y "sin precedente", "pionero" y "liberal", usa esta prerrogativa a fin de subyugar a los pusilánimes y a los egoístas. Pueden dejar en paz a los "señores Oráculos" del pensamiento moderno, así como a los personajes hipócritas que el tiempo ha desacreditado y a los laicos del convencionalismo eclesiástico embebidos de dogmas; aún entrañan, en el santuario silencioso de su alma, los mismos grandes ideales de todos los místicos y son teósofos reales y no nominales. Los encontramos en todo círculo y clase social. Se enumeran entre artistas y escritores de novelas, en la aristocracia y la clase comercial, entre los más elevados y acomodados, así como entre los más bajos y pobres. Entre los que se destacan en este siglo, mencionaremos al Conde L. Tolstoi, un ejemplo viviente y una de las señales de los tiempos en que vivimos, de la obra oculta del ciclo en constante movimiento. Escuchad, de la pluma de uno de los mejores autores de San Petersburgo, unos pasos de la historia de la evolución psico-espiritual de este aristocrático, L. Tolstoi, el escritor más grande de la Rusia moderna.

> [...] El autor ruso más famoso, "el pintor de las palabras", un escritor de realismo shakespeariano, un poeta pagano, el cual, bajo cierto punto de vista, en su producción literaria, rinde culto a la vida por la vida misma, en sí y por sí, según dicen los hegelianos y de repente cae en congoja sobre su hermosa paleta, absorto en pensamientos atormentadores y así empieza a someter a sí mismo y al mundo, los problemas más recónditos e insolubles. [...] El autor de "Los Cosacos" y "Felicidad Familiar", con atuendos de campesino y zapatos de cuerda, emprende un peregrinaje en búsqueda de la verdad divina. Se adentra en el bosque solitario *skit* (una ermita religiosa) de *Raskolnikyi* (un disidente, secta hasta la fecha hostigada y prohibida en Rusia). Visita a los monjes del Desierto de Optino, transcurriendo su tiempo ayunando y rezando. Ha sustituido las bellas letras y la filosofía con la Biblia y las escrituras de los Padres de la Iglesia y como continuación de "Ana Karenina" ha creado sus "Confesiones" y "Explicaciones del Nuevo Testamento."

El hecho de que el Conde Tolstoi, no obstante su dedicación ardiente, no se convirtió en un cristiano ortodoxo, ni sucumbió a los estratagemas del espiritismo (como prueba su más reciente sátira sobre los mediums y los "espíritus") no le impide, en nada, ser un místico completo. ¿Cuál es la influencia misteriosa que, repentinamente, lo ha encauzado en esta extraña corriente sin casi ningún período de transición? ¿Qué idea o visión inesperada lo instó hacia esta nueva línea de pensamiento? ¿Quién puede saberlo, sino él mismo o esos verdaderos "Espíritus" que no lo ventilarán en una sección espiritista moderna?

Aún, el Conde Tolstoi no es un ejemplo aislado de la obra de ese misterioso ciclo de evolución psíquica y espiritual ahora en plena actividad. Un trabajo que, de manera silenciosa y desapercibida, pulverizará las estructuras más grandiosas y magníficas de las especulaciones materialistas y en breve tiempo reducirá a la nada la obra intelectual de años. ¿Qué es esa Fuerza moral e invisible? Sólo la filosofía oriental puede explicarlo.

En 1875 nació la Sociedad Teosófica. Se presentó al mundo con la intención clara de convertirse en una aliada del movimiento espiritista, suplementándolo y ayudándolo en su aspecto más elevado y espiritual. Sin embargo, sólo logró convertir a los espiritistas en sus más acérrimos enemigos, los que la han perseguido y denostado incesantemente. Quizá dependa, principalmente, de que muchos de sus mejores representantes más intelectuales se adhirieron, cuerpo y alma, a la Sociedad Teosófica. En realidad, la Teosofía era el único sistema capaz de dar una *racionalidad* filosófica a los fenómenos mediumnísticos y una lógica razón de ser. Es cierto que algunas de sus enseñanzas son incompletas e insatisfactorias. La causa de ésto es reconducible sólo a las imperfecciones de la naturaleza humana de los que la divulgan y a ninguna falta en el sistema mismo o en sus enseñanzas, las cuales hay que considerarlas más confiables que algunos dictados de ciertas "inteligencias"; ya que se sustentan en filosofías antiquísimas, en la experiencia de seres humanos y razas más cercanas a la fuente de las cosas que nosotros y en los anales de sabios que han interrogado, sucesivamente y durante incontables generaciones, la esfinge de la Naturaleza, la cual mantiene ahora sus labios cerrados con respecto a los secretos de la vida y de la muerte.

No importa que el intelecto y la conciencia de dichas "inteligencias" sean *inducidos* y artificiales, como suponemos o emanen de una fuente y una entidad personal. Aun las filosofías *exotéricas* de los sabios orientales, sistemas de pensamiento cuya majestuosidad y lógica pocos negarán, concuerdan en toda doctrina fundamental con nuestras enseñanzas teosóficas. En lo que atañe a esas criaturas llamadas y aceptadas como "Espíritus de los Muertos", porque ellas así se autodenominan, los espiritistas y sus mediums desconocen su verdadera naturaleza. En el caso de los espiritistas más intelectuales, la cuestión permanece aún en suspenso. Ciertamente, no serán los teósofos quienes discreparán con ellos en su concepción más elevada de los Espíritus.

Como este artículo no se propone yuxtaponer los dos movimientos más significativos de nuestro siglo, ni debatir sus méritos o superioridad relativos; afirmamos, por lo pronto, que los hemos considerado sólo para polarizar la atención al reciente progreso maravilloso de este ciclo oculto. El enorme número de adherentes a la Teosofía y al espiritismo, dentro o fuera de nuestras respectivas sociedades, evidencia que ambos movimientos eran el trabajo necesario o podríamos decir, Kármicamente preordenado, de la edad y cada cual nació en el momento adecuado, cumpliendo con su misión tempestivamente. Sin embargo, existen otras señales de los tiempos en que vivimos mucho más significativas.

Hace algunos años publicamos una predicción según la cual, después de un breve ciclo de abuso y persecución, muchos de nuestros enemigos cambiarían la trayectoria, mientras otros, viendo cuán desesperanzadora era la situación, seguirían nuestro ejemplo, instituyendo Sociedades místicas. La Teosofía, análogamente a Egipto, en la profecía de Hermes, fue acusada por "extranjeros impíos" (en nuestro caso los que no saben nada de ésta) de adorar monstruos y quimeras, enseñando "enigmas increíbles a la posteridad." Si nuestros "escribas e hierofantes sagrados" no vagan desamparados en la superificie terrestre, no es por mérito de los buenos sacerdotes y clerigos cristianos. Y nosotros, análogamente a los egipcios en los primeros siglos de la nueva fe y edad, inducidos por el miedo de una profanación aun peor de los nombres y las cosas sagradas, tuvimos que sepultar en las anfractuosidades el poco conocimiento esotérico que se nos ha permitido divulgar al mundo.

Sin embargo, en los últimos tres años, todo esto ha ido cambiando rápidamente y la demanda de información mística se ha multiplicado tanto que la editorial Teosófica no lograba encontrar suficientes trabajadores para cumplir con los pedidos. Aun "La Doctrina Secreta" ha demostrado ser un éxito financiero, a pesar de ser nuestra publicación más críptica, su precio prohibitivo y el trato que la prensa le dio: ya sea ignorándola o denigrándola con desdén. Constatad el cambio. Lo que los teósofos casi no osaban mencionar si no susurrando, para que, hace algunos años, no los tildaran de lunáticos, hoy los oradores lo divulgan y los clérigos lo abogan públicamente. Mientras los ortodoxos se apremian a eliminar el antiguo infierno y la Nueva Jerusalén ebaldosada de zafiros, los más liberales aceptan nuestra Doctrina de Karma, Reencarnación y de Dios como Principio abstracto, bajo los velos cristianos y de una fraseología bíblica.

Así, la Iglesia está dirigiéndose paulatinamente hacia la filosofía y el panteismo. Diariamente constatamos que algunas de nuestras enseñanzas afloran a guisa de especulaciones religiosas, poéticas y hasta científicas, suscitando el respeto de los rotativos que no admiten su origen teosófico, ni se abstienen de vilipendiar el caudal de estas ideas místicas, la Sociedad Teosófica. Hace un año, un periódico que no vale la pena mencionar, incluyó la exclamación de un sabio criticastro:

A fin de mostrar la plétora de ideas *anticientíficas* en la obra "La Doctrina Secreta", es suficiente indicar que su autora rehusa creer en la existencia de la *materia inorgánica* y dota a los átomos de inteligencia.

Hoy en día, la revista londinense "Harper's" menciona con aprobación y simpatía el concepto de materia facilitado por Edison:

No creo que la materia sea inerte y que sobre ella actúe una fuerza externa. Por lo visto, parece que cada átomo posee cierta cantidad de inteligencia primitiva: mirad los millares de modos en los cuales los átomos de hidrógeno se combinan con los de otros elementos. [...] ¿Acaso queréis decir que lo hacen sin inteligencia? [...]

Edison es un teósofo, aunque no sea muy activo, mas el mero hecho de que tenga un diploma (de la Sociedad Teosófica), parece inspirarle verdades teosóficas.

Nuestros enemigos cristianos exclaman con desdén: "¡Los teósofos creen en la reencarnación!" "No hay una palabra, pronunciada por nuestro Salvador, que *pueda interpretarse contra la creencia moderna de la reencarnación...*", predica el reverendo Bullard, entreabriendo, muy sabiamente, una puerta secundaria para el día en que esta "creencia vacía", brahmánica y budista, adquiera un carácter general.

Los teósofos creen que las primeras razas humanas eran tan etéreas como ahora lo son sus dobles astrales y las llaman *chhayas* (sombras). Ahora, escuchad a un insigne poeta inglés que en su último libro: "Deméter y otros Poemas", canta:

El *fantasma en el hombre*, el *fantasma que una vez fue hombre*,
Pero no puede liberarse completamente de los hombres,
Que están llamándose los unos a los otros al Alba,
De manera tan estentórea jamás vista en la tierra;
El *velo se desgarra* y las voces del día
Resuenan sobre las de la Oscuridad.
No hay cielo ni infierno repentino para el hombre,

. . . . . .
. . . . .

Una *Evolución Intemporal, rápida o lenta*,
Por todas las esferas, una cumbre que se abre más y más
Y una tierra que sigue reduciéndose...[3]

Parece que Tennyson ha leído los libros teosóficos o lo inspiraron las mismas ideas grandiosas que nos movieron a nosotros.

"¡Oh!", ciertos escépticos exclaman: "sin embargo hay licencias poéticas. El autor no cree una palabra de lo que escribe." ¿Cómo lo saben? Aun suponiendo que así sea, he aquí una prueba ulterior de la evolución cíclica de nuestras ideas teosóficas, que espero no se tilden de "licencias clericales." Uno de los sacerdotes londinenses más estimados y compasivos, el Reverendo G. W. Allen, se ha puesto los zapatos teosóficos y ha seguido nuestro buen ejemplo fundando una "Sociedad Cristo-Teosófica." Como su doble título muestra, su plataforma y programa deben ser, necesariamente, más limitados que los nuestros, ya que en su circular leemos: "Se propone solamente cubrir el terreno que la Sociedad Teosófica ahora no estudia." Seguramente, esta nueva Sociedad hará un buen trabajo a pesar de lo equivocado que nuestro estimado amigo y colaborador teosófico esté, en creer que las enseñanzas de la Sociedad Teosófica no cubren al Cristianismo *esotérico*, ya que estudia el aspecto esotérico de toda religión del mundo. Desde luego, si el nombre escogido quiere decir algo, implica que el trabajo y el estudio de los miembros debe ser, necesariamente, teosófico. Un

---

[3] Nosotros pusimos las letras en estilo bastardillo para hacerlas destacar.

párrafo entresacado de la circular de la "Sociedad Cristo-Teosófica" avalará lo antedicho.

Es nuestra creencia que, actualmente, hay muchas personas descontentas con la enunciación estéril y antifilosófica del Cristianismo, expresada en sermones y escritos teológicos. Algunos de estos individuos se ven inducidos a abandonar todo tipo de fe en el Cristianismo, mas muchos de ellos lo hacen con reluctancia y acogerían con benevolencia una presentación de las antiguas verdades que les mostrara la consonancia con las conclusiones de la razón y el testimonio de la intuición innegable. Existen muchos otros cuyo único sentimiento es que las verdades de su religión tienen un significado práctico tan pequeño, que ejercen un poder diminuto en la influencia y el ennoblecimiento de su carácter y diario vivir. La Sociedad Cristo-Teosófica apela a ellos, invitándoles a unirse en un esfuerzo común para aprender acerca de la Verdad Cristiana y alcanzar ese Poder capaz de satisfacer los anhelos profundos del corazón humano, fortificándonos en el dominio de nosotros mismos y en la existencia vivida para los demás.

Esto es admirable y muestra claramente su propósito de contrarrestar las influencias perniciosas de la teología exotérica y dogmática, que es cuanto hemos tratado de hacer desde el principio. Sin embargo, todas las similitudes terminan allí, pues parece no tener ningún nexo con la Teosofía *universal*, sino sólo con la sectaria. Tememos que la "S.C.T." limite los "Misterios de la Verdad Divina" a una religión, la más reciente y los *avatares* a un sólo hombre, cuando invita:

a su membresía, aquellos que, dispuestos a aprender los misterios de la Verdad Divina de forma más clara y más amplia, *aún desean mantener como base de su filosofía las doctrinas cristianas de Dios como Padre de todos los seres y Cristo como revelación de Sí mismo a la humanidad.*

Esperamos, sinceramente, que los miembros de la Sociedad Cristo-Teosófica puedan evitar estos Caribdis sin caer en Escila.[4]

Sin embargo, no podemos más que hacer notar una dificultad y pedimos, humildemente, que se nos explique. Según la

---

[4] Evitar que se encuentren entre dos fuegos. (N.d.T.)

circular: "La Sociedad no consta de maestros, ni educandos. Todos son estudiantes." Ahora, a esto le antecede la declaración que los miembros "acogerían con benevolencia una presentación de las antiguas verdades [...] en consonancia con las conclusiones de la razón etc." Por lo tanto nos preguntamos: ¿quién de los "estudiantes" presentará estas verdades a los otros? Es obvio que, a pesar de quien sea, tan pronto como empiece su presentación, se convertirá, quiéralo o no, en un "maestro."

Mas todo ésto es secundario. Nos sentimos muy orgullosos y satisfechos con el homenaje tributado a la Teosofía en la imagen de un representante del clero anglicano dispuesto a seguir nuestras huellas, para que desmenucemos los detalles. Por lo tanto, deseamos lo mejor a la Asociación Cristo-Teosófica.

Nuestro Ciclo y el Próximo

La gran era del mundo vuelve a empezar,
Los días áureos retornan,
La tierra se renueva como la piel de serpiente,
Despojándose de sus malas hierbas invernales.

Shelley

Amigo mío, la era áurea ha transcurrido,
Sólo los buenos tienen el poder para hacerla volver...

Goethe

¿Qué había en la mente del autor de "Prometeo Desencadenado", cuando escribió sobre el retorno de los días áureos y el nuevo comienzo de la gran era del mundo? Su previsión poética ¿transportó, quizá, su *"Visión* del siglo XIX" en el "cientodiecinueveavo", o le reveló una imagen apoteósica de las cosas futuras, que eran las del pasado?

Según las palabras de Fichte: "es un fenómeno frecuente, especialmente en las épocas pretéritas, que lo que *llegaremos a ser* es representado por algo que *ya hemos sido* y lo que debemos obtener, es la efigie de algo que hemos perdido previamente." Luego agrega: "lo que Rousseau define el estado de la Naturaleza y los antiguos poetas la Era Dorada, colocándola en nuestro *pasado*, en realidad se extiende en nuestro *futuro*."

Tennyson comparte esta idea cuando escribe:

Los antiguos escritores hacían retroceder las estaciones felices,

Ellos, insensatos. Nosotros las proyectamos adelante.

Ambos soñadores [...]

¡Afortunado el optimista en cuyo corazón el ruiseñor de la esperanza aun trina, a pesar de la inicuidad y el frío egoísmo actual tan palpables! La edad en que vivimos es engreída, es tan orgullosa como hipócrita, tan cruel como disimuladora.

*   *   *

¡Oh, Dioses! ¡Cuán mojigato y sacrílego es nuestro siglo con respecto a toda verdad, coronado por su decantada santurronería e hipocresía! ¡Oh siglo *diecinueve* de tu serie cristiana, eres la hipocresía encarnada, ya que has engendrado más hipócritas en un metro cuadrado de tu suelo civilizado, de los que la antigüedad ha producido en todas sus tierras idólatras durante largas edades. Tus modernos hipócritas de ambos sexos son, según nos dice el autor de "Martin Chuzzlewit": "tan profundamente imbuídos con el espíritu de la falsedad, que son *morales* aun en la ebriedad, la hipocresía y la vergüenza."

Si esto es verdadero, ¡cuán tremebunda es la declaración de Fichte! Su carácter ominoso trasciende las palabras. ¿Deberíamos, quizá, esperar que en algún ciclo recurrente futuro, *volveremos a convertirnos* en lo que "ya hemos sido" o *lo que somos ahora*? Para vislumbrar el ciclo futuro, es suficiente examinar la situación actual. ¿Qué discernimos?

En lugar de la verdad y la sinceridad tenemos el decoro y la fría cortesía cultural, en substancia: *mendacidad*. En todos los niveles encontramos la falsedad; por lo tanto hay una falsificación del nutrimento moral y comestible. La *Margarina* se ha convertido en la mantequilla del alma y del estómago. Hermosura y colores irisados por fuera y putrefacción y corrupción por dentro. La vida es un largo hipódromo en el que se desempeña una caza febril, cuya meta es una torre de ambición egoísta, orgullo, vanidad, avidez por el dinero o los honores, mientras las pasiones humanas son los jinetes y nuestros hermanos más débiles los caballos. En esta terrible carrera de obstáculos la copa se alcanza haciendo sangrar y sufrir el corazón de un sinnúmero de seres humanos y se gana pagando con la autodegradación espiritual.

¿Quién, en este siglo, presumiría decir lo que piensa? Hoy en día se necesita un ser intrépido para expresar la verdad con denuedo, lo cual implica un riesgo y un costo personal. La ley le prohibe a uno decir la verdad a menos que esté bajo juramento en sus cortes y sujeto a la amenaza de perjurio. Si se han divulgado, públicamente y en la prensa, ciertas mentiras acerca de una persona, si uno no es rico no puede cerrar la boca del calumniador. Si enuncias los hechos, eres un difamador. Si

170

permaneces en silencio ante alguna injusticia perpetrada en tu presencia, tus amigos te considerarán un cómplice. En nuestro ciclo resulta imposible expresar la propia opinión honrada, como demuestra la derrota de un proyecto legislativo que revocaba las "Leyes sobre la Blasfemia"

*   *   *

En el número de la revista "Pall Mall Gazette" publicada el 13 de Abril, encontramos algunas líneas pertinentes al tema. Sin embargo, su argumentación presenta una perspectiva unilateral y, por lo tanto, debemos aceptarla con el beneficio de la duda. Recuerda al lector que Lord Macaulay "ya había elaborado, hace mucho tiempo", el verdadero principio de las "Leyes sobre la Blasfemia" y agrega:

> Expresar las propias opiniones religiosas o irreligiosas de la forma más libre posible es una cosa; pero es algo muy diferente enunciarlas de manera ofensiva, ultrajando y lastimando a otras personas. Uno puede vestirse o no vestirse como mejor le plazca en su casa, sin embargo, si uno quisiese afirmar su derecho de caminar por la calle con sólo una camisa, el público tendría el derecho a objetar. Supongamos que un ser recubriera con ahínco todas las carteleras de Londres con imágenes "cómicas" de la crucifixión. Esto debería ser una ofensa aun a los ojos de los que creen que la crucifixión jamás aconteció.

Así es. En nuestra edad podemos ser religiosos o no religiosos a voluntad, pero que no ofendamos, ni nos atrevamos a "ultrajar y lastimar a otras personas." Ahora bien, con el adjetivo *otras* ¿se indica sólo a los cristianos, omitiendo a todos los demás? A mayor abundamiento, el margen dejado para la opinión de los jurados es ominosamente amplio y ¿quién sabe dónde trazar la línea de demarcación? En estos temas particulares los jurados, a fin de ser sumamente imparciales y justos en su veredicto, deberían ser mixtos: seis cristianos y seis "infieles." En nuestra adolescencia se nos enseñó que Temis[5] era una diosa con los ojos vendados sólo en la antigüedad y entre los paganos. Desde

---

[5] Diosa de la ley y la justicia.

entonces, como el Cristianismo y la civilización le han abierto los ojos, la alegoría nos permite dos versiones. Al tratar de creer la mejor de las dos inferencias y al pensar en la ley de manera más reverente, llegamos a la siguiente conclusión: *en la legislación* lo que es salsa para uno *debe serlo* también para el otro. Por lo tanto, si las "Leyes sobre la Blasfemia" se administraran según este principio, resultarían más benficiosas para todos, "sin distinción de raza, color o religión," como decimos en teosofía. Ahora, si la ley *es* justa, debe aplicarse a todos imparcialmente. ¿Debemos, entonces, entender, que prohibe "ultrajar y lastimar" los sentimientos *de todos* o sólo los de los cristianos? En el primer caso, debe incluir a los teósofos, los espiritistas y los millones de *paganos* cuyo destino misericordioso los ha hecho vasallos de Su Majestad y también los librepensadores y los materialistas, algunos de los cuales son muy susceptibles. No *puede* referirse al segundo caso, ya que implicaría limitar la "ley" sólo al Dios de los cristianos, ni presumiríamos sospechar una injusticia tan pecaminosa; ya que la "blasfemia" es una palabra que no se aplica sólo a Dios, a Cristo y al Espíritu Santo, no simplemente a la Virgen y a los Santos, sino a todo Dios o Diosa. Este término, con su sentido criminal, existía entre los griegos, los romanos y los antiguos egipcios, antecediendo nuestra era por muchos millares de años. En el versículo 28 del capítulo XXII de Exodo, se destaca la frase que "Dios" dice en el Monte Sinai: "No ofenderás a los *dioses*" (plural). Al admitir todo esto, ¿qué acontece con nuestros amigos, los misioneros? Si tal ley se impone, no les depara un período ameno. Los compadecemos porque sobresalen en *blasfemar* contra Dios y los Dioses de otras naciones, sin embargo, ahora, las Leyes de la Blasfemia se ciernen sobre sus cabezas como una espada de Dámocles. ¿Por qué se les debería permitir infringir la ley contra Vishnu, Durga o algún fetiche; contra Buda, Mahoma o hasta un fantasma en que un espiritista reconoce, sinceramente, a su madre difunta más de lo que se concede a un "infiel" que despotrica contra Jehová? A los ojos de la Ley, Hanuman, el dios mono, debería recibir la misma protección otorgada a cualquiera de los apectos divinos de la trinidad, de otra manera la ley tendría los ojos más cerrados que nunca. Además, a pesar de su carácter sagrado para los millones de indos, Hanuman no es menos querido en los corazones sensitivos de los darwinistas. Por lo tanto, blasfemar contra nuestro primo, el babuino sin cola, seguramente "lastimará los sentimientos" de Grant Allen y Aveling, así como de muchos teósofos hindúes. Concordamos que aquel que dibuja "imágenes cómicas de la crucifixión" comete una ofensa contra la ley. Sin embargo, lo mismo vale en el caso del que ridiculiza a Krishna y, malcomprendiendo la alegoría de sus Gopis (pastoras), lo vilipendia delante de los hindúes. ¿Qué decir de los chistes profanos y vulgares pronunciados desde el púlpito por ciertos ministros de los evangelios, no acerca de Krishna, sino de Cristo mismo?

He aquí algunos ejemplos en la discrepancia cómica entre teoría y práctica, entre la letra muerta y viva de la ley. Estamos familiarizados con varios predicadores "cómicos" muy ofensivos, sin embargo, hasta la fecha, sólo los "infieles" y los *ateos* parecen reprobar severamente a estos ministros cristianos pecaminosos, tanto en Inglaterra como en América.

¡El mundo está al revés! Se acusan a los predicadores evangélicos por expresarse de manera profana, mientras la prensa ortodoxa permanece en silencio y sólo un agnóstico truena contra estas payasadas. Es cierto que hay más palabras verídicas en un párrafo de la revista "Saladino"[6] que en la mitad de los periódicos del Reino Unido. Hay más sentimientos de reverencia y verdad, a quienquiera que se apliquen y un sentido más afinado en lo que concierne a la *sesudez de las cosas* en el dedo chico de este "infiel", que en toda la figura fornida y turbulenta del señor Spurgeon, Reverendo-irreverente. Uno es un "agnóstico", un "mofador de la Biblia", según lo llaman. El otro un famoso predicador cristiano. Sin embargo, *Karma*,

---

[6] El poeta advertido y editor sagaz de la difunta "Revista Secular" y ahora del "Periódico Agnóstico." En el siglo XX, las obras de W. Stewart Ross ("Saladino"): "La Mujer, Su Gloria, Su Vergüenza y Su Dios", "Folletos Misceláneos", "Dios Y Su Libro", etc., se convertirán en la vindicación más poderosa y completa de toda persona llamada infiel en el siglo XIX.

trascendiendo la letra muerta de las leyes humanas, de la civilización o del progreso, suministra un antídoto para cada mal en nuestro globo terráqueo: un *infiel* amante de la verdad por cada predicador que lucra usando a sus dioses, envileciéndolos. En América se enumeran un Talmage que, según la apropiada descripción del "New York Sun"[7] es: "un charlatán petulante" y un Coronel Robert Ingersoll. En Inglaterra, los emuladores de Talmage experimentan una Nemesis austera en la figura del "Saladino." Los periódicos infieles han censurado, repetida y severamente, al predicador americano por conducir a su congregación al paraíso en espíritu irreverencial, tratando de abreviar el viaje largo y tedioso valiéndose de varias anécdotas bíblicas. ¿Quién, en Nueva York, ha olvidado la *farsa-pantomima* presentada por Talmage el 15 de Abril de 1877? El tema era el "trío de Betania" y, según comentó la congregación, cada *persona dramática* fue "representada a la perfección." El reverendo payaso personificaba a Jesús que "rindió una visita matutina" a María y a Marta, la cual lo "increpó por haberse tirado en un sofá" y, ocupando el tiempo de María, "la amante de la ética", que se sentó a sus pies, dejando que Marta cumpliera con los deberes a solas. Hace algunos días, en la Cámara de los Comunes, el Coronel Sandy arengó sobre el proyecto de ley acerca de la Blasfemia propuesto por el señor Bradlaugh y al cual se opuso, diciendo que: "mientras castigamos a los que matan al cuerpo, el objeto del proyecto contemplaba la impunidad de los que querían matar al alma."

¿Pensará, tal vez, que el ridiculizar las creencias *sagradas* por parte de un predicador cristiano, llene las almas de su audiencia con reverencia, *matándolas* sólo cuando la burla procede de un infiel? El mismo piadoso "plebeyo" le recordó que: "Bajo la ley de Moisés, los que blasfemaban eran llevados fuera del campamento y los lapidaban."

No nos oponemos, para nada, a ciertos Protestantes fanáticos que, en armonía con la ley mosaica, quieren tomar los Talmages y los Spurgeons para lapidarlos. Tampoco nos detendremos a investigar sobre este Saúl moderno, ¿por qué culpar, en este

---

[7] El "Sun" del 6 de Abril 1877.

caso, a los fariseos por actuar conforme a esta misma ley mosaica crucificando su Cristo, o a "algunas de la Sinagoga de los Libertinos" por lapidar a Esteban? Nos limitaremos a decir: si la *justicia*, análogamente a la caridad, no se detiene "en casa", las injusticias que por lo general los librepensadores, los agnósticos, los teósofos y otros *infieles* reciben por mano de la ley, serán el blanco del desdén futuro.

*   *   *

La historia se repite. Spurgeon se ha burlado de los *milagros* de Pablo. Invitamos a toda persona imparcial a que obtenga el "Agnostic Journal" del 13 de Abril y lea el artículo de "Saladino" titulado "Al Azar", dedicado a este predicador favorito. Si alguien quiere descubrir la razón por la cual, día tras día, los sentimientos religiosos se extinguen en este país por ser *matados* en las *almas* cristianas, que lea el artículo en cuestión. La reverencia se suplanta con la emotividad. Los que creen en la salvación glorifican al Cristo y el "tabernáculo" de Spurgeon es todo lo que permanece en la tierra cristiana del Sermón del Monte. La única efigie de la Crucifixión y del Calvario es la combinación extraña del fuego infernal y el "show de Punch y Judy", que es, preeminentemente, la religión de Spurgeon. Entonces, ¿quien considerará estas líneas de "Saladino" *excesivamente* drásticas?

[...] Edward Irving era un místico austero y un Elías volcánico. Charles Spurgeon es un Grimaldi irónico y exotérico. Después de su reciente retorno de Menton y su recuperación de la gota, presidió el encuentro anual de la Iglesia Metropolitana Auxiliadora que tuvo lugar en el Tabernáculo. Al principio, dirigiéndose a los que estaban por rezar, les dijo: "Ahora bien, es una noche muy fría y si alguien se extiende en su oración, morirá congelado. (Risas) Recuerdo que una vez Pablo predicó un sermón muy extenso y un joven cayó de una ventana, matándose. Si esta noche alguien se congela, no soy Pablo y no puedo resucitarlo, por lo tanto, no hagan que se precise un milagro porque no puedo ejecutarlo. (Risas)."

Si este género de bufón hubiese vivido en Palestina en el tiempo del "bendito Señor" del cual lucra profusamente, habría picado, con ademán jocoso, al "bendito Señor" en el costado, exclamando: "bueno, ¿cómo estás mi viejo de Nazaret?" Además, Judas, llamado Iscariote, debía llevar la bolsa y Carlos, llamado Spurgeon, debía ataviarse con el vestido de bufón.

Minimizo las fábulas de la Galilea; ya que para mí ésto es lo que son. Sin embargo, para Spurgeon son "la palabra auténtica de Dios", por tanto no le corresponde ridiculizarlas aun cuando quiera entretener las sagradas mediocridades del Tabernáculo. Me atrevo a recomendar a la devota atención de Spurgeon, un sentimiento localizable en el libro "Sobre Las Leyes" de Cicerón: *De Sacris autem haec sit una sententia, ut conserventur*. Como Spurgeon ha pasado toda su vida absorto en la oración y no tuvo tiempo para estudiar, conoce sólo un inglés de verdulera, por lo tanto le traduciré lo que Cicerón dijo. *Que todos compartamos un mismo sentimiento, las cosas sagradas son inviolables*. (Periódico Agnóstico, 13 de Abril.)

Acogemos esta noble sugerencia con un Amén desde el fondo de nuestra alma. Ayer oímos a un clérigo decir que: "¡la pluma del Saladino tiene por tinta la bilis!" "Sí", contestamos. "Sin embargo, es una pluma diamantina y la bilis de su ironía es cristalina, cuyo único deseo es tratar los asuntos con justicia y expresar la verdad." Considerando la cuestión de la "ley sobre la blasfemia" y la legislación imparcial que transforma una calumnia en algo más *difamatorio* en proporción a la verdad que contiene, y especialmente manteniendo presente la ruina económica que incumbe sobre al menos uno de los dos involucrados, hay más heroismo y auto-abnegación indómita en expresar la verdad para el bien de todos, que gratificar las preferencias. del público. Exceptuando, quizá, al intrépido y explícito editor de "Pall Mall Gazette", en Inglaterra no existe un escritor al que más respetamos por su noble justicia y admiramos por su aguda sutileza que el "Saladino."

Hoy en día el mundo juzga todo basándose en las apariencias. Se hace caso omiso de las intenciones y la tendencia materialista propende, especialmente, hacia una condena apriorística de lo que contrasta con una cortesía superficial y las nociones incrustadas. Se juzga a las naciones, a los seres humanos y a las ideas basándonos en nuestros prejuicios y las emanaciones letales de la civilización moderna matan toda bondad y verdad. Según la observación de San Jorge, las razas salvajes están desapareciendo rápidamente, "exterminadas por el mero contacto con los seres civilizados." Sin reparo *debe ser* una consolación para el hindú y el zulú pensar en que, (gracias a los esfuerzos de los misioneros), sus hermanos que sobrevivieron, morirán, si no cristianos, al menos con un conocimiento lingüístico y con una cierta erudición. Un teósofo, un colonizador nacido en Africa, nos comentaba que, hace algunos días, un zulú se le ofreció como "servidor." Tenía diplomas en latín, griego e inglés, sin embargo, a pesar de todos estos alcances, no sabía cocinar una cena o limpiar las botas, así el señor tuvo que despedirlo, deparándole, probablemente, un futuro de *hambre y muerte*. Todo esto ha engreído al europeo. Sin embargo, en las palabras del escritor mencionado: "él se olvida de que Africa está rápidamente convirtiéndose en musulmán y el Islam, que es una especie de bloque de granito cuya poderosa cohesión desafía la fuerza de las olas y de los vientos, no es receptivo a las ideas europeas, las cuales, hasta la fecha, no lo han influenciado seriamente. Un día, Europa podría despertarse y descubrirse musulmana, si no "rastreramente cautiva" de los "chinos paganos." Mas cuando las "razas inferiores" se hayan extinguido, ¿quién y qué las substituirá en el ciclo que reflejará el nuestro?

Existen seres que, con una noción superficial de la historia antigua y moderna, menosprecian y denigran todo lo que la antigüedad alcanzó. Recordamos haber leído sobre sacerdotes paganos que "erigieron torres orgullosas", en lugar de "emancipar a los salvajes de su degradación." Los Magos de Babilonia se yuxtaponían con los "pobres habitantes de la Patagonia" y otras misiones cristianas y los magos salían siempre segundos en cada comparación. Además, se podría contestar que si los antiguos construían "torres orgullosas", los modernos hacen lo mismo. Véase la manía parisiense de la Torre Eiffel. Nadie puede decirnos cuantas vidas humanas se perdieron en la construcción de las torres antiguas, sin embargo,

177

el precio de la Torre Eiffel, aun incompleta, en vidas humanas, supera el centenar. Entre la torre francesa y la babilónica, la palma de la superioridad por su utilidad pertenece, por derecho, a *ziggurat*, la Torre del Planeta del Templo de Nebo de Borsippa. Entre una "torre orgullosa" erigida al Dios nacional de la Sabiduría y otra "torre orgullosa" construida para atraer a los hijos de la locura, hay amplio margen para acomodar una diversidad de opiniones, a menos que se sostenga que hasta la locura moderna es superior a la sabiduría antigua. Además, la astrognosis actual debe su progreso a la astrología caldea y los cálculos astronómicos de los Magos constituyen la base de la astronomía matemática actual, guiando a los descubridores en sus búsquedas. En la vertiente de las misiones, ya sean en Patagonia, en Anam o en Asia, diremos que, para la persona imparcial, es aun una cuestión abierta si son un beneficio o un mal que Europa otorga a los "salvajes degradados." Dudamos seriamente si los paganos "sumidos en la ignorancia" no aprovecharan más con dejarlos en paz en lugar de introducirlos (después de hacerles traicionar sus creencias previas), a las dichas del ron, del whiski y de las varias enfermedades resultantes, las cuales, generalmente surgen a lo largo de la pista de los misioneros europeos. A pesar de todos los sofismos, un *pagano* moderadamente honrado está más próximo al Reino de los Cielos que un converso cristiano y rastrero, propenso a la mentira y al robo. Al asegurarle que sus vestimentas (crímenes) se limpian en la sangre de Jesús y al decirle que la felicidad de Dios "por un pecador que se arrepiente", supera aquella por 99 santos inmaculados, ni él, ni nosotros, podemos ver el por qué no debería aprovechar la oportunidad.

* * *

E. Young pregunta: "¿Quién, en la antigüedad, dio veinte millones, no por cumplir con un monarca arrogante o un prelado tiránico, sino por responder al llamado espontáneo de la conciencia nacional mediante la instrumentalidad inmediata de la voluntad nacional? El escritor agrega: "esta donación monetaria es la efigie de una grandeza moral que eclipsa las pirámides." ¡Oh el orgullo y la altivez de nuestra edad!

Nosotros no lo sabemos. Sin embargo, si cada uno de los suscritores a esta "donación" hubiese dado sus *dos monedas* de la viuda", podría afirmar, colectivamente, haber *desembolsado* "más que todos", más que cualquier otra nación y podría esperar su recompensa. Mas siendo Inglaterra la nación más acaudalada del mundo, los méritos intrínsecos del caso parecen alterarse levemente. Sin reparo, veinte millones en bloque representan una gran potencialidad para el bien. Mas esta "donación" ganaría en Karma si gratificara menos el orgullo nacional y si la nación no se encumbrara por éso en todo el globo mediante los órganos de la prensa, clamando el hecho pomposamente. La *verdadera* caridad abre sus bolsillos con una mano invisible y:

Al terminar su papel, desaparece [...]

Rehusa la Fama y nunca ostenta. Además, todo es relativo. Hace tres mil años, un millón en monedas era una cantidad diez veces superiores a los veinte millones actuales. Veinte millones son las cataratas del Niagara que inundan, con fuerza titánica, alguna necesidad popular creando, momentáneamente, una gran conmoción. Aunque esta suma ingente ayuda, por un cierto lapso, a millares de pobres hambrientos, deja muchos más desafortunados desnutridos.

A esta lauta generosidad preferimos los países donde no hay personas desamparadas: estas pequeñas comunidades, los restos de razas en un tiempo poderosas, que no permiten desheredados entre sus correligionarios. Estamos hablando de los parsis. Durante los reinados hindúes y budistas, véase Chandragupta y Asoka, la gente no esperaba, como lo hace ahora, una calamidad nacional para confluir la demasía de su ingente riqueza a fin de aliviar una porción de los desamparados hambrientos; sino que trabajaban incesantemente, siglo tras siglo, construyendo *centros de acogida*, perforando pozos y plantando árboles de fruta a lo largo del camino, de manera que el viajero sin dinero y el peregrino exhausto, siempre pudiesen encontrar un refugio donde descansar, nutrirse y *recibir* la hospitalidad subvencionada por el estado. Un pequeño arroyo de agua de manantial fresca que fluye constantemente y está siempre al alcance para aliviar los labios sedientos, es más beneficioso que un torrente repentino, el cual, de vez en cuando, irrumpe por el dique de la indiferencia nacional a saltos y a corcovos.

Por lo tanto, si el ciclo futuro nos depara la conversión en *lo que ya hemos sido*, que sea como en los días de Asoka y no como es actualmente. Nos reprenden por olvidar el "heroismo *Cristiano*." Nos preguntan, ¿dónde hay un heroismo análogo al de los primeros mártires cristianos y al actual? Nos duele tener que contradecir esta vanagloria como ya lo hemos hecho muchas veces. A pesar de que nuestro siglo haya presenciado actos de heroismo innegables, ¿quién teme la muerte, como regla general, más que los cristianos? El idólatra, el hindú y el budista, en definitiva, todo asiático y africano, muere en un estado de indiferencia y serenidad desconocido al occidental. En cuanto al *"heroismo cristiano"*, ya sea que se implique a los héroes o las heroínas medievales o modernas, un San Luis, un general Gordon, una Juana de Arco o un Ruiseñor, el adjetivo no es necesario para enfatizar el substantivo. A los mártires cristianos les antecedieron los plurivirtuosos espartanos idólatras y aun ateos y las intrépidas hermanas de la Cruz Roja son las sucesoras de las matronas romanas y griegas. Hasta la fecha, las torturas autoinfligidas del yogui indo y del fakir mahometano a veces duran años, eclipsando, entonces, el heroismo inevitable del mártir cristiano antiguo o moderno. Aquel que quiere aprender el significado completo del término "heroismo", debe leer los "Anales de Rajistán" por el Coronel Tod [...]

"Dad al César lo que es del César y a Dios lo que es de Dios"; es una regla áurea, sin embargo, como muchas otras análogas, los cristianos son los primeros en violarlas.

El orgullo y la vanidad son dos cánceres horribles que devoran el corazón de las naciones *civilizadas* y el egoísmo es la espada que la personalidad *transitoria* blande a fin de cortar el hilo dorado que la ata a la Individualidad inmortal. El poeta Juvenal debe haber sido un profeta. Es a *nuestro* siglo al que alude cuando escribe:

> Tus méritos nos pertenecen, pero además de atribuirlos a
> Tu mente, ¡son los frutos de la insolencia y del orgullo!

180

El orgullo es el primer enemigo de sí mismo. No está dispuesto a oír elogios de ningún otro en su presencia, por lo tanto desacredita a todo rival y no siempre sale victorioso. "Soy *la única* y la elegida por Dios", dice la nación orgullosa. "Soy *la* invencible y la prominente, ¡temblad todos vosotros a mi alrededor!" Observad, llegará el día en que la veremos languidecer en el polvo, sangrienta y mutilada. "Soy el Unico", grazna el cuervo solitario en plumas de pavo real. "Yo soy *el único*: pintor, artista, escritor, etc., por excelencia. Las naciones aclaman a quien ilumino, mientras al que le doy la espalda le espera el desdén y el olvido."

Presunción vana y glorificación. Tanto en la ley de Karma como en las verdades de los evangelios, el primero será el último en la vida ultraterrena. Existen ciertos escritores cuyos pensamientos, no obstante disgusten a la mayoría fanática, sobrevivirán muchas generaciones, mientras otros serán rechazados en ciclos futuros a pesar de ser brillantes y originales. Además, como el hábito no hace al monje, la excelencia externa de una cosa no garantiza la belleza moral de su artífice, ya sea en el arte o en la literatura. Algunos de los poetas, filósofos y autores más eminentes eran notoriamente inmorales. La ética de Rousseau no le impidió que su naturaleza discrepara de lo que decía. Según se afirma, Edgar Poe escribió sus mejores poemas en un estado muy próximo al delirium tremens. George Sand, no obstante su penetración psicológica, el carácter altamente moral de sus heroínas y sus ideas elevadas, jamás pudiera ambicionar al premio *Monthyon* de la virtud. Además, el talento y especialmente la genialidad, no son el desarrollo de la vida presente, por lo cual uno debería sentirse particularmente orgulloso, sino que son la maduración de los frutos de una existencia previa y sus engaños son peligrosos. Los orientales dicen que: "Maya extiende sus velos más espesos e ilusorios sobre los lugares y los objetos más hermosos en la naturaleza." Las serpientes más bellas son las más venenosas. En los bosques africanos, los árboles Upa son el máximo del esplendor, sin embargo, su atmósfera es letal y mata toda cosa viviente que se les acerque. ¿Deberíamos esperar lo mismo en los "ciclos venideros?" ¿Estamos destinados a experimentar los idénticos males que nos sitian hoy?

*   *   *

Entonces, aunque la especulación de Fichte resulte verídica y la "Era de Oro" de Shelley rayara sobre la humanidad, Karma seguirá su curso como siempre; ya que, para nuestra remota posteridad, "los antiguos" seremos nosotros. Además, los sucesores futuros se considerarán los *únicos* seres perfectos y menospreciarán a la Torre Eiffel como nosotros lo hacemos con la Torre de Babel. Los seres del próximo ciclo, avasallados a la *rutina*, las opiniones establecidas de entonces, hablarán y actuarán creyendo que su manera de ser es la única correcta.

"¡El lobo, el lobo!" se clamará contra los que tratarán de defender nuestra civilización como nosotros lo hacemos con los antiguos ahora. Pronto, aquel que no sigue la pista ya preestablecida y los "blasfemos" que se atreven a dar el justo nombre a los dioses de aquel ciclo, presumiendo defender sus ideales, serán objetos de desdén y los blancos de toda arma disponible. Que clase de biografías se escribirán acerca de los famosos infieles actuales es deducible leyendo las de algunos de los mejores poetas ingleses: las opiniones postumas endilgadas a Percy Bysshe Shelley.

Sí, hoy en día se acusa a este poeta por algo que, de otra manera, hubiera sido fuente de elogio. En su mocedad escribió ¡"Una Defensa al Ateísmo"! Por lo tanto, se dice que su imaginación lo transportó "más allá de los límites de la realidad" y su metafísica carece "de una sólida base racionaı." Esto implica que sólo sus críticos tienen un conocimiento *completo* de las señales que la naturaleza sitúa entre lo real y lo irreal. Estos examinadores trigonométricos ortodoxos del absoluto, que presumen ser los únicos especialistas elegidos por su Dios en la configuración de los límites y que siempre están listos a juzgar a los metafísicos independientes, son un aspecto de nuestro siglo. En el caso de Shelley, el joven autor de la "Reina Mab", las enciclopedias más comunes describen su metafísica como: "un ataque violento y blasfemo contra el Cristianismo y la Biblia", por lo tanto, sus jueces infalibles, la consideran algo carente de "una sólida base racional." Para ellos, la "base" hállase en el lema de Tertuliano: "Creo en lo que es absurdo."

¡Pobre gran y joven Shelley! Se le tilda de *ateo* por rehusar la aceptación *literal* de la Biblia, a pesar de que ha trabajado con celo, durante muchos años de su breve vida, para aliviar a los pobres y consolar a los afligidos y, según Medwin, habría dado sus últimos centavos a un desamparado desconocido. En el "Lexicon Conversations" encontramos, quizá, una razón para este "Ateísmo." En dicha crestomatía el nombre inmortal de Shelley es seguido por el de Shem: "el hijo mayor de Noé que, según la escritura, murió a los 600 años." El autor de esta información enciclopédica (que hemos citado textualmente), acaba de decir que: "es difícil no censurar de extrema presunción a un escritor quien, en su juventud, rechaza todas las opiniones *establecidas*", como la cronología bíblica, suponemos; pero este enciclopedista no expresa ningún comentario y pasa en prudente y reverencial silencio, los años cíclicos de Shem, ¡como en realidad debería!

*   *   *

Este es nuestro siglo tan bullicioso; mas afortunadamente, está preparándose para su último salto en la eternidad. De todos los que lo antecedieron es el que, bajo una sonrisa, ha sido el más cruel, malévolo, inmoral, engreído e incongruente. Es el híbrido de una producción desnaturalizada, la prole monstruosa de sus padres: una madre honrada llamada "superstición medieval" y un padre deshonesto y embustero, un impostor disoluto, conocido universalmente como "civilización moderna." Esta pareja desequilibrada y estrambótica que ahora rastrea la máquina del progreso a través de los arcos triunfales de nuestra civilización, sugiere pensamientos extraños. Al observar esta religiosidad ortodoxa injertada en el frío materialismo despreciativo, nuestra tendencia oriental de pensar, nos induce a considerarlo el símbolo adecuado para nuestro siglo. Lo escogemos en la producción colonial de la ética europea (ay, ¡producciones *vivientes*!) conocida como los *mestizos*.

Imaginamos un rostro color café y grasoso con mirada insolente a través de los anteojos. Una cabeza llana con pelo encrespado coronada por un alto gorro y entronada en un pedestal de un cuello de camisa blanco almidonado y una corbata de satén a la moda. Al lado de esta producción híbrida vemos la cara llana y morena de una belleza mestiza que brilla bajo un sombrero parisiense, una pirámide de gasa, cintas coloreadas y plumas [...]

En realidad, esta combinación de tez asiática y arreglo europeo no es más ridícula que la visión panorámica de la amalgamación intelectual de las ideas y las concepciones ahora aceptadas. Lo demuestra un Huxley y la "Mujer vestida con el Sol"; la Sociedad Real y el nuevo profeta de Brighton que entrega las cartas "al Señor" y cuyos mensajes para nosotros proceden de "Jehová de las Huestes", el cual se firma, irreverentemente, "Rey Salomón" en cartas estampadas con el título "Santuario de Jehová" y llama a la "Madre", (la susodicha "mujer" *Solar*), "la cosa maldita" y una *abominación*.

Aún, sus enseñanzas se consideran como si fuesen *ortodoxas* e investidas de autoridad. Imaginemos a Grant Allen ocupado en convencer al General Booth de que la: "vida se originó de la acción químicamente separativa de las ondulaciones etéreas sobre la superficie enfriada de la tierra, especialmente el anhídrido carbónico y el agua." Entonces, "el intrépido general inglés" argüye que ésto no puede ser, ya que dicha "superficie enfriada" existe sólo desde el 4004 a.C. (según los cálculos bíblicos). Entonces, la "diversidad viviente de las formas orgánicas" que profesa Grant Allen, no dependería, para nada, como su libro quería hacer creer al incauto, "de una diminuta interacción de leyes dinámicas", sino que del polvo de la tierra de la cual "Dios formó las bestias del campo y toda ave del aire."

Estos dos representan las cabras y las ovejas en el Día del Juicio, el alfa y el omega de la sociedad ortodoxa y correcta actual. Los desafortunados, comprimidos en la línea neutral entre estos dos, reciben constantes patadas y embestidas por parte de ambos. Las armas poderosas en las manos de nuestras piadosas "ovejas" modernas y de nuestras "cabras" letradas son la *emotividad y el orgullo*. La primera es una enfermedad nerviosa y la otra es el sentimiento que nos insta a nadar con la corriente, si no queremos que nos tilden de retrógradas o infieles. Sólo su *Karma* sabe cuántos de ellos engrosan las filas inducidos por el uno o el otro sentimiento [...]

Fuera del recinto permanecen aquellos a los cuales la emoción histérica o un pavor sagrado de las multitudes y del decoro, los dejan impasibles y cuyas voces de la conciencia, "esa voz leve pero constante", una vez oída, eclipsa el estruendo portentoso de las cataratas del Niagara, les impide mentir a sus almas. Para ellos no hay esperanza en esta edad que ha llegado a las postrimerías y pueden abandonar toda expectación. *Nacieron prematuramente*. Este es el cuadro terrible que el ciclo actual, casi al término, presenta a aquellos cuya vista, en un tiempo opacada por el prejuicio, las ideas preconcebidas y la parcialidad, ahora se ha despejado, dejando percibir la verdad que yace tras de las apariencias engañosas de nuestra "civilización" occidental. Sin embargo, ¿qué nos deparará el nuevo ciclo? ¿Será simplemente una continuación del presente, con matices más obscuros y terribles? ¿O rayará un nuevo día para la humanidad, una jornada radiante, pletórica de verdad, caridad y verdadera felicidad para todos? La respuesta depende, principalmente, de los pocos Teósofos quienes, sinceros consigo mismos, a pesar de la buena o la mala reputación, seguirán luchando en favor de la Verdad y contra los poderes de la Obscuridad.

Un periódico infiel contiene algunas palabras optimistas, la última profecía de Victor Hugo, según el cual:

Durante 400 años, la raza humana no ha dado un paso sin que dejara una huella clara atrás. Estamos en el preludio de grandes ciclos. El siglo XVI pasará a la historia como la edad de los pintores, el XVII será la edad de los escritores, el XVIII de los filósofos y el XIX de los apóstoles y los profetas. Para satisfacer al siglo XIX, es menester ser el pintor del XVI, el escritor del XVII, el filósofo del XVIII y también ser como Louis Blanc: tener un amor innato y sagrado por la humanidad, lo cual constituye un apostolado y desdobla visiones proféticas en el futuro. En el siglo XX la guerra desaparecerá, el pátibulo será anacrónico, la hostilidad se disipará, la realeza se extinguirá y los dogmas se desvanecerán, sin embargo, el ser humano pervivirá. Existirá un solo país para todos: el globo terráqueo y una sola esperanza: los cielos en su totalidad.

¡Saludemos al nuevo siglo XX que dará a luz nuestros hijos y ellos lo heredarán.!

Si la Teosofía prevalece en la lucha, si su filosofía omniabarcante se arraiga con firmeza en las mentes y en los corazones humanos, si sus doctrinas de la Reencarnación y del Karma, de la Esperanza y de la Responsabilidad, cincelan un nicho en las vidas de las nuevas generaciones; entonces rayará el día de la felicidad y de la dicha para todos los que ahora sufren y son relegados a las márgenes de la sociedad. La verdadera Teosofía es ALTRUISMO y no nos cansaremos de repetirlo. Es el amor fraterno, la mutua ayuda y una constante devoción por la Verdad. Una vez que los seres humanos se percaten de que sólo en esto se encuentra la auténtica felicidad y jamás en la riqueza, las posesiones o cualquier gratificación egoísta, las nubes obscuras se disiparán y en la tierra nacerá una nueva humanidad. Entonces, rayará el día de la Edad Aurea.

En caso contrario, la tempestad estallará y nuestra ufanada civilización occidental de iluminación, se hundirá en un océano de horrores inauditos en toda la historia.

Visiones Kármicas

¡Oh, la tristeza pasó! ¡Oh, la dulzura *pasó*!
¡Oh, lo extraño pasó!
En la cercanía de un arroyo musgoso me senté en una piedra
Y, a solas, olfateé la fragancia de una flor salvaje;
Mi oído zumbaba
Mis ojos se llenaron de lágrimas,
Ciertamente todas las cosas agradables se habían escurrido.
!Ya están profundamente sepultadas contigo!

Tennyson ("La Joya", 1831)

I

Un campo repleto con carruajes bélicos, caballos relinchando y legiones de soldados con cabellera larga [...]

Una tienda real, fastuosa en su esplendor bárbaro. Sus paredes de lino se arrugan bajo el peso de las armas. En el centro, se yergue un asiento cubierto de pieles. Ahí está sentado un guerrero de aspecto salvaje. Pasa revista a los prisioneros de guerra que, paulatinamente, desfilan delante de él y cuyo futuro es dictado por la arbitrariedad de este déspota impiedoso.

Ahora se encuentra cara a cara con una nueva prisionera la cual le habla con fervor pasional [...] Mientras la escucha, suprimiendo la cólera en su rostro masculino, sin embargo fiero y cruel, sus ojos se encarnizan desorbitándose con furia. Al inclinarse hacia adelante con mirada fiera, su presencia, con los mechones apelotonados que cubrían la frente ceñuda, su cuerpo de huesos imponentes con músculos turgentes y las dos grandes manos colocadas sobre el escudo situado en la rodilla derecha, justificó la observación susurrada por un soldado canoso a su vecino:

"¡La santa profetisa recibirá poca misericordia por parte de Clovis!"

La cautiva, colocada entre dos guerreros borgoñones, frente al ex-príncipe de los Salianos y ahora rey de los Francos, es una anciana de cabellera canosa y despeinada, que recae sobre sus espaldas esqueléticas. A pesar de su edad avanzada, su imagen alta es erecta y los ojos moros inspirados, miran orgullosa e intrépidamente el rostro cruel del hijo aleve de Gilderich.

En voz alta y telúrica le dice: "Oh Rey, ahora eres grande y poderoso, sin embargo, tus días están contados y reinarás sólo por otros tres veranos. Naciste malévolo [...] eres pérfido con tus amigos y aliados. Defraudaste a más de uno la corona que le correspondía legalmente. Asesino de tus semejantes, en el campo de batalla añades, al cuchillo y a la lanza, el puñal, el veneno y la traición. ¡Cuidado en cómo te comportas con la servidora de Nerthus"![8]

"¡Ha, ha, ha! [...] vieja bruja infernal!", erupta el Rey con escarnio maligno y ominoso. "Has reptado verdaderamente de las entrañas de tu diosa-madre. ¿No temes mi cólera? Está bien; sin embargo, tus imprecaciones vacías no me infunden ningún pavor [...] ¡Soy un Cristiano bautizado!

"Así es", contestó la Sibila. "Todos saben que Clovis ha abandonado a sus dioses atávicos; ha perdido la fe en las advertencias del caballo blanco del Sol e, inducido por el miedo hacia los Alemanes, sirvió rastreramente a Remigio, el vasallo del Nazareno en Rhemis. ¿Acaso vives más en armonía con tu nueva fe? ¿No has, quizá, matado a sangre fría, a todos tus hermanos que confiaban en tí, ya sea antes de tu apostasía o después de ella? ¿No juraste ser fiel a Alárico, rey de los Visigodos, mas en realidad lo mataste alevosamente, perforando su espalda con tu lanza mientras él estaba luchando con valor contra un enemigo? ¿Es quizá tu nueva fe y tus nuevos dioses que te enseñan a orquestar, en tu alma lóbrega, trampas maléficas contra Teodórico que te derrotó? [...] ¡Cuidado Clovis, cuidado! ¡Ya que ahora, los dioses de tus padres se han levantado contra tí! ¡Cuidado, repito, porque [...]"

"¡Mujer!" gritó airado el Rey. "Mujer, cesa de disparatar y respóndeme. ¿Dónde está el tesoro de la gruta que los sacerdotes de Satán han acumulado y escondido después de que la Cruz Sagrada los desperdigó? Eres la única que lo sabe. ¡Contesta o,

---

[8] "La Alimentadora" (Tácito, Germánico XI), la Tierra, una Diosa-Madre, la deidad más benéfica de los antiguos teutones.

por el cielo y el infierno, te haré tragar tu lengua para siempre!"
[...]

Ella hace caso omiso de su amenaza y continúa dirigiéndose a él con tranquilidad y sin miedo, como si no lo hubiese oído:

"[...] Los dioses dicen que tú, Clovis, eres maldito! Renacerás entre tus enemigos actuales y sufrirás las torturas que infligiste a tus víctimas. ¡Todo el poder y la gloria que les sustrajiste serán tuyos sólo en efigie, sin alcanzarlos jamás! [...] Tú [...]"

La profetisa no pudo terminar su oración.

El Rey vociferó una terrible blasfemia y, agachándose como una bestia salvaje en su asiento cubierto de piel, se lanzó sobre ella con la agilidad de un jaguar, tirándola al suelo con un golpe. Mientras él levanta su afilada lanza mortal, "la Santa" de los adoradores del sol hace reverberar el aire con una última imprecación.

"¡Te maldigo, enemigo de Nerthus! ¡Que mi agonía decuplique la tuya! [...] Que la Gran Ley ejerza su venganza [...]"

La pesada lanza cae y, perforando la garganta de la víctima, le clava la cabeza al suelo. Un flujo de sangre roja carmesí se derrama de la herida profunda, cubriendo al rey y a los soldados con una mancha indeleble.

II

El Tiempo, que sirve de referencia a los dioses y a los seres humanos en el campo ilimitado de la Eternidad, el infanticida de su prole y el asesino de la memoria en la humanidad, sigue silencioso su flujo incesante a lo largo de los eones y las edades [...] Entre millones de Almas, nace un Alma-Ego en la buena o en la mala suerte, ¡quién sabe! Cautiva en su nueva Forma humana, crece con ella y, al final, ambas llegan a ser conscientes de su existencia.

Felices son los años en que su juventud florece, ajenas a la penuria y al dolor. No saben nada del Pasado o del Futuro. Para ellas todo es un Presente jocoso: ya que el Alma-Ego no está consciente de que ya había vivido en otros tabernáculos

189

humanos. Desconoce que renacerá de nuevo y no repara en el mañana.

Su Forma es tranquila y contenta. Hasta la fecha no ha causado ningún problema serio para el Alma-Ego. Su felicidad procede de la serenidad dulce y continua de su temple, del afecto que esparce a donde va. Es una Forma noble y su corazón reboza de benevolencia. La Forma jamás ha sobresaltado su Alma-Ego con una sacudida excesivamente violenta o estorbado la tranquilidad plácida de su inquilino.

Cuatro décadas se deslizan como un breve peregrinaje. Un largo paseo en las sendas asoleadas de la vida, salpicadas de rosas perennes sin espinas. Los raros dolores que se presentan a este binomio: la Forma y el Alma, son como la luz pálida de la fría luna nórdica, cuyos rayos envuelven, en una sombra más profunda, lo que rodea a los objetos embebidos de luz lunar, en lugar de ser la oscuridad nocturna, la noche del dolor y la desesperación sin esperanza.

Hijo de un Príncipe, nació para un día gobernar el reino paterno. Desde la infancia lo han rodeado la reverencia y los honores. Meritorio del respeto universal y seguro del amor de todos. ¿Qué más podría desear el Alma-Ego de la Forma en que habita?

Así, el Alma-Ego sigue gozando la existencia en su ciudadela, observando tranquilamente el panorama de la vida en constante cambio por sus dos ventanas: los dos dulces ojos azules de un ser bueno.

III

Un día, un enemigo arrogante y pugnaz amenaza el reino paterno. En el Alma-Ego se despiertan los instintos salvajes del antiguo guerrero. Deja su tierra de sueño en la flor de la vida e induce a su Ego de arcilla a blandir la espada del soldado, asegurándole que lo hace por defender a su país.

Al incitarse mutuamente a la acción, derrotan al enemigo ensalzándose con la gloria y el orgullo. Obligan al enemigo altanero a postrarse a sus pies en el polvo en suprema humillación. Por eso la historia les otorgó la corona al valor de laureles perennes, que son los del éxito. Pisotean al enemigo rendido y transforman el pequeño reino de su señor en un gran imperio. Satisfechos, no pueden alcanzar nada más por el momento. Entonces, se encierran, nuevamente, en la tierra de sueño de su dulce morada.

Durante tres quinquenios el Alma-Ego permanece en su asiento usual, oteando desde su ventana el mundo circunstante. El cielo es azul y los amplios horizontes pululan con estas flores que aparentemente son inmarcesibles, las cuales prosperan en la luz solar de salud y vigor. Todo es hermoso, como un pasto lozano en primavera [...]

IV

Sin embargo, a todos les llega un día infausto en el drama del ser. Aguarda su ocasión en la vida del rey y del pordiosero. Deja una huella en la historia de todo mortal nacido de la mujer y no puede ahuyentarse, suplicarse, ni propiciarse. La salud es una gota de rocío que cae de los cielos para vitalizar los capullos terrenos sólo durante las horas matutinas de la vida, su primavera y verano [...] Su duración es breve y vuelve de donde provino: los reinos invisibles.

¡Cuántas veces, bajo el capullo más brillante y hermoso,
Acecha la simiente de un parásito larvado!
Cuántas veces, en la raíz de la flor más rara
El gusano trabaja en su refugio [...]

La arena del reloj que enumera las horas de la vida humana, desciende más rápidamente. El gusano ha devorado el corazón del capullo de la salud. Un día se descubre que el cuerpo vigoroso está postrado en la cama espinosa del dolor.

El Alma-Ego ha cesado de brillar. Se sienta inmóvil y a través de lo que se ha convertido en las ventanas de su cueva, observa tristemente el mundo que para ella se está envolviendo, rápidamente, en los sudarios funerales del sufrimiento. ¿Se está, quizá, acercando la víspera de la noche eterna?

V

Hermosos son los lugares de temporada en la ribera Mediterránea. Una sucesión interminable de rocas negras y fragosas, contra las cuales se estrellan las olas, entre la arena dorada de la costa y las aguas azules profundas del golfo. Ofrecen su pecho de granito a los impetuosos vientos del noroeste, protegiendo las habitaciones de los acaudalados que se aglomeran a lo largo de las faldas interiores. Las cabañas semi-derruidas en la ribera, son el refugio insuficiente de los pobres. Las paredes que el viento y las olas turbulentas arrancan y devoran, a menudo aplastan sus cuerpos escuálidos, siguiendo, sencillamente, la gran ley de la supervivencia del más apto. ¿Por qué deberían ser protegidos?

Hermosa es la mañana cuando el sol se levanta con matices de ámbar áureo y sus primeros rayos besan los farallones de la bella ribera. Alegre es el canto de la alondra cuando emerge de su nido acogedor y bebe el rocío matutino de los cálices de las flores; cuando la punta del capullo de rosa vibra bajo las caricias del primer rayo de sol y la tierra y el cielo se saludan sonriéndose. Triste es el Alma-Ego a solas, mientras observa la naturaleza al despertar en el gran sofá al lado opuesto de la amplia ventana que se abre sobre la bahía.

El mediodía que se acerca es apacible cuando la sombra empieza a reflejarse firmemente en el reloj solar durante la hora de la siesta. El sol cálido disipa las nubes en el aire cristalino y los últimos vestigios de la neblina matutina que permanecen en los relieves de las colinas distantes, se desvanecen. Toda la naturaleza está preparándose para el reposo durante la hora tórrida y desidiosa del mediodía. Las tribus aladas cesan de gorjear, sus alas delicadas e irisadas retumban y dejan colgar sus cabecitas somnolientas, refugiándose del calor ardiente. Una alondra matutina está preparando un nido en los arbustos circunstantes bajo los adornos de flores de granado y la hermosa bahía del Mediterráneo. La cantante incansable es silenciosa.

"Su voz reverberará jubilosa mañana", suspira el Alma-Ego, mientras oye los insectos atenuar su zumbido en el pasto lozano. "¿Será mi voz, alguna vez, tan jocosa?"

Ahora, la brisa, con su fragancia floral, apenas mueve las lánguidas cabezas de las plantas frondosas. La visión del Alma-Ego se concentra en una palma solitaria que crece en un intersticio de una roca cubierta de musgo. Los poderosos vientos nocturnos del noroeste han torcido y casi arrancado su tronco en un tiempo erecto y cilíndrico. Mientras se extiende fatigadamente, sus brazos colgantes oscilan en el aire de un azul iridiscente. Su cuerpo tiembla y parece en víspera de romperse a la mitad cuando sople el primer viento borrascoso.

El Alma-Ego, mientras observa tristemente desde sus ventanas, se entretiene en un soliloquio: "Entonces, la parte cortada se precipitará en el mar y la palma, en un tiempo majestuosa, cesará de existir."

En la hora del ocaso, todo vuelve a la vida en la fresca y vieja morada campestre. A cada instante, las sombras del reloj solar se espesan y la naturaleza animada se despierta más atareada que nunca, en las horas más frescas de la noche inminente. Los pájaros y los insectos trinan y zumban sus últimos himnos nocturnos alrededor de la Forma alta y aun poderosa, mientras camina fatigada y lentamente por el sendero de grava. Ahora su visión atenta se dirige con anhelo hacia la superficie azul del mar pacífico. El golfo brilla como un tapiz de terciopelo azul, salpicado de joyas en los rayos danzantes del sol poniente y sonríe como un niño sin preocupaciones y cansado de saltar y jugar todo el día. Adelante, el mar abierto, en su pérfida hermosura, se extiende a lo largo del espejo tranquilo de sus aguas frías, saladas y amargas como las lágrimas humanas. Yace en su reposo engañoso como un hermoso monstruo durmiente, vigilando sobre el misterio insondable de sus abismos lóbregos. El verdadero cementerio sin monumentos de los millones que se hundieron en sus profundidades. [...]

Sin una tumba,
Sin toque a muerto, sin un ataúd y desconocidos...

Mientras que, una vez que suene la hora para la Forma un tiempo noble, su triste reliquia se mostrará en pompa magna y las campanas tocarán a muerto para el alma que ha transitado. Un millón de trompetas anunciarán su muerte. Reyes, príncipes y próceres de la tierra presenciarán las exequias o enviarán a sus

193

representantes con caras fúnebres y mensajes de condolencia para los familiares [...]

"He aquí una ventaja sobre los que 'no tienen ataúd y son desconocidos'", observa amargamente el Alma-Ego.

Así los días se suceden uno tras otro. Mientras el Tiempo que transcurre con sus alas veloces apremia su vuelo, cada hora que pasa destruye algún hilo en el tejido de la vida y el Alma-Ego experimenta una transformación paulatina en sus visiones de las cosas y los seres humanos. La Forma, revoloteando entre dos eternidades, lejana de su lugar nativo, sola entre doctores y ayudantes, a cada día se acerca más a su Alma-Espíritu. Otra luz inalcanzada e inaccesible en los días jocosos, desciende suavemente sobre el prisionero exhausto. Ahora ve lo que jamás había percibido antes [...]

VI

¡Cuán grandiosas y misteriosas son las noches primaverales en la ribera, cuando los vientos se atenúan y los elementos se aplacan! Un silencio solemne reina en la naturaleza. Sólo el arrullo plateado y casi inaudible de las olas, mientras acarician suavemente la arena mojada, besando las piedras y las conchas en su alternarse, alcanza el oído como el respiro leve y regular de un pecho durmiente. Durante estas horas de quietud, cuán insignificante e inerme se siente el ser humano mientras se encuentra entre dos magnitudes gigantescas: el firmamento arriba y la tierra dormitando abajo. El cielo y la tierra se han sumido en el sueño, pero sus almas están despiertas y dialogan susurrándose misterios inefables. Entonces, el lado oculto de la Naturaleza levanta su velo oscuro para nosotros, revelando secretos que durante el día sería vano tratar de educir de ella. El firmamento, tan distante y remoto de la tierra, ahora parece avecinarse e inclinarse sobre ésta. Los campos siderales intercambian abrazos con sus hermanas más humildes de la tierra: los valles salpicados de margaritas y los dormitantes campos lozanos. La bóveda celestial ha caído exangüe en los brazos del gran mar tranquilo y sus millones de estrellas se reflejan y se bañan en todo espejo de agua. Para el alma adolorida, estas esferas centelleantes son los ojos de los ángeles. Dirigen su mirada llena de misericordia inefable hacia la humanidad doliente. No es el rocío nocturno que baña las flores durmientes; sino las lágrimas sensitivas que caen de estas estrellas al ver el Gran Dolor Humano [...]

Sí, dulce y hermosa es una noche meridional. Sin embargo:

Cuán terrible es la noche, cuando a la luz de una vela centelleante miramos la cama en silencio,

Cuando todo lo que amamos desaparece rápidamente [...]

VII

Otra jornada se añade a la sucesión de días sepultados. Las verdes colinas distantes y los capullos fragantes de los granados se han fundido en las tiernas sombras nocturnas. El dolor y la felicidad se han sumido en un letargo, el reposo que alivia el alma. En los jardines reales todo ruido ha desaparecido y en esta inmovilidad imperante no se percibe voz ni sonido.

Sueños con alas veloces descienden de las estrellas sonrientes en acopios coloreados y al tocar nuestro suelo se esparcen entre mortales e inmortales, animales y seres humanos. Aletean sobre los durmientes, los cuales lo atraen según las afinidades. Sueños de júbilo y esperanza, visiones balsámicas e inocentes, vislumbres terribles y apoteósicas, vistas con los ojos cerrados y percibidas por el alma. Algunos instilan felicidad y refrigerio, otros causan sollozos que agitan el pecho durmiente, lágrimas y tortura mental. Todos preparan, inconscientemente, al que duerme, sus pensamientos en el estado de vigilia del nuevo día.

Aun durante el sueño, el Alma-Ego no encuentra reposo.

Su cuerpo febricitante se agita angustiado, incesantemente. Para él, el tiempo de los sueños felices es una sombra que se ha desvanecido, un recuerdo muy remoto. A través de la agonía mental del alma, el hombre se ha transformado. La angustia física de la forma hace vibrar, en su interior, un Alma completamente despierta. El velo de la ilusión se ha descorrido de los ídolos insensitivos del mundo y su vista se abre clara sobre la vanidad y la insignificancia de la fama y la riqueza que, a menudo, le parecen horribles. Los pensamientos del Alma

195

caen como sombras oscuras en las facultades pensantes del cuerpo en rápida desorganización, amagando al pensador durante el día, la noche y las horas [...]

La vista de su caballo bufante no lo regocija más. Los recuerdos de los rifles y las banderas arrancadas a los enemigos; las ciudades devastadas, las trincheras, los cañones, las tiendas y una serie de trofeos conquistados, inciden poco sobre su orgullo nacional. Estos pensamientos han cesado de animarlo y la ambición no puede despertar en su corazón dolido el reconocimiento altanero de cualquier hazaña valiente y caballerosa. Son otras las visiones que pueblan sus días desolados y largas noches insomnes [...]

Lo que ve es una multitud de bayonetas en un combate mutuo, que levanta una neblina de humo y sangre. Millares de cuerpos mutilados cubren el terreno. Han sido lisiados por las armas asesinas que la ciencia y la civilización han inventado y que los servidores de su Dios han bendecido para que tengan éxito. Sus sueños pululan con seres heridos, sangrientos, moribundos, mutilados, con mechones despeinados y empapados de sangre [...]

VIII

Un sueño horrible se desprende de un grupo de visiones fugaces, abatiéndose gravemente en su pecho adolorido. La pesadilla le muestra hombres moribundos en el campo de batalla, mientras maldicen a los artífices de su destrucción. Cada dolor de agonía en su cuerpo asténico le instila en el sueño la reminiscencia de angustias aun peores, agonías infligidas a causa de él y para él. Ve y *siente* la tortura de los millones que murieron después de largas horas de terrible agonía mental y física, exhalando el último respiro en los bosques, en las planicies y en los canales con agua estancada en el margen de la calle, cubiertos de sangre bajo un cielo que el humo había oscurecido. Nuevamente, sus ojos se fijan en los ríos de sangre, cada gota de los cuales representa una lágrima de desesperación, un grito angustiante y el dolor de una vida. Vuelve a oír los penetrantes suspiros de la desolación y los llantos agonizantes,

196

cuyo eco resuena en las montañas, los bosques y los valles. Ve las madres ancianas que han perdido la luz de sus almas, mientras las familias han sido despojadas de la mano que las alimentaba. Observa a las jóvenes viudas a merced del mundo frío e insensible y a millares de huerfanos que mendigan sollozando. Se percata de que las jóvenes hijas de sus soldados más valientes, se desembarazan de sus atuendos de luto para ataviarse con los vestidos despampanantes de la prostitución. El Alma-Ego tiembla horrorizada en la Forma durmiente […] Los gritos desesperados de los hambrientos le parten el corazón, el humo de las aldeas que arden, de los hogares arrasados y de las ciudades devastadas, lo obceca […]

En su sueño terrible recuerda aquel momento de insensatez durante su vida de soldado, cuando, irguiéndose sobre un cúmulo de fallecidos y moribundos, blandió con la mano derecha una espada cubierta de sangre humeante, mientras en la izquierda tenía el estandarte arrancado de la mano del soldado que estaba expirando a sus pies y, con voz estentórea, encumbró el trono del Omnipoderoso, agradeciéndole por su reciente victoria.

Se sobresalta en su sueño y se despierta aterrado. Un gran escalofrío sacude su cuerpo como una hoja de álamo y, hundiéndose en su almohada, en congoja por tal reminiscencia, oye una voz, la voz del Alma-Ego que le dice:

"La fama y la victoria son palabras vanas […] Tributar agradecimiento y oraciones por las vidas destruídas ¡son mentiras maléficas y blasfemia!"

El Alma le susurra: "¿Qué han otorgado estas victorias sangrientas a tí y a tu país? Un pueblo ataviado en una armadura de hierro", le contesta. "Cuarenta millones de hombres muertos a toda aspiración espiritual y a la vida del Alma. Una población sorda a la voz apacible del deber del ciudadano honrado, contraria a una vida de paz, ciega a las artes y a la literatura, indiferente a todo, excepto al lucro y la ambición. ¿Qué es tu Reino futuro ahora? Una legión de títeres aguerridos, singularmente; una gran bestia salvaje, colectivamente. Una bestia que, como este océano, ahora dormita sombríamente, mas está siempre lista a precipitarse con gran furia sobre el primer

197

enemigo que se le indique. ¿Quién se lo indica? Es como si un Demonio despiadado y orgulloso, investiéndose repentinamente de autoridad y encarnando la Ambición y el Poder, hubiera atenazado con presa férrea las mentes de todo el país. ¿Por medio de qué maléfico encanto ha hecho retroceder a la gente a los días primordiales de la nación, cuando sus antepasados, los suevos rubios y los aleves francos, vagaban con índole beligerante, deseosos de matar, diezmar y subyugar el uno al otro? ¿Mediante cuáles poderes infernales se ha efectuado todo esto? Sin embargo, la metamorfosis se ha verificado y es tan innegable como el hecho de que sólo el Demonio se regocija y se ufana por la transformación ocurrida. Todo el mundo está silente en trepidante expectación. No hay una madre o una mujer que en sus sueños no se agite por la negra y ominosa nube borrascosa que se cierne sobre toda Europa. Está acercándose. [...] Se avecina más y más [...] ¡Oh desesperación y horror! [...] Vaticino que la tierra presenciará nuevamente el sufrimiento que ya ví. ¡He leído el destino fatal en las frentes de la flor de la juventud europea! Sin embargo, si viviré y si tendré el poder, ¡jamás mi país tomará parte nuevamente en esto! No, No, no veré

La muerte famélica saciarse de las vidas que devoró [...]
"No oiré
[...] los gritos de las madres despojadas
Mientras que, de las heridas horribles y los tajos profundos,
¡La vida palpitante fluye más rápida que la sangre! [...]"

IX

El sentimiento de odio intenso hacia la terrible matanza llamada guerra, toma raíces más y más profundas en el Alma-Ego, la cual imprime, de manera más y más firme, sus pensamientos en la Forma que la mantiene cautiva. A veces la esperanza se despierta en el pecho dolido y matiza las largas horas de soledad y meditación, como el rayo matutino disipa las sombras tétricas del desaliento, iluminando las largas horas de reflexión solitaria. Sin embargo, el arco iris no siempre logra disipar las nubes borrascosas y, muy a menudo, es simplemente una refracción del sol poniente en una nube pasajera, así como a los momentos de esperanza soñadora, se suceden horas de desesperación aún más intensa. ¿Por qué, por qué, o tú Nemesis burlona, entre todos los regentes de la tierra, has purificado e iluminado a aquel que has reducido inerme, mudo e impotente? ¿Por qué alumbraste la llama del sagrado amor fraterno humano en el pecho de uno, cuyo corazón ya siente el acercarse de la mano glacial de la muerte y de la putrefacción, cuya fuerza está disminuyendo paulatinamente y cuya vida está diluyéndose como la espuma en la cresta de una ola a punto de estrellarse?

Ahora la mano del Destino encuéntrase en la cama del sufrimiento. Finalmente ha sonado la hora para la realización de la ley de la naturaleza. El viejo rey no es más, el príncipe más joven es el monarca. Afónico e inerme es aún un soberano, el maestro absoluto de millones de sujetos. El Destino cruel ha edificado un trono sobre una tumba abierta, invitándolo a la gloria y al poder. Devorado por el sufrimiento, repentinamente se encuentra coronado. La Forma en consunción es arrancada de la molicie de su nido entre las palmas y los rosales. Se ha catapultado del refrescante sur al norte glacial, donde las aguas se transforman en bosques de cristales y "las olas en sólidas montañas." Ahí está dirigiéndose rápidamente a reinar y a morir.

X

El monstruo negro que emite fuego, inventado por el ser humano a fin de conquistar parcialmente el Espacio y el Tiempo, procede inexorable su marcha hacia adelante. El tren se aleja, a cada instante, del sur balsámico y saludable. Análogamente al Dragón con la cabeza Ignea, devora la distancia, dejando atrás un largo rastro de humo, chispa y olor mefítico. Mientras su largo cuerpo flexible y tortuoso serpentea y silba como un gigantesco reptil negro, el tren se desliza velozmente, atravesando las montañas, los valles, los bosques y los tuneles. Su movimiento oscilador monótono concilia el sueño del viajero exangüe, la Forma exhausta y acongojada.

En el palacio móvil el aire es cálido y refrescante. El vehículo lujoso está lleno de plantas exóticas. De un gran ramillete de flores que emiten una fragancia dulce, se eleva también la hada Reina de los sueños, seguida por los jocosos gnomos. Las Dríadas ríen en sus bosques lozanos y mientras el tren serpentea, envían sobre la brisa sueño de verdes soledades y visiones hermosas. El ruido sordo de las ruedas se trasforma, gradualmente, en el estruendo de una cascada lejana, diluyéndose luego en los susurros plateados de arroyos cristalinos. El Alma-Ego vuela hacia la tierra de los sueños. [...]

Viaja a lo largo de eones de tiempo, viviendo, sintiendo y respirando bajo las formas y los personajes más heterogéneos. Ahora es un gigante, un Yotun, que se precipita a Muspelheim donde Surtur reina con su espada flamante.

Lucha intrépidamente contra una hueste de animales monstruosos, ahuyentándolos con un sólo gesto de su poderosa mano. Luego se ve en el mundo del norte sumergido en la neblina. Con disfraz de arquero denodado, penetra en Helheim, el Reino de los Muertos, donde un Elfo Negro le revela una serie de sus vidas y las respectivas misteriosas concatenaciones. El Alma-Ego pregunta: "¿Por qué el ser humano sufre?" "Porque quiso ser un hombre", es la respuesta escarnecedora. Enseguida, el Alma-Ego se encuentra en la presencia de Saga, la diosa sagrada. Le canta las hazañas valientes de los héroes teutónicos, sus virtudes y vicios. Muestra al alma los guerreros poderosos que cayeron en el campo de batalla y también en la seguridad sagrada del hogar por mano de muchas de sus Formas pasadas. Se ve con facción de doncellas, mujeres, hombres jóvenes, ancianos y niños [...] Siente que ha muerto más de una vez en esas formas. Fallece como Espíritu heroico y las Valquirias misericordiosas lo trasladan del campo de batalla sangriento a la morada de la Dicha, bajo las hojas rutilantes de Walhalla. Emite su último respiro en otra forma y es catapultado en el plano frío y sin esperanza del remordimiento. Cierra sus ojos inocentes en su último sueño de bebé y los Elfos dichosos de la Luz, lo transfieren a otro cuerpo, la fuente maldita del Dolor y del Sufrimiento. En cada caso, las neblinas de la muerte se han disipado y se desvanecen de la vista del Alma-Ego tan pronto como cruza el Abismo Negro que separa el Reino de los Vivos del de los Muertos. Así, para ella, la palabra "Muerte" no tiene sentido, es simplemente un sonido vacío. Cada vez que atraviesa el Puente, las creencias de lo Mortal asumen una vida y una forma objetiva para lo Inmortal. Luego empiezan a desdibujarse y a desaparecer [...]

"¿Cuál es mi pasado?, pregunta el Alma-Ego a Urd, la primogénita de las hermanas Nornas. "¿Por qué sufro?"

Un largo pergamino se desdobla en su mano, revelando una nutrida serie de seres mortales y en cada cual el Alma-Ego reconoce una de sus moradas. Cuando llega al penúltimo, ve una mano cubierta de sangre efectuar un sinnúmero de crueldades y traiciones y tiembla de horror [...] Víctimas inocentes surgen a su alrededor y claman a Orlog para que las vindiquen.

"¿Cuál es mi presente inmediato?" pregunta el alma asustada a Werdandi, la segunda hermana.

"¡El decreto de Orlog incumbe sobre de tí!" es la respuesta. "Sin embargo, Orlog no pronuncia nada ciegamente como lo hacen los humanos insensatos."

"¿Cuál es mi futuro?", pregunta desesperada el Alma-Ego a Skuld, la tercera hermana Norna. "¿Se me depara un futuro siempre lleno de lágrimas y sin esperanza?" [...]

Ninguna respuesta se enunció. El Soñador siente que revolotea a través del espacio y repentinamente la escena cambia. El Alma-Ego se encuentra en un lugar que le es muy familiar, el bosque real y el asiento delante de la palma rota. Su vista se extiende nuevamente hacia el vasto espejo de agua que irisa las piedras y los farallones. Ahí se eleva la palma solitaria destinada a una rápida desaparición. El suave arrullo incesante de las olas livianas, ahora asume un carácter de habla humana y recuerda al Alma-Ego las promesas formuladas más de una vez en el mismo lugar. El Soñador repite con entusiasmo las palabras pronunciadas previamente.

"De ahora en adelante, ¡jamás sacrificaré para la fama y la vana ambición un sólo hijo de mi tierra natal! Nuestro mundo está tan lleno de dolores inevitables y tan escaso de felicidad y dicha para que yo le agregue a su copa de amargura, el océano insondeable de desesperación y sangre, llamado Guerra. ¡Lejos de mí un pensamiento de este tipo! [...] Nunca más [...]"

XI

Una visión extraña acompañada por un cambio [...] Repentinamente, en la vista mental del Alma-Ego, la palma casi desarraigada alza su tronco colgante, asumiendo una posición erecta y lozana como en el pasado. Mas he aquí una dicha mayor, el Alma-Ego *se* descubre tan fuerte y saludable como nunca. Con voz enfática canta a los cuatro vientos una canción penetrante y alegre. Dentro de sí siente una ola de felicidad y dicha y parece saber el por qué está contento.

De súbito es transportado en lo que parece ser una Sala fabulosa, iluminada con luces muy brillantes y construida con materiales jamás vistos antes. En esta sala percibe a los herederos y a los descendientes de todos los monarcas del globo, reunidos como una familia feliz. No llevan puestos los emblemas de la realeza y *él parece saber* que los príncipes reinantes, son tales por virtud de sus méritos personales. Su grandeza de corazón, nobleza de carácter, sus cualidades superiores de observación, sabiduría, amor por la Verdad y la Justicia, los han elevado a ser dignos herederos de los Tronos de los Reyes y las Reinas. Se han elidido las coronas investidas por autoridad y la gracia de Dios. Ahora rigen por virtud de la "gracia de la humanidad divina", elegidos unánimamente por ser idóneos a gobernar y por el amor reverencial de sus sujetos voluntarios.

Todo el acervo parece haber experimentado un cambio extraño. Ya han desaparecido la ambición, la codicia y la envidia famélicas, erróneamente llamadas *Patriotismo*. El egoísmo cruel ha cedido el espacio al altruismo justo, mientras la fría indiferencia hacia las necesidades de las multitudes, ya no encuentra un terreno fértil en el corazón de los pocos favorecidos. El lujo inútil, las falsas pretensiones sociales o religiosas, han desaparecido. Librar una guerra ya no es posible porque se han abolido los ejércitos. Los soldados se han convertido en labradores diligentes y trabajadores y todo el universo hace eco a su canción en un éxtasis de felicidad. Alrededor del Alma-Ego los reinos y los países viven hermanados. ¡Finalmente ha llegado la gran hora gloriosa! Lo que casi no osaba esperar ni pensar en la inmovilidad de sus largas noches de dolor, ahora se ha convertido en realidad. La gran maldición ha sido conjurada y ¡el mundo se encuentra absuelto y redimido en su regeneración! [...]

Temblante de sentimientos arrobados, con su corazón desbordante de amor y filantropía, al levantarse para declamar un discurso enardecido que llegaría a ser histórico, cuando, de repente, se percata de que su cuerpo ha desaparecido o mejor dicho, ha sido sustituido por otro [...] Sí, ya no es la Forma alta y noble que conoce; sino el cuerpo de otro acerca del cual aún no sabe nada [...] Algo oscuro se interpone entre él y una gran luz radiante y ve la sombra de la cara de un gigantesco reloj en las olas etéreas. En su superficie ominosa lee:

"LA NUEVA ERA: 970.995 AÑOS DESDE LA DESTRUCCIÓN INSTANTÁNEA POR EL PNEUMO-DYNO-VRIL DE LOS ÚLTIMOS DOS MILLONES DE SOLDADOS EN EL CAMPO DE BATALLA EN LA PORCIÓN OCCIDENTAL DEL GLOBO. 971.000 AÑOS DESDE LA SUMERSIÓN DE LOS CONTINENTES Y LAS ISLAS EUROPEAS. ESTE ES EL DECRETO DE ORLOG Y LA RESPUESTA DE SKULD [...]"

Con un gran esfuerzo vuelve a ser el mismo. Inducido por el Alma-Ego a *recordar* y a *actuar* en conformidad, alza sus brazos al cielo y jura, ante toda la naturaleza, que conservará la paz hasta el fin de sus días, al menos en su país.

.   .   .   .

Un distante sonido de tambor y largos gritos de lo que, en su sueño, imagina ser los agradecimientos enfáticos por la promesa contraída. Una sacudida abrupta, un fragor violento y mientras sus ojos se abren, el Alma-Ego observa atónita. Su mirada fatigada se encuentra con la cara solemne del médico que le suministra la poción usual. El tren se detiene. El se levanta de su sofá más débil y cansado que nunca y a su alrededor ve prepararse, en el campo de batalla, unas líneas interminables de soldados con un arma destructiva, aun más letal.

Sanjna

Prefacio

En el segundo número de la revista "Lucifer" de Octubre 1887, H.P.Blavatsky observó detenidamente el estado de ánimo de aquel tiempo, descubriendo que el Ocultismo había "trascendido la región de la diversión indiferente, entrando en aquella de la investigación seria." Un análisis de los periódicos de entonces, reveló que: "en substancia, todas las ramas del lado Oculto de la naturaleza" estaban asumiendo un perfil "prominente en cualquier tipo de literatura." Al considerar estas "Señales de los Tiempos", H.P.B. sigue mostrándonos que la tendencia descrita era muy distante de ser una dicha prístina. Gran parte de este editorial alerta, de manera detallada, sobre los efectos desconocidos de el "*arte negro*" del hipnotismo. Ella dijo que la propagación acelerada de prácticas hipnóticas, indicaba las postrimerías de un "ciclo psíquico", señalando la apariencia nebulosa del "Espíritu de lo Oculto", con todos sus peligros asociados para el impróvido.

La primavera siguiente, en el "Lucifer" de Abril de 1888, publicó un artículo que hizo época: "Ocultismo Práctico" con el subtítulo: "Importante para los Estudiantes." Aquí los avisos eran igualmente penetrantes; aunque expresados en otra clave. Se dirigía a los Teósofos sobre la gravedad extrema que conlleva emprender el camino del ocultismo. Acudiendo a todo el énfasis a su disposición, indicó los requisitos morales severos que el aspirante a la sabiduría oculta debe encarar. Siendo la responsable por haber introducido la posibilidad de tal conocimiento en Occidente, recalcó los riesgos que ésto implica. En Mayo, el mes siguiente, publicó dos cartas que ilustraban la dificultad, por parte de los lectores, en asimilar la trascendencia del "Ocultismo Práctico". Estas cartas, acompañadas por las respuestas de H.P.B., se han publicado aquí después del artículo "Ocultismo Práctico", incluyendo una nota que agregó a una interrogante sometida al "Lucifer" un año después.

A mayor abundamiento, en el "Lucifer" de Mayo 1888, Madame Blavatsky publicó un segundo artículo sobre el ocultismo: "El Ocultismo Contrapuesto a las Artes Ocultas", respondiendo, como ella dijo, al creciente interés manifestado por los lectores. Nuevamente, la advertencia es suprema. Ahora parece claro que H.P.B. escribió anticipando la incapacidad práctica de la mayoría de los occidentales para reconocer el compromiso completo que se exige de los aspirantes al conocimiento oculto. Valiéndose de estos medios, esperaba que las personas dispuestas a escuchar, evitaran el sufrimiento de las terribles penalidades que se abaten sobre los pseudo-practicantes de la "magia", los cuales se imaginan que pueden adelantar en esta dirección sin la pureza personal necesaria o la intención altruista de autosacrificio. Sin embargo, en concomitancia con las advertencias, en ambos artículos surge un ideal glorioso del desarrollo humano que ella también se proponía sugerir. Madame Blavatsky llegó a Inglaterra en 1887. Le quedaban sólo 4 años de vida que resultaron ser un período de casi increíble productividad durante el cual fundó el "Lucifer", completó "La Doctrina Secreta", escribió "La Clave de la Teosofía" y "La Voz del Silencio." Era un ciclo de trabajo intenso que suscitó una reacción activa en Europa y en América y sus discusiones sobre el Ocultismo en el "Lucifer" se dirigían a dicha reacción. Sin embargo, los artículos que publicó anteriormente en la revista "Theosophist", tenían la misma tónica y desarrollaron la base, tanto en la filosofía como en la doctrina, para exposiciones futuras.

Su artículo "¿Es el Deseo de Vivir Egoísta?", aparecido en el "Theosophist" de Julio 1884, responde a preguntas provocadas por los contenidos atípicos del artículo "Elixir de Vida", que se publicó en los dos numeros anteriores. En su elaboración sobre el sentido de las declaraciones expresadas en este tratado extraordinario, tocante a las leyes prácticas de la inmortalidad individual, H.P.B. ilustró la esfera de acción universal de la ciencia oculta con respecto a la evolución espiritual humana. Este es uno de los pocos ejemplos en que las doctrinas Teosóficas se explican de acuerdo a su aplicación a las almas altamente adelantadas.

El artículo "El Progreso Espiritual", que apareció en el "Theosophist" de Mayo 1885, muestra cuán pronto, en la historia del Movimiento, se precisó vigilar sobre su atracción filosófica; contra las perversiones de imitadores que prometían revelar, (por un cierto precio), los secretos del "desarrollo personal." Mientras las leyes del crecimiento interno forman una parte de la enseñanza Teosófica, H.P.B dijo que: "la Sociedad homóloga no se instituyó para enseñar algún camino nuevo y simple en la adquisición de 'poderes'." Su única misión, agregó, consiste en "atizar la antorcha de la verdad cuya extinción ha durado un amplio lapso para muchos, exceptuando algunos pocos y en mantener esa verdad viva formando una unión fraterna de la humanidad, el único terreno en el cual la buena semilla puede crecer."

El artículo "Genio", publicado en el "Lucifer" de Noviembre 1889, considera el alcance ético, la base indispensable de cualquier concepción de excelencia y obtenimiento humanos. El tema que el artículo desarrolla con respecto al genio, es necesario a toda psicología meritoria del término, mientras la diferencia entre la mente superior y la inferior y lo que producen respectivamente, es crucial en cada tipo de crítica útil concerniente a la literatura y a las artes. El contenido de esta discusión ilumina y al mismo tiempo recibe luz, de otros dos artículos de H.P.B. que aparecieron en el Lucifer: "La Civilización, la Muerte del Arte y la Belleza" y "¿Es la Teosofía una Religion?".

Ocultismo Práctico

Como algunas de las cartas en la correspondencia de este mes, muestran que hay una gran cantidad de personas en pos de instrucción práctica en Ocultismo; es preciso sentar, de una vez para siempre:

(a) La diferencia esencial entre el Ocultismo teórico y práctico o lo que, por lo general, se conoce como Teosofía de un lado y ciencia Oculta del otro y:

(b) La naturaleza de las dificultades que el estudio de la ciencia Oculta implica.

Es fácil llegar a ser un teósofo, pues lo es cualquier persona dotada de capacidades intelectuales medianas, proclive a la metafísica, que conduce una vida pura y altruista sintiendo más felicidad en ayudar a su prójimo que recibiendo auxilio ella misma, está siempre lista a sacrificar sus placeres por el bien de los demás y ama la Verdad, la Bondad y la Sabiduría intrínsecamente y no por los beneficios que le pueden otorgar.

Sin embargo, es muy distinto ingresar en el sendero que conduce al conocimiento de nuestro deber, discerniendo atinadamente entre el bien y el mal. Es también un camino que conduce a un ser humano hacia aquel poder mediante el cual puede efectuar el bien que desea, a menudo, sin levantar, aparentemente, ni un dedo.

Además, existe un hecho importante con el cual el estudiante debería familiarizarse: la responsabilidad enorme y casi ilimitada que el maestro asume para el bien del discípulo. Desde los Gurús orientales, los cuales enseñan abierta o secretamente, hasta los pocos Cabalistas occidentales, que se dedican a impartir los rudimentos de la Ciencia Sagrada a sus discípulos, aunque estos Hierofantes a menudo ignoran el peligro al que se exponen; tales "Maestros" están sujetos a la misma ley inviolable. En el momento en que empiezan *realmente* a enseñar, en el instante en que otorgan *algún* poder, ya sea psíquico, mental o físico, a sus pupilos, asumen *todos* sus pecados, tanto de omisión como de comisión, relacionados con las Ciencias Ocultas, hasta la hora en que la iniciación convierte al discípulo en un Maestro responsable. Existe una ley religiosa extraña y mística que la iglesia griega reverencia y observa ampliamente, la católica romana casi la ha olvidado, mientras que en la protestante se encuentra en un estado de extinción absoluta. Se remonta a los albores del Cristianismo y estriba en la ley que acabamos de mencionar de la cual era un símbolo y una expresión: el dogma de la santidad absoluta de la relación entre los padrinos y los ahijados.[1] Ellos asumen, tácitamente, todos los pecados de la criatura recién bautizada, (ungida como durante la iniciación, ¡un verdadero misterio!), hasta el día en que el niño se convierte en un ser responsable y capaz de discernir entre el bien y el mal. Esto elucida la razón por la cual los "Maestros" son tan reticentes y a los "Chelas" se les exige un servicio durante siete años de prueba, para demostrar su idoneidad y para desarrollar las cualidades necesarias para la seguridad del Maestro y del discípulo.

El Ocultismo no es magia. Es *relativamente* fácil aprender las tretas de los hechizos y los métodos para usar las fuerzas más sutiles, sin embargo aún materiales, de la naturaleza física. Muy pronto, en el ser humano se despiertan los poderes del alma animal y las fuerzas que su amor, su odio y su pasión pueden activar, se desarrollan sin demora. Pero ésta es Magia Negra, *Hechicería*; ya que el motivo *y sólo el motivo,* es el que determina si algún ejercicio del poder se convierte en Magia negra, malévola o Magia blanca, benéfica. Si en el operador existe el más leve vestigio de egoísmo, no es posible emplear las fuerzas *espirituales*; a menos que la intención sea completamente prístina, lo espiritual se tornará en psíquico, actuará en el plano astral y ésto podría producir resultados nefastos. Los poderes y las fuerzas de la naturaleza animal pueden ser usados tanto por los egoístas y los vengativos como por los altruistas y los clementes. Los poderes y las fuerzas del espíritu se entregan sólo a los perfectamente puros de corazón y ésta es Magia Divina.

Entonces, ¿cuáles son las condiciones necesarias para convertirse en un estudiante de la "Sabiduría Divina"? De entrada, es bueno que se sepa que ninguna instrucción de este género puede impartirse si durante los años de estudio no se

---

[1] La iglesia griega considera la relación así formada tan sagrada, que el desposarse con el padrino o la madrina del mismo niño se estima como el peor tipo de incesto, reputándolo ilegal y la ley lo anula. Tal interdicción absoluta se extiende hasta a la prole del padrino con respecto a la de la madrina y viceversa.

cumplen y no se llevan a cabo, rigurosamente, determinadas condiciones. Esto es algo imprescindible. Nadie puede nadar a menos que se zambulla en el agua profunda. Ningún pájaro puede volar si sus alas no han crecido, si no tiene espacio delante de sí, ni osadía para entregarse al aire. Un ser que quiera blandir una espada de dos filos debe ser un maestro cabal del arma blanca si no quiere dañar, en su primera tentativa, a sí mismo o, lo que es peor, a los demás.

Proponiéndonos dar una idea aproximada de las únicas condiciones bajo las cuales se puede emprender el estudio de la Sabiduría Divina sin peligro, evitando el riesgo de que la Magia divina se convierta en Negra, he aquí una página de las "reglas privadas" que se proporcionan a todo instructor en el Oriente. Los pocos pasajes que siguen se entresacaron de una gran cantidad de ellos y su explicación la insertamos entre paréntesis

* * *

1. El lugar escogido para recibir instrucción debe ser tal que no cause distracción a la mente. Entre otras cosas, se deben tener los cinco colores sagrados reunidos en un círculo. El lugar debe estar exento de toda influencia maligna que aletee en el aire.

[Este sitio debe reservarse y no usarse para ningún otro propósito. Los cinco "colores sagrados" son los matices del espectro ordenados en cierta forma, pues son altamente magnéticos. Con la expresión "influencias malignas" se indica toda perturbación debida a fricción, rencillas, resquemores, etc., pues, según se dice, éstos se imprimen, inmediatamente, en la luz astral: en la atmósfera del lugar y "aletean en el aire." Esta primera condición parece de fácil realización; sin embargo, al ponderar sobre ella, resulta ser una, cuya obtención es de lo más difícil.]

2. Antes de que al discípulo se le permita estudiar "cara a cara", debe adquirir una comprensión preliminar en una compañía selecta de otros *upasakas* (discípulos) laicos, cuyo número debe ser impar.

[En este caso, "cara a cara" significa un estudio independiente o no involucrado con los demás, cuando el discípulo obtiene su instrucción *cara a cara* consigo mismo (su Ser Divino superior) o con su gurú. Sólo entonces, cada uno recibe la información que *le corresponde* en armonía con la manera en la cual usó su conocimiento. Esto puede acontecer únicamente hacia las postrimerías del ciclo de instrucción.]

3. Antes que tú (el maestro), impartas a tu *Lanoo* (discípulo) las buenas (sagradas) palabras del Lamrin o le permitas "prepararse" para *Dubjed*, debes asegurarte que su mente esté profundamente purificada y en paz con todo, especialmente *con sus otros Seres*. De otra manera, las palabras de Sabiduría y de la buena Ley se dispersarán y los vientos las disiparán.

["Lamrin" es una obra de instrucciones prácticas cuyo autor es Tson-kha-pa. Consta de dos partes: una con propósitos eclesiásticos y exotéricos y la otra para uso esotérico. La expresión "prepararse" para *Dubjed* implica alistar los objetos usados para la videncia: espejos y cristales. Los "otros seres" se refiere a los condiscípulos. A menos que, entre los estudiantes, reine la armonía más grande, *ningún* éxito verá la luz. El maestro es el que elige, según las naturalezas magnéticas y eléctricas de los discípulos, reuniendo y ajustando, con sumo cuidado, los elementos positivos y negativos.]

4. Durante sus estudios, los *upasakas* deben permanecer unidos como los dedos de una mano. Imprimirás en su mente que cuanto perjudica a uno ha de perjudicar a los demás y si la alegría de uno no tiene ningún eco en el pecho de los otros, implica que carecen las condiciones necesarias y por lo tanto es inútil seguir adelante.

[Esto casi no sucede si la elección preliminar tuvo lugar en consonancia con los requisitos magnéticos. Se sabe que ciertos chelas, aun con perspectivas prometedoras e idóneos para recibir la verdad, debieron esperar años a causa de su carácter y la imposibilidad que sintieron de ponerse *en armonía* con sus compañeros. Ya que–]

5. El gurú debe afinar a los condiscípulos como las cuerdas de un laúd (*vina*) y aunque cada una difiera de las demás, cada una emite sonidos en armonía con todas las otras. Deben formar, colectivamente, un teclado que responda, en todas sus partes, al toque más leve (el toque del Maestro). Entonces, sus mentes se abrirán a las armonías de la Sabiduría, vibrando en modulaciones de conocimiento a través de todas y cuyos efectos deleitarán a los dioses que presiden (ángeles tutelares o custodios) y resultarán útiles para el Lanoo. Así, la Sabiduría se esculpirá para siempre en sus corazones y la armonía de la ley jamás será perturbada.

6. Aquellos que desean adquirir el conocimiento que conduce a los *Siddhis* (poderes ocultos), deben renunciar a todas las vanidades de la vida y del mundo (he aquí la enumeración de los Siddhis).

7. Ninguno puede seguir siendo un upasaka si se siente diferente a sus compañeros estudiantes, diciendo: "soy el más sabio", "el más santo y grato al maestro o a mi comunidad que mi hermano", etc. Sus pensamientos deben enfocarse, predominantemente, en su corazón, ahuyentando todo pensamiento hostil hacia algún otro ser viviente. El corazón debe rebosar del sentimiento de su no separatividad del resto de los seres y de toda la Naturaleza; de otra manera no tendrá ningún éxito.

8. Un *Lanoo* (discípulo), sólo debe temer la influencia externa viviente (las emanaciones magnéticas de las criaturas vivas). Por lo cual, mientras es uno con todo en su *naturaleza interior*, debe separar cuidadosamente su cuerpo externo de cualquier influencia extraña. Nadie, excepto él, debe beber de su vaso o comer de su plato. Debe evitar el contacto corporal, (ser tocado o tocar) tanto con los seres humanos, como con los animales.

[No se permite ningún animal doméstico y se prohibe, aun, tocar ciertos árboles y plantas. Un discípulo debe vivir, por así decirlo, en su atmósfera con objetivo de individualizarla para fines ocultos.]

9. La mente debe permanecer impermeable a todo, excepto a las verdades universales en la naturaleza; no sea que la "Doctrina del Corazón" se convierta sólo en la "Doctrina del Ojo", (ritualismo exotérico, vacío)

10. El discípulo no deberá consumir ningún tipo de alimento animal, nada que tenga vida. No deberá usar el vino, las bebidas alcohólicas y ni el opio; ya que éstos son como los *Lhamayin* (espíritus malignos) que se anclan en el incauto y devoran el entendimiento.

[Se supone que el vino y las substancias alcohólicas contienen y preservan el magnetismo negativo de todos los individuos que contribuyeron a su preparación, mientras la carne de todo animal mantiene las características psíquicas de su especie.]

11. La meditación, la abstinencia en todo, la .observación de los deberes morales, los pensamientos elevados, las buenas acciones y las palabras de alivio, la buena voluntad para todos y el completo olvido de Sí mismo, son los medios más eficaces

para obtener el conocimiento y prepararse para recibir la sabiduría superior.

12. Un Lanoo puede esperar adquirir, en el tiempo propicio, los Siddhis de los Arhats; cuyo desarrollo le permitirá unirse, paulatinamente, con el Todo Universal, sólo observando rigurosamente estas reglas.

* * *

Estos doce extractos se extrapolaron de entre 73 reglas, cuya enumeración sería inútil, en cuanto no tendrían ningún sentido en Europa. Sin embargo, las pocas mencionadas, son suficientes para mostrar las inmensas dificultades que se anidan en el sendero del aspirante a "Upasaka", nacido y criado en Occidente.[2]

Toda la educación Occidental, especialmente la inglesa, está imbuída por el principio de emulación y lucha. A cada joven se le insta a aprender más rápidamente, a aventajar a sus compañeros, superándolos en todo lo posible. Se cultiva con esmero lo que se define, erróneamente, como "rivalidad amistosa" y este mismo espíritu se alimenta y refuerza en todo pormenor de la vida.

Con tales ideas que la educación le "inoculó" desde la niñez, ¿cómo puede un occidental llegar a sentirse "como los dedos de la mano" con sus condiscípulos? Además: él no *seleccionó*, ni escogió a sus compañeros estudiantes basándose en la simpatía y la apreciación personal. Su maestro es el que los elige estribándose en factores muy distintos y aquel que aspira a ser un estudiante debe, *en primer lugar*, ser suficientemente fuerte para aniquilar, en su corazón, todos los sentimientos de inquina y antipatía hacia los demás. ¿Cuántos occidentales están preparados para intentar aun ésto con devoción?

Además, los detalles del diario vivir, la orden de no tocar aun la mano de un ser querido, ¡difiere mucho de las nociones occidentales de cariño y buenos sentimientos! Cuán frío y duro

---

[2] Téngase presente que a *todos* los "Chelas", aun a los discípulos legos, se les llama Upasaka hasta después de su primera iniciación, cuando se convierten en lanoo-Upasaka. Hasta entonces, aun a aquellos que pertenecen a las Lamaserías y se han *apartado*, se les considera como "laicos."

parece. Habrá quien tilde de egoísmo el abstenerse de complacer al prójimo por el bien de su propio desarrollo. Bueno, los que piensan así, que pospongan, hasta otra vida, la tentativa de entrar en el sendero con verdadero ahinco. Sin embargo, que no se vanaglorien en su altruismo imaginario. En realidad, dejan que las apariencias les engañen, afianzándose en las nociones convencionales, basadas en la emotividad y el sentimentalismo o la llamada cortesía; cosas de la vida irreal que no son los dictados de la Verdad.

Aun poniendo al margen estas dificultades que pueden considerarse "externas", si bien su importancia no deja de ser trascendente, ¿cómo pueden los estudiantes occidentales "afinarse" en armonía, conformándose con lo que se les exige? La personalidad ha crecido tan fuerte en Europa y en América que no existe una escuela de arte cuyos miembros no se odien o sientan unos celos mutuos. El odio "profesional" y la envidia han llegado a ser tan proverbiales, que cada ser humano trata de beneficiarse a toda costa y, aun las llamadas cortesías de la vida, son simplemente una máscara hueca que cubre estos demonios del odio y de los celos.

Mientras en Oriente se inculca un constante espíritu de "no-separatividad" desde la niñez en adelante, en Occidente se inocula el espíritu de rivalidad. En Oriente no se alimenta un desarrollo tan intenso de la ambición, de los sentimientos y de los deseos personales. Cuando el terreno es naturalmente bueno, se cultiva en la forma adecuada y el niño se convierte en un adulto cuya costumbre de subordinar el ser inferior al Ser superior es marcada y poderosa. En Occidente, las personas piensan que sus simpatías y antipatías hacia otros individuos y las cosas, son principios guías sobre los cuales actuar, aun cuando no los transforman en la ley de sus vidas y no tratan de imponerlos a los demás.

Que aquellos que se quejan de haber aprendido poco en la Sociedad Teosófica, noten las palabras escritas en un artículo publicado en la revista "Path" de Febrero: "La clave, en cada grado, es el *aspirante mismo*." "El temor a Dios" no es "el comienzo de la Sabiduría", el cual es el conocimiento del Ser que es la Sabiduría misma.

Por lo tanto, al estudiante de Ocultismo que ha empezado a darse cuenta de algunas de las verdades previas, cuán grandioso y verídico le parece la respuesta que el Oráculo de Delfos da a todos los que están en pos de la Sabiduría Oculta, palabras

repetidas e inculcadas una y otra vez por el sabio Sócrates:
Hombre Conócete a Tí Mismo [...]

ALGUNOS EXTRACTOS DE CORRESPONDENCIA

Ocultismo Práctico

"En un artículo muy interesante que apareció en el número del mes pasado, titulado: 'Ocultismo Práctico', se lee que desde el momento en el cual un 'Maestro' empieza a enseñar a un 'chela', él asume todos los pecados de este último en relación con las ciencias ocultas, hasta el instante en que la iniciación hace al chela un maestro responsable a su vez.

Al estado mental occidental, cuya cimentación en el 'Individualismo' dura por generaciones, le resulta difícil reconocer la justicia y, consecuentemente, la verdad de esta declaración. Entonces urgen ulteriores explicaciones con respecto a un hecho que unos pocos pueden sentir intuitivamente, sin embargo se encuentran imposibilitados a dar alguna razón lógica de esto." S.E.

Repuesta de la Editora

La mejor razón lógica que podemos presentar con respecto a lo sobredicho, es el hecho de que, aun en la vida diaria, generalmente se considera a los padres, las ayas, los maestros y los instructores, como responsables por los hábitos y la ética futura de un niño. El pequeño desdichado, cuyos padres le enseñan a robar las carteras en las calles, no es responsable por tal crimen, cuyos efectos se abaten con gravedad sobre los que imprimieron en su mente que ésta es la conducta apropiada. Esperemos que la Mente Occidental, pese a su "cimentación en el Individualismo", no se haya envarado hasta el punto en el cual no perciba que, de otra manera, el binomio lógica y justicia no existiría. Además, si en este mundo de efectos deben considerarse responsables a aquellos que moldearon la mente dúctil del niño, que aún no había alcanzado la edad de la razón, por los pecados de omisión y comisión durante su niñez y por los efectos que su temprana disciplina produjo sucesivamente, ¿cuán más responsable debe ser el Gurú Espiritual? Este último, al tomar la mano del estudiante, lo conduce y lo introduce a un mundo que el discípulo desconoce por completo, siendo el mundo de la Causalidad invisible pero siempre poderosa, el hilo sutil, sin embargo indisoluble, que es la acción, el agente y el poder de Karma y el Karma mismo en el campo de la mente divina. Una vez que se haya familiarizado con ésto, ningún adepto puede confesarse ignorante; aún en el evento de una acción buena y meritoria en su *motivo*, pero la fuente de resultados negativos; ya que familiarizarse con esta esfera misteriosa, suministra al ocultista los medios para prever los dos senderos delante de toda acción, premeditada o no, colocándolo en la posición de saber, con certidumbre, cuáles serán los resultados en un caso o en el otro. Así, en cuanto el discípulo actúe según este principio; pero sea excesivamente ignorante para estar seguro de su visión y de sus poderes discernidores, ¿no es quizá natural que sea el *guía* aquel que debería ser responsable por los pecados del individuo al que condujo a estas regiones peligrosas?

Después de haber leído las condiciones necesarias para el estudio Oculto, divulgadas en la revista "Lucifer" del mes de Abril, pienso que sus lectores harían bien en abandonar toda esperanza de convertirse en Ocultistas. Según creo, en Gran Bretaña es imposible cumplir con tales condiciones a no ser en un monasterio. En mi futura condición de médico (si los dioses son benignos), la octava claúsula sería difícilmente realizable. Esta es una desdicha, ya que me parece que el estudio del Ocultismo es particularmente esencial para una práctica exitosa de la profesión médica.[3]

Quería someterle la siguiente pregunta y le agradecería mucho se me respondiera en el "Lucifer". ¿Es posible estudiar Ocultismo en Gran Bretaña?

Antes de concluir, siento el deber de informarle que admiro su revista como una producción científica y la coloco, en realidad, con la "Imitación de Cristo" entre mis libros de texto religiosos.

David Crichton

Colegio Marischall, Aberdeen.

Respuesta de la Editora

Esta es una visión excesivamente pesimista. Las Ciencias Ocultas se pueden estudiar, con utilidad, sin precipitarse en el Ocultismo superior. Especialmente en el caso de nuestro corresponsal y en su futura condición de médico, "el conocimiento Oculto de las plantas curativas, de los minerales y de los poderes curativos de ciertas cosas en la Naturaleza", es mucho más útil que el Ocultismo metafísico y psicológico o *Teofanía*. Esto lo puede efectuar mejor, estudiando y tratando de entender a Paracelso y a los dos Van Helmonts, en lugar de asimilar a Patanjali y los métodos del Taraka Raja Yoga.

Es posible estudiar "Ocultismo" (o mejor dicho, las ciencias o las artes Ocultas) en Gran Bretaña como en cualquier otro punto del globo. Sin embargo, debido a las condiciones

---

[3] Con la expresión "práctica exitosa", implico benificiosa para todas las personas involucradas.

tremendamente adversas que el intenso egoísmo prevaleciente ha creado en el país y a un magnetismo que repele una manifestación libre de la Espiritualidad, la soledad es la condición mejor para el estudio.

Una Nota Siguiente

[En el "Lucifer" de Junio 1889, H.P.B. publico una carta que ponía en entredicho la "utilidad práctica" de algunos de los requisitos del estado de chela, según se presentan en "Ocultismo Práctico." En un escolio H.P.B. dio la siguiente respuesta.]

El estado de Chela no tiene *ninguna* relación con los medios de subsistencia y con nada por el estilo; ya que se puede aislar la mente, en su totalidad, del cuerpo y del medio ambiente. Ser Chela es un *estado mental* más que una vida dedicada a seguir reglas austeras y férreas en el plano físico. Esto se aplica especialmente al principio, durante el período de prueba, mientras las reglas expuestas en el "Lucifer" de Abril pertenecen, propiamente, a un estadio sucesivo, el de la real disciplina oculta y del desarrollo de los poderes y de la intuición ocultos. Sin embargo, dichas reglas indican el tipo de vida que los aspirantes deberían seguir *hasta donde es posible*; ya que los ayuda, sumamente, en sus aspiraciones.

Jamás deberíamos olvidarnos que el Ocultismo se enfoca en el *ser interior*, al cual hay que reforzarlo y franquearlo del dominio del cuerpo físico y de sus alrededores, los que deberían convertirse en sus vasallos. Por lo tanto, la necesidad principal del estado de Chela es un espíritu de altruismo absoluto y de devoción por la Verdad; luego siguen: el autoconocimiento y el dominio de sí mismo. Estos son universalmente importantes, mientras que el cumplimiento externo de reglas fijas de vida es una cuestión secundaria.

El Ocultismo Contrapuesto a las Artes Ocultas

A menudo he oído decir, sin jamás creerlo hasta ahora,
Que existen seres quienes, por medio de poderosos hechizos,
Someten a sus propósitos deshonestos las leyes de la Naturaleza.

Milton

En la sección "Correspondencia" de este mes, varias cartas atestiguan las fuertes impresiones que nuestro artículo del mes pasado, "Ocultismo Práctico", suscitó en las mentes de algunos. Estas misivas comprueban y corroboran dos conclusiones lógicas.

(a) Existen más seres instruidos y proclives a pensar, los cuales creen en la existencia del Ocultismo y de la Magia (muy diferentes entre ellos), de lo que el moderno materialista se imagina.

(b) La mayor parte de los que creen (incluyendo muchos teósofos) en el Ocultismo, no tienen ninguna idea definida de su naturaleza, confundiéndolo con las ciencias Ocultas en general, incluyendo "el arte Negro."

Las ideas que se formulan acerca de los poderes que el ocultismo confiere al sèr humano y los medios usados para adquirirlos, son tan heterogéneas como fantasiosas. Según algunos, a fin de llegar a ser un Zanoni, se necesita sólo un maestro en el arte para que nos muestre el camino. Según otros, es suficiente cruzar el canal de Suez e ir a la India para florecer en un Roger Bacon o aun en un Conde de Saint Germain. Muchos asumen como su ideal a Margrave con su juventud en constante renovación, desinteresándose del alma que deben dar en prenda de esto. No son pocos los que, confundiendo la "Hechicería al estilo de la bruja de Endor" pura y simple, con el Ocultismo, "evocan al maciliento espectro quien, a través de la Tierra bostezante de Estigia tétrica, aflora a la luz del sol" y quieren ser considerados Adeptos maduros basándose en la fuerza de esta hazaña. Según las reglas que Elipahs Levi formuló burlonamente, la "Magia Ceremonial" es otro *alter-ego* imaginario de la filosofía de los Arhats de antaño. En definitiva: los prismas a través de los cuales el Ocultismo aparece a los que ignoran la filosofía, son tan policromos y heterogéneos como la fantasía humana puede idear.

¿Se indignarán mucho, estos candidatos a la Sabiduría y al Poder, si les decimos la verdad escueta? No sólo es útil; sino que ahora ha llegado a ser *necesario* dilucidar las mentes de la mayoría de ellos, antes de que sea demasiado tarde. Esta verdad es expresable sucintamente: entre la profusión ferviente de los que se llaman "Ocultistas" en Occidente, no se enumera una media docena que tenga una idea aproximadamente correcta de la índole de la Ciencia que tratan de dominar. Omitiendo pocas excepciones, el resto se encamina, directamente, hacia la Hechicería. Que restablezcan un poco de orden en el caos que reina en sus mentes, antes de que impugnen esta declaración. Que en primer lugar aprendan la verdadera relación existente entre las Ciencias Ocultas y el Ocultismo y la diferencia entre los dos y después, que se indignen, si aún piensan que tienen razón. Mientras tanto, que aprendan que el Ocultismo difiere de la Magia y de otras ciencias secretas, así como el sol glorioso es distinto de una luz trémula y el Espíritu Humano inmutable e inmortal, el reflejo del Todo absoluto, sin causa e incognoscible, difiere de la arcilla mortal, el cuerpo humano.

En nuestra refinada civilización occidental, donde se han formado idiomas modernos y neologismos, según la tendencia de ideas y pensamientos, como aconteció con todo lenguaje, mientras más éste se materializaba en la fría atmósfera del egoísmo occidental y su incesante búsqueda por las mercancías de este mundo, menos se sentía la necesidad de idear nuevos términos a fin de expresar lo que se consideraba, tácitamente, como una absoluta "superstición" descalificada. Estas palabras podían corresponder sólo a las ideas que, difícilmente, se suponían ser la prerrogativa en la mente de un ser instruido. La "Magia" es sinónimo de prestidigitación; la "Hechicería" equivale a la ignorancia más burda y el "Ocultismo" es el triste vestigio de cerebros desquiciados de filósofos del fuego medievales, de los Jacob Boehmes y de los Saint Martins. Entonces, se considera que estas expresiones son más que suficientes para envolver el campo con una aura de "engaño." Son términos desdeñosos que se usan, por lo general, para calificar la escoria y los reductos de las edades obscuras y su paganismo anterior, cuya duración fue muy extensa. Por lo tanto, nuestros idiomas están desprovistos de términos para definir y matizar la diferencia entre estos poderes anormales o las ciencias que conducen a su adquisición, si los comparamos con la minucia de detalles encontrables en los idiomas orientales, preeminentemente el sánscrito. ¿Qué transmiten a la mente de los oyentes o de los que las pronuncian, las palabras "milagros" y "encanto", (cuyo significado es, después de todo, idéntico; ya que ambas expresan la idea de producir cosas maravillosas, *infringiendo las leyes de la naturaleza* según explican las autoridades aceptadas)? Un cristiano que cree firmemente en los *milagros*, porque se le dice que su autor es Dios mismo a través de Moisés, no obstante que *infrinjan* "las leyes de la naturaleza", escarnecerá los encantos producidos por los magos del Faraón o los atribuirá al diablo. Así, nuestros piadosos enemigos relacionan el ocultismo con este último, mientras los contrincantes impíos, los infieles, se burlan de Moisés, de los Magos y de los Ocultistas y se sentirían ruborizados sólo al pensar, seriamente, en tales "supersticiones". Todo esto porque no existe ningún término que muestre la diferencia, ninguna palabra que exprese el claroscuro, trazando una línea de demarcación entre lo sublime y verdadero, lo absurdo y ridículo. La última categoría integra las interpretaciones teológicas que enseñan la "violación de las leyes de la Naturaleza" por medio del hombre, Dios o el diablo. La primera categoría incluye los "milagros" *científicos* y los encantos de Moisés y de los Magos *en armonía con las leyes naturales*, ambos habían aprendido el verdadero Ocultismo y la Sabiduría de los Santuarios, que eran las "Academias Científicas" de entonces. El término Ocultismo es ciertamente engañoso si se considera su traducción de la palabra compuesta *Gupta-Vidya*: "Conocimiento Secreto". ¿El conocimiento de qué? Algunos de los términos sánscritos pueden ayudarnos.

Entre la profusa cantidad de nombres de las varias clases de Conocimiento o Ciencia Esotérica que se enumeran, aun en los Purânas exotéricos, citaremos, por notables, los cuatro siguientes:

(1) *Yajna-Vidya*,[4] conocimiento de los poderes ocultos despertados en la naturaleza mediante ciertas ceremonias y ritos religiosos.

---

[4] Según los Brahmanes: "*Yajna* existe desde la eternidad; ya que procedió del Uno Supremo [...] en el cual yace latente desde 'el *sin* principio'. Es la clave para *Traividya*, la ciencia tres veces sagrada contenida en los versos del Rig Veda, la cual enseña los Yagus. o los misterios sacrificiales. 'Yajna' existe como algo invisible en todos los

(2)   *Maha-Vidya*, el "gran conocimiento", la magia de los cabalistas y del culto *tantrika*, a menudo hechicería de la peor especie.

(3)   *Guhya-Vidya*, conocimiento de los poderes místicos presentes en el Sonido (Eter) y por lo tanto, en los Mantras (oraciones recitadas o encantos) que dependen de la cadencia y la melodía empleadas. En otras palabras: una ejecución mágica basada en el Conocimiento de las Fuerzas de la Naturaleza y su correlación.

(4)   ATMA-VIDYA, cuya simple traducción, por parte de los orientalistas, es "conocimiento del Alma", *Verdadera Sabiduría*, pero significa mucho más.

Atma Vidya es la única clase de Ocultismo a la que debería aspirar todo teósofo sabio, altruista y admirador del libro "Luz en el Sendero". Las demás ramas de las "Ciencias Ocultas" son artes basadas en el conocimiento de la esencia última de todas las cosas en los Reinos de la Naturaleza: los minerales, las plantas y los animales, cosas que pertenecen al ámbito de la naturaleza *material*, a pesar de lo invisible que la esencia puede ser y de cuánto haya eludido, hasta ahora, el alcance de la ciencia. La Alquimia, la Astrología, la Fisiología Oculta y la Quiromancia existen en la Naturaleza y las ciencias *exactas*, cuyo adjetivo quizá dependa de que en esta edad de filosofías paradójicas sean inexactas, han ya descubierto varios secretos de estas *artes*. Sin embargo, la clarividencia, cuyo símbolo en la India es el "Ojo de Shiva" y cuyo nombre en Japón es "Visión Infinita", *no* es el hipnotismo, el hijo ilegítimo del mesmerismo y no es obtenible mediante estas artes. Todas las demás pueden

---

tiempos, es análogo al poder latente de la electricidad en un dínamo que sólo requiere la operación de un aparato idóneo para erogarla. Se supone que se extiende desde *Ahavaniya* o fuego sacrificador hasta el cielo, formando un puente o una escala, mediante la cual el sacrificador puede comunicarse con el mundo de los dioses y de los espíritus hasta ascender, cuando está vivo, a sus habitaciones." ("Aitareya Brahmana" por Martin Hauge.)

"*Yajna* es, nuevamente, una de las formas de Akasa y la palabra mística que la llama a la existencia cuando el Sacerdote iniciado la pronuncia mentalmente, es la *Palabra Perdida* que recibe el impulso mediante la Fuerza de Voluntad." ("Isis sin Velo", Vol. I., Introducción. Véase "Aitareya Brahmana" por Hauge.)

dominarse, con resultados buenos, malos o indiferentes; pero *Atma-Vidya* les da poca importancia. Incluye a todas y, ocasionalmente, puede aun usarlas, sin embargo: lo hace después de haberlas purificado de sus escorias, con propósitos benéficos y esmerándose para que estén desprovistas de todo motivo egoísta. Expliquemos lo que queremos decir: cualquier hombre o mujer puede tomar la determinación de estudiar una o todas las "Artes Ocultas" anteriormente mencionadas, sin ninguna gran preparación previa y aun sin adoptar ninguna regla de vida excesivamente austera. Se podría hasta soslayar todo patrón moral elevado, pero en este caso, casi seguramente, el estudiante germinaría en un hechicero, despeñándose, directamente, en la magia negra. ¿Pero qué importancia tiene ésto? Los practicantes de *voodo* y los *dugpas* comen, beben y se regodean sobre una hecatombe de víctimas de sus artes infernales. Lo mismo ocurre con los amables vivisectores y los "Hipnotizadores" *diplomados* de las facultades médicas. La única diferencia entre los dos grupos es que los voodos y los dugpas son hechiceros *conscientes*, mientras la tripulación de Charcot-Richet, lo son *inconscientemente*. Por lo tanto, como ambos deben cosechar los frutos de sus labores y alcances en el arte negro, los practicantes occidentales no deberían recibir el castigo y formarse cierta reputación sin los beneficios y los gozos que pueden extraer de estos. Desde luego: volvemos a decir que la práctica del *hipnotismo* y de la *vivisección* de estas escuelas, es *Brujería* pura y simple, desprovista de un conocimiento que los voodos y los dugpas tienen y que ningún Charcot-Richet puede alcanzar durante cincuenta años de estudio y observación experimental atinada. Que los neófitos superficiales en la magia se queden sin ella, ya sea que entiendan su naturaleza o no y que consideren las reglas impuestas a los estudiantes, excesivamente rigurosas, dejando, por lo tanto, el Atma-Vidya u Ocultismo a un lado. Que se conviertan en magos, aun cuando lleguen a ser *Voodos* y *Dugpas* durante las próximas diez encarnaciones.

Sin embargo, el interés de nuestros lectores, probablemente se enfocará sobre los que se sienten irresistiblemente atraídos hacia lo "Oculto", pero aún no han comprendido la verdadera naturaleza de lo que anhelan, ni son ajenos a las pasiones y, menos aún, son verdaderamente altruistas.

Así se nos preguntará, ¿Qué pasa con aquellos desdichados a los que las fuerzas conflictivas dilaceran? Se ha reiterado demasiado para que sea necesario repetirlo y el hecho es patente a cualquier observador: tan pronto como el deseo por el Ocultismo se ha despertado realmente en el corazón de un ser humano, no le queda ninguna esperanza de paz, ningún remanso en todo el mundo. Una inquietud inapagable que lo consume constantemente, lo impulsa a los espacios extraños y yermos de la vida. Su corazón, pletórico de pasiones y deseos egoístas, no le permite cruzar la Puerta de Oro y no puede encontrar reposo ni paz en la vida común. ¿Debe, entonces, precipitarse inevitablemente en la hechicería y en la magia negra y, a través de muchas encarnaciones, acumular un Karma terrible? ¿No existe ningún otro camino para él?

Por supuesto que existe. Que él no aspire a nada más elevado de lo que se siente capaz de realizar. Que no asuma una carga excesivamente onerosa sobre sus hombros. Sin que jamás llegue a ser un "Mahatma", un Buda o un Gran Santo, que estudie la filosofía y la "Ciencia del Alma" y podrá convertirse en uno de los modestos benefactores de la humanidad, sin ningún poder sobrehumano. Los *Siddhis* (o los poderes del Arhat), son sólo para aquellos que pueden "vivir la vida", cumpliendo con los terribles sacrificios necesarios para tal disciplina, llevándolos a cabo *al pie de la letra*. Que sepa, desde el principio y que lo tenga siempre presente: que el *verdadero Ocultismo o Teosofía* es la "Gran Renunciación del *yo*" de forma incondicional y absoluta, tanto en el pensamiento como en la acción. Es el *Altruismo* y aquel que lo practica es catapultado fuera de las filas de las masas. Tan pronto como él ha dado su promesa de dedicarse al trabajo, "vivirá en favor del mundo y no de sí mismo." Durante los primeros años de prueba, se le perdonan muchas cosas. Sin embargo, en cuanto se "acepte", su personalidad debe desaparecer y él debe convertirse en una *simple fuerza benéfica en la Naturaleza*. Después de ésto, lo esperan dos polos, dos caminos y ningún sitio intermedio de reposo. Debe ascender, fatigosamente, de peldaño en peldaño, a menudo a través de numerosas encarnaciones y *ninguna pausa Devachánica*, la escalera áurea que conduce al estado de Mahatma (la condición *Arhat* o *Bodhisatva*) o, al primer paso en falso, caerá resbalando a lo largo de la escalera, precipitándose al estado de *Dugpa* [...]

Todo ésto o se desconoce o se omite completamente a la vista. En realidad, aquel que puede seguir la evolución silenciosa de las aspiraciones preliminares de los candidatos, a menudo se percata de que ideas extrañas se apropian sutilmente de sus mentes. Hay algunos, cuyos poderes de raciocinio han sido tan distorsionados por influencias extrañas, que se imaginan que las pasiones animales pueden sublimarse y elevarse a tal punto que es posible, por así decirlo, dirigir hacia el interior su furia, fuerza y fuego y que se pueden almacenar y clausurar en el propio pecho hasta que su energía, en lugar de dilatarse, se haya encauzado hacia propósitos superiores y santos: *hasta que su fuerza colectiva e intocada permita, al que la posee, entrar en el verdadero Santuario del Alma* y encontrarse en la presencia del *Maestro*, ¡el Yo Superior! Por éso no lucharán con sus pasiones, debelándolas. Mediante un gran esfuerzo de voluntad mitigarán las llamas candentes, manteniéndolas en jaque en sus naturalezas, permitiendo que el fuego continúe latente bajo una sutil superficie de cenizas. Se someten, felizmente, a la tortura del joven espartano que permitió que la zorra le devorara las entrañas en lugar de apartarse de ésta. ¡Oh pobres visionarios ciegos!

Sería como si a un grupo de deshollinadores ebrios, sudados y grasientos de su labor, se les encerrara en un Santuario adornado de lienzos inmaculados y en lugar de mancharlos y convertirlos, con su mera presencia, en un cúmulo de harapos sucios, se transformaran en maestros del sacro recinto, saliendo tan prístinos como el sitio mismo. ¿Por qué no imaginarse, entonces, que una docena de tejones encerrados en la pura atmósfera de un *Dgon-pa* (monasterio), salgan de ahí impregnados de los perfumes y de los inciensos usados? [...] Extrañas aberraciones de la mente humana. ¿Podría ser así? Vamos a reflexionar sobre el asunto.

El "Maestro" en el Santuario de nuestras almas es el "Ser Superior", el espíritu divino cuya conciencia, (al menos durante la vida mortal de un ser humano en que se encuentra cautiva), se basa y deriva de la Mente, que hemos convenido en llamarle *Alma Humana* (siendo el "Alma Espiritual" el vehículo del Espíritu). A su vez, el aspecto más elevado del alma *personal* o humana, es un compuesto de aspiraciones espirituales, voluntad y amor divino, mientras la parte inferior es un acopio de deseos animales y pasiones terrenales, cuya inoculación se debe a la asociación con su vehículo, la morada de todas éstas. Por lo tanto, funge de eslabón y medio, entre la naturaleza animal humana, que la razón superior trata de someter y su naturaleza divina espiritual hacia la cual gravita todas las veces que sobresale en su lucha con la naturaleza *animal interior*. Esta última es el "Alma animal" instintiva, el invernadero de las pasiones que, como acabamos de mostrar, se aquietan en lugar de matarse y algunos entusiastas imprudentes encierran en sus pechos. ¿Quizá, aún esperan metarmorfosear así el cenagoso flujo de las escorias animales en las aguas cristalinas de la vida? ¿Dónde y en cuál terreno neutral, habría que circunscribirlas para que no afecten al ser humano? Las impetuosas pasiones de amor y lujuria aún viven, permitiéndoles permencer en su lugar natío: *esa misma alma animal*; ya que la porción superior e inferior del "Alma Humana" o Mente, rechaza tales huéspedes, aunque no puede permanecer inafectada debido a su cercanía. El "Ser Superior" o Espíritu no puede asimilar estos sentimientos, como el agua no puede mezclarse con el aceite o con un líquido seboso. Por lo tanto, la mente es el único eslabón y medio, entre el ser terrenal y el Yo Superior, la única en sufrir y en encontrarse en el constante peligro de ser degradada por estas pasiones que pueden despertarse en cualquier momento haciéndola perecer en el abismo de la materia. ¿Cómo puede afinarse con la armonía divina del Principio superior, si la mera presencia de dichas pasiones animales en el santuario en preparación la destruye? ¿Cómo puede, la armonía, prevalecer e imponerse, cuando el vórtice de las pasiones y de los deseos terrenales de los sentidos corporales o aun del "ser Astral", manchan y distraen al alma?

En definitiva, este "Astral", el "doble" nebuloso (tanto en el animal como en el ser humano), no es el compañero del Ego *divino*, sino del *cuerpo terrenal*. Es el eslabón entre el Ser personal, la conciencia inferior de *Manas* y el Cuerpo y es el vehículo de la *vida transitoria y mortal*. Este sigue los movimientos e impulsos de una persona mecánica y servilmente, como la sombra proyectada, propendiendo a la materia sin jamás ascender hacia el Espíritu. La Unión con el "Yo Superior" podrá acontecer sólo cuando el poder de las pasiones esté muerto, debelando y aniquilando estas últimas en la retorta de una voluntad impertérrita y cuando no sólo toda lujuria y deseo ardiente de la carne esté muerto, sino cuando se haya eliminado también el reconocimiento del Yo personal, neutralizando así el "astral". Cuando el "Astral" refleje sólo al hombre que se ha conquistado a sí mismo, la personalidad aún viva, pero desprovista de egoísmo e impermeable a los deseos, entonces, el *Augoeides* brillante, el Yo divino, podrá vibrar en armonía consciente con ambos polos de la Entidad humana: el ser material purificado y el Alma Espiritual perennemente pura y encontrarse en presencia del Ser Maestro, el Christos del gnóstico místico, siendo uno con Este[5] para siempre.

Entonces, ¿qué posibilidad existe para un ser humano de entrar en el "angosto portal" del ocultismo, cuando sus pensamientos diarios se entretejen con cosas terrenales, deseos de posesiones y poder, lujuria, ambición y deberes que, a pesar de su honorabilidad, aun son mundanos? Ya que hasta el amor por la mujer y la familia, el sentimiento humano más puro y altruista, es una barrera hacia el *verdadero* ocultismo. Desde luego, un análisis profundo y detenido de los sentimientos de amor sagrado, maternal o conyugal, nos hace constatar la presencia de *egoísmo* en el primero; mientras el segundo constituirá un *egoísmo entre dos*. ¿Cuál madre no sacrificaría, sin vacilar un instante, millares de vidas para proteger la de su niño amado? ¿Cuál amante o verdadero marido no infringiría la felicidad de otros seres para satisfacer el deseo de la persona querida? Se nos dirá que esto es natural. Por supuesto, a la luz del código de los afectos humanos; pero no en lo del amor divino universal. Mientras que el corazón esté pletórico de pensamientos sólo para un exiguo grupo de *seres* queridos y cercanos, ¿qué lugar ocupará el resto de la humanidad en nuestras almas? ¿Qué porcentaje de amor y cuidado permanecerá para entregar a la "gran huerfana"? ¿Cómo podría, la "tenue voz silenciosa", hacerse sentir en un alma completamente atareada con sus huéspedes privilegiados? ¿Qué espacio permanece para que las necesidades de la Humanidad completa se impriman o hasta reciban una audiencia rápida? Aún a aquel que le gustaría benefiaciarse de la sabiduría de la mente universal, deberá alcanzarla mediante la *Humanidad en su totalidad*, sin distinción de raza, color, religión o condición social. Es el *altruismo* y no el *egoísmo*, aun en su concepción

---

[5] Aquellos que propenden a ver tres *Egos* en un ser humano, constatarán su incapacidad de percibir el significado metafísico. El hombre es una trinidad compuesta de Cuerpo, Alma y Espíritu, sin embargo, el *hombre* es *uno* y seguramente no es su cuerpo. Este último pertence al ropaje transitorio del ser humano. Los tres "Egos" son el Hombre en sus tres aspectos en los planos o estados astrales, intelectuales o psíquicos y Espirituales.

más legítima y noble, el que puede guiar al individuo a unir su pequeño Yo con los Yoes Universales. El verdadero discípulo del Ocultismo auténtico, debe dedicarse a *estas* necesidades y a este trabajo si quiere alcanzar la *teo*-sofía, la Sabiduría y el Conocimiento divinos.

El aspirante debe escoger, definitivamente, entre la vida mundana y la vida del Ocultismo. Es inútil y vano esmerarse en conciliarlas; ya que nadie puede servir a dos amos satisfaciéndolos a ambos. Ningún ser puede servir a su cuerpo y al Alma superior, cumplir con su deber familiar y con su deber universal, sin que prive a uno o al otro de sus derechos. En realidad, o prestará atención a la "tenue voz silenciosa" descuidando los sollozos de sus pequeños o se enfocará sólo en las necesidades de estos últimos, haciendo oído sordo a la voz de la Humanidad. Una lucha incesante y exasperante espera a todo hombre casado deseoso de ir en pos del *verdadero* Ocultismo práctico, en lugar de su filosofía *teórica*; ya que se encontrará constantemente vacilando entre la voz del amor divino e impersonal hacia la Humanidad y la del amor personal terrestre. Esto podría conducirlo sólo al fracaso en una o en otra vertiente o quizá en ambos deberes. Hay situaciones aun peores: *cualquier persona que después de haber contraído su promesa a la causa del* OCULTISMO, *cede a la gratificación del amor o de la concupiscencia terrenal*, deberá sentir casi una repercusión inmediata, un irresistible descenso desde el estado impersonal divino al plano material inferior. La autogratificación sensual o aun mental, implica la pérdida inmediata de los poderes del discernimiento espiritual. La voz del Maestro no puede diferenciarse más de la de las pasiones o aun *de la de un Dugpa*, de lo justo y lo indebido, de la moralidad firme y la simple retórica. El fruto del Mar Muerto asume la apariencia mística más apoteósica, sólo para transformarse en cenizas en los labios y en amargura en el corazón, así que:

La profundidad sigue abismándose, la oscuridad se hace más lóbrega,

La locura se confunde por sabiduría, la culpa por inocencia;

La angustia por éxtasis y la esperanza por desesperación.

La mayoría de los seres humanos, una vez que se han equivocado, actuando según sus errores, se niegan a reconocer su falta y se hunden más y más en el fango. Aunque es la intención la que determina, primariamente, si se usó magia *blanca* o *negra*, aún los resultados de brujería involuntaria e inconsciente producirán, indefectiblemente, mal Karma. Se ha dicho lo suficiente a fin de mostrar que la *brujería es algún tipo de influencia malévola ejercida sobre los demás y mediante la cual sufren o hacen sufrir*. El Karma es una roca pesada lanzada a las aguas tranquilas de la Vida y debe producir ondulaciones en constante extensión, cuyo radio de acción se incrementa más y más casi al infinito. El producto de estas causas debe provocar efectos cuya representación se esculpe en las justas leyes de la Retribución.

Gran parte de ésto podría evitarse si la gente se abstuviera de envolverse en prácticas cuya naturaleza e importancia desconoce. No se espera que nadie lleve una carga superior a sus fuerzas y poderes. Existen "magos congénitos", Místicos y Ocultistas de nacimiento y de derecho, fruto de una herencia directa procedente de una serie de encarnaciones y eones de sufrimientos y fracasos. Ellos son, por así decirlo, impermeables a las pasiones. Ningún fuego terrenal puede atizar la llama de sus sentidos o deseos; ninguna voz humana reverbera en sus almas; excepto el gran clamor de la Humanidad. Sólo estos pueden estar seguros de alcanzar el éxito. Sin embargo, su número es exiguo y cruzan los angostos portales del Ocultismo porque no cargan el equipaje personal de los sentimientos humanos transitorios. Se han liberado del sentimiento de la personalidad inferior, paralizando el "astral" animal, por lo tanto, el portal áureo, pero angosto, se abre de par en par delante de ellos. Esto no acontece en el caso de aquellos que aún tienen que llevar, durante varias encarnaciones, la carga de los pecados cometidos en vidas anteriores y hasta en su existencia presente. Ellos, si no proceden con gran precaución, el portal áureo de la Sabiduría podría transformarse en el amplio portal y la gran arteria "que conduce hacia la destrucción" y por lo tanto "muchos son los que pasan por él." Este es el Portal de las Artes Ocultas practicadas por motivos egoístas sin la presencia de la influencia disciplinaria y beneficiosa de Atma-Vidya. Estamos en el Kali Yuga y su ascendencia fatal en Occidente es mil veces más poderosa que en Oriente, por lo tanto, los Poderes de dicha Edad Obscura en esta lucha cíclica, cosechan muchas víctimas y producen numerosas ilusiones bajo las cuales el mundo está debatiéndose. Entre ellas se halla la facilidad relativa con la cual los seres humanos sueñan con poder llegar al "Portal" y atravesar el umbral del Ocultismo sin ningún gran sacrificio. Es el sueño de la mayoría de los Teósofos, un sueño alimentado por el deseo de Poder y egoísmo personal y estos sentimientos jamás los conducirán a la codiciada meta. Desde luego, según las justas palabras de uno que, presumiblemente, se sacrificó por la Humanidad: "angosto es el portal y estrecho es el camino que lleva a la vida" eterna, por lo tanto, "son pocos los que lo encuentran." Es tan estrecho que es suficiente mencionar algunas de las dificultades preliminares, para que los candidatos occidentales retrocedan amedrentados, retirándose temblorosos...

Que se detengan aquí y no traten de seguir adelante en el estado tan débil en que se encuentran. Ya que, ¡infaustos los que dan la espalda al angosto portal y su deseo por lo Oculto los arrastra rumbo a los Portales más amplios y seductores de ese misterio áureo que brilla en la luz de la ilusión! Los conducirá únicamente al estado de Dugpa y muy pronto se hallarán a lo largo del *Camino Fatal* del *Infierno*, a cuya entrada Dante leyó las siguientes frases:

> A través de mí se va a la ciudad doliente
> A través de mí se entra en el dolor eterno
> A través de mí se llega a la gente perdida [...]

El Progreso Espiritual

L os famosos versos de Christina Rossetti:

¿Se desdobla el camino empinado hasta la cumbre?
Sí, hasta el fin.
¿Dura el viaje todo el día?
De la mañana a la noche, amigo mío,

son un breviario de la vida de quienes están verdaderamente recorriendo el sendero que conduce a las cosas superiores. A pesar de las diferencias localizables en las varias presentaciones de la Doctrina Esotérica, pues en toda edad estrenó un nuevo atuendo cuyo tejido y matiz diferían del anterior, en cada uno de estos encontramos la más completa avenencia en un punto: la vía hacia el desarrollo espiritual. Sólo una regla inflexible ha estado vinculando al neófito entonces y ahora: la *completa* supeditación de la naturaleza inferior mediante la superior. Desde los Vedas y los Upanishads, hasta la recién publicada "Luz en el Sendero" y pasando revista a las biblias de cada raza y culto, discernimos sólo un camino, arduo, doloroso y empinado, mediante el cual los seres pueden alcanzar el verdadero discernimiento espiritual. ¿Cómo podría ser de otra forma; ya que todas las religiones y filosofías son simplemente las variantes de las primeras enseñanzas de la Sabiduría Unica que el Espíritu Planetario impartió a la humanidad en el momento incipiente del ciclo?

Se nos dice constantemente que el verdadero Adepto, el ser desarrollado, debe convertirse en tal, no puede ser hecho. Por lo tanto, el proceso consiste en el crecimiento mediante la evolución y esto debe, necesariamente, implicar una cierta cantidad de dolor.

La causa principal del dolor estriba en nuestra búsqueda perpetua de lo permanente en lo impermanente. No es sólo el buscar; sino el actuar como si hubiésemos encontrado ya lo inalterable en un mundo cuya cualidad cierta es el cambio constante. Y cuando imaginamos haber aferrado con firmeza lo permanente, éste siempre se transforma en nuestras manos, ocasionando dolor.

Además, la idea de crecimiento implica, al mismo tiempo, la 'de disolución: el ser interno debe constantemente irrumpir fuera de su cascarón o encierro limitante y el dolor debe acompañar, también, tal disolución que no es física; sino mental e intelectual.

En síntesis, esto es lo que acontece en el curso de nuestra vida. El inconveniente que se abate sobre nosotros es siempre aquel que sentimos ser el más arduo que pudo suceder, es siempre el evento que sentimos que no podemos sobrellevar. Si lo observamos desde una perspectiva más amplia, constataremos que estamos tratando de irrumpir fuera de nuestro cascarón, en su punto vulnerable y que nuestro desarrollo, para ser real y no la resultante colectiva de una serie de excrecencias, debe progresar equitativamente por todas partes, como en el cuerpo de un niño no crece primero la cabeza, después una mano y luego una pierna; sino que se desarrolla en todas las direcciones a la vez, de manera regular e imperceptible. La tendencia humana es de cultivar cada parte separadamente, descuidando, entretanto, las demás. Todo dolor lancinante depende de la expansión de alguna parte dejada a la incuria y los efectos de la cultivación enfocada en otro lugar dificultan más y más tal expansión.

A menudo, el mal es el resultado de una ansiedad excesiva y los seres humanos están siempre procurando hacer demasiado, sin contentarse y dejar las cosas en paz, efectuando, siempre y sólo, lo que la ocasión requiere y nada más. Exageran toda acción produciendo un karma que debe solucionarse en un nacimiento futuro.

Una de las formas más sutiles de este mal es la esperanza y el deseo de recompensa. Existen muchos que, si bien a menudo lo hagan inconscientemente, deslucen todos sus esfuerzos, enfocándose en esta idea de recompensa, permitiéndole asumir el rol de factor activo en sus vidas, abriendo la puerta a la ansiedad, la duda, el pavor, el desaliento y el fracaso.

El fin del aspirante a la sabiduría divina es entrar en un plano superior de existencia y debe convertirse en un nuevo ser, más perfecto en todo de lo que es al momento. Si tiene éxito, sus capacidades y facultades ampliarán su alcance y poder de manera proporcional, análogamente al mundo físico en el cual, cada etapa en la escala evolutiva implica un incremento de capacidad. Es así como el Adepto adquiere los poderes miríficos que a menudo se describen, sin embargo, el punto cardinal es que tales poderes son los complementos naturales de la existencia sobre un plano evolutivo superior, como las facultades humanas comunes lo son de la existencia en el plano humano corriente.

Muchas personas parecen pensar que el adeptado no es tanto el resultado de un desarrollo radical como de una construcción por aditamento. Se imaginan que un Adepto es un hombre quien, pasando por un cierto curso disciplinario nítidamente definido, que consiste en poner una atención minuciosa en un grupo de reglas arbitrarias, adquiere, primero un poder y posteriormente otro. Una vez obtenido un cierto número de estos poderes, se le califica como un adepto. Dado que esta idea errónea vertebra la acción de estas personas, se imaginan que la primera cosa a hacer para alcanzar el adeptado, es la adquisición de "poderes" y los más fascinantes son la clarividencia y la habilidad de dejar el cuerpo físico viajando por un cierto trayecto.

No tenemos nada que decir a los que desean adquirir tales poderes para su propio beneficio personal, en cuanto les espera la condenación deparada a todos los individuos que actúan inducidos sólo por fines egoístas. Sin embargo, hay otros que, confundiendo el efecto con la causa, honestamente piensan que la adquisición de poderes anormales es el único sendero hacia el adelanto espiritual. Estos consideran a nuestra Sociedad únicamente como el medio más expedito para facultarles el conocimiento en esta dirección, viéndola como una especie de academia oculta, una institución establecida para facilitar la instrucción a los aspirantes en la producción de milagros. No obstante las protestas y las reiteradas advertencias, existen ciertas mentes en las cuales estas nociones parecen indeleblemente cimentadas y sus expresiones desilusionadas son enfáticas cuando disciernen que cuanto se les había dicho anteriormente es la pura verdad: la Sociedad Teosófica no fue formada para enseñar ningún nuevo sendero fácil hacia la adquisición de "poderes" y su única misión consiste en volver a encender la antorcha de la verdad, que por un amplio lapso se ha extinguido para todos, exceptuando unos pocos y en mantener viva esa verdad formando una unión fraterna humana, el único terreno en que la buena semilla puede crecer. En realidad, la Sociedad Teosófica desea promover el desarrollo espiritual de todo individuo que entra en su radio de influencia; pero sus métodos son los de los antiguos Rishis y sus doctrinas las del esoterismo más remoto. Sin embargo, no provee ninguna medicina compuesta por remedios drásticos que ningún vendedor honrado se atrevería a usar.

En este punto nos gustaría alertar a nuestros miembros y a otros que están en pos del conocimiento espiritual. Hay que tener mucho cuidado con las personas dispuestas a enseñarles métodos simples para desarrollar los dones psíquicos (*laukika*), cuya adquisición es relativamente fácil a través de medios artificiales, los cuales desaparecen tan pronto como el estímulo nervioso termina. Mientras que, una vez alcanzado el binomio: clarividencia y adeptado auténtico, acompañado por el verdadero desarrollo psíquico (*lokothra*), éste nunca se pierde.

Parece que desde la fundación de la Sociedad Teosófica han surgido varias sociedades que se benefician del interés que la primera ha suscitado en temas de búsqueda psíquica y se esmeran para obtener miembros prometiéndoles una fácil consecución de poderes psíquicos. Desde hace mucho tiempo, en la India se sabe de la prolífica existencia de ascetas farsantes de toda denominación y tememos la presencia de un nuevo peligro, tanto aquí como en Europa y en América. Sólo esperamos que ninguno de nuestros miembros, ofuscado por promesas brillantes, permita que soñadores autoengañados o tal vez impostores voluntarios los enreden.

A fin de mostrar que nuestras protestas y advertencias estriban en una necesidad real, mencionaremos que recientemente hemos visto, en una carta de Benares, copias de un anuncio publicitario que un presunto "Mahatma" divulgó. Apela a "ocho hombres y mujeres que conozcan bien el inglés y cualquiera de los dialectos indos" y termina diciendo: "aquellos que quieran saber los pormenores del trabajo y *la cuota a pagar*", deberían escribir a la siguiente dirección ¡incluyendo las estampillas! En la mesa frente a nosotros, se encuentra una republicación de "El Divino Pimandro" impresa en Inglaterra el año pasado, la cual incluye esta nota: "*A los teósofos que pueden haberse sentido desilusionados en sus expectativas de la Sabiduría Divina, divulgada gratuita y abiertamente por los Mahatmas Hindúes*", les invitamos cordialmente a que envíen sus nombres al editor, quien los recibirá, "después de un breve período de prueba", admitiéndolos en un Fraternidad Oculta que "enseña *gratuitamente* y *sin reserva*, todo lo que ellos consideran digno de recibir." Lo extraño es que en el volumen en cuestión, encontramos que Hermes Trismegisto dice:

"He aquí el único sendero que conduce a la Verdad a lo largo del cual nuestros antepasados se encaminaron, alcanzando así la Bondad. Esta senda es hermosa y equilibrada, sin embargo, para el alma es difícil recorrerla mientras se encuentre encapsulada en la carcel corporal [...] *Por lo tanto, absténganse de la masa, no sea que, por medio de la ignorancia, el vulgo pueda mantenerse vinculado aun mediante el pavor del ignoto.*" Es perfectamente verdadero que algunos teósofos se han sentido decepcionados (por la culpa de nadie más que de ellos mismos), porque no les hemos ofrecido ninguna vía breve hacia el Yoga Vidya y hay otros que desean efectuar trabajo práctico. Lo significativo es que las personas menos dedicadas a la Sociedad son las más enfáticas cuando se trata de encontrar fallas. Entonces, ¿por qué estas personas y todos nuestros miembros que pueden hacerlo, no emprenden el estudio del mesmerismo? Al mesmerismo se le ha definido como la Clave de las Ciencias Ocultas y tiene la ventaja de ofrecer oportunidades particulares para beneficiar positivamente a la humanidad. Si en cada una de nuestras sucursales pudiéramos establecer un dispensario homeopático, agregando la curación mesmérica, como ya se efectuó con éxito en Bombay, podríamos contribuir colocando la ciencia médica de este país sobre bases más sólidas y ser los medios de beneficio incalculable para la gente en general.

Además de las sucursales en Bombay, existen otras que han efectuado un buen trabajo en esta dirección, sin embargo se puede hacer mucho más de lo que ya se ha emprendido. Lo mismo vale en el caso de varios departamentos de trabajo en la Sociedad Teosófica. Sería algo positivo si los miembros de cada sucursal se reunieran en una consultación seria en lo que atañe a los pasos tangibles que pueden dar para promover los objetivos declarados de la Sociedad. Existe un gran número de casos en que los miembros de la Sociedad Teosófica se contentan con un estudio somero de sus libros, sin aportar nada real a su trabajo activo. Si la Sociedad debe ser un poder para el bien en este país y en otros, puede labrar este resultado sólo mediante la cooperación activa de cada uno de sus miembros y nosotros nos dirigiríamos con ahinco a cada uno de ellos para que consideren atentamente cuáles posibilidades de trabajo contempla su ámbito y luego *planificar con esmero cómo llevarlas a la práctica.* El pensamiento correcto es una cosa buena pero, el sólo pensamiento no tiene mucha ascendencia mientras no se traduzca en acción. No existe un solo miembro en la Sociedad Teosófica que no pueda hacer *algo* para ayudar a la causa de la verdad y la hermandad universal. Transmutar este *algo,* en un hecho cumplido, depende sólo de su voluntad.

Sobre todo, queremos reiterar que la Sociedad no es cuna para adeptos incipientes. No se puede proporcionar instructores itinerantes que aleccionen las sucursales en los diferentes tópicos incluídos en el trabajo y en la investigación de la Sociedad. Las sucursales tienen que estudiar independientemente. Hay que tener los libros y los miembros deben aplicar, de manera práctica, el conocimiento que estos divulgan. Así se desarrollarán la autoconfianza y los poderes razonadores. Instamos lo anterior enfáticamente. Se nos han envíado solicitudes de que todo orador que visite una sucursal debe ser, prácticamente, un virtuoso en la psicología y en la clarividencia experimentales (mirar en los espejos mágicos y leer el futuro). Ahora bien, si estos experimentos originaran entre los miembros algo válido en el desarrollo del individuo, permitiéndole adelantar en su sendero "empinado", les recomendamos vivamente que lo *prueben* a solas.

¿Es el Deseo de "Vivir" Egoísta?

"**V**ivir, *Vivir*, Vivir, debe ser la determinación constante...". Este es un párrafo que aparece en el artículo "Elíxir de Vida" publicado en el octavo volumen de la revista "Theosophist" y los lectores superficiales, hostiles a la Sociedad Teosófica, a menudo lo citan para polemizar que tal enseñanza oculta es el epítome del egoísmo. En primer lugar, a fin de determinar si los críticos tienen razón o no, hay que desglosar el significado de la palabra "egoísmo".

Según una autoridad establecida, el egoísmo es esa "consideración exclusiva hacia el interés y la felicidad propios, ese amor y preferencia personal suprema que induce a una persona a dirigir sus propósitos para aventajar su inte.és, poder o felicidad sin importarle los demás."

En definitiva, un individuo absolutamente egoísta es uno que presta atención sólo a sí mismo y a nadie más, o podríamos decir, alguien cuyo sentido de importancia hacia su personalidad lo imbuye por completo, convirtiéndolo en el punto acimutal de todos sus pensamientos, deseos y aspiraciones, más allá de los cuales se extiende un vacío completo. Ahora bien, ¿puede considerarse a un ocultista "egoísta", cuando desea *vivir* conforme al sentido que el escritor del artículo "Elíxir de la Vida" da a esta palabra? Se ha reiterado que la meta última de todo aspirante en pos del conocimiento oculto es el *Nirvana* o *Mukti*, cuando el individuo, liberado de todo *Upadhi Mayávico*, llega a ser uno con *Paramatma* o, usando la fraseología cristiana, el Hijo se identifica con el Padre. Razón por la cual, cada velo ilusorio que crea un sentido de aislamiento personal, un sentimiento de separatividad del Todo, debe ser disipado o en otras palabras, el aspirante debe, gradualmente, descartar cualquier sentido de egoísmo que nos influencia más o menos a todos. Un estudio de la Ley de Evolución Cósmica nos enseña que mientras más elevada sea la evolución, más tiende hacia la Unidad. En efecto, la Unidad es la posibilidad última de la Naturaleza y los que, debido a la vanidad y al egoísmo, se oponen a sus propósitos, les espera simplemente el castigo de la aniquilación total. Por lo tanto, el ocultista reconoce que el altruismo y el sentimiento de filantropía universal son la ley inherente de nuestro ser y todo lo que hace es procurar destruir las cadenas del egoísmo que *Maya* ha forjado para nosotros.

Entonces, la lucha entre el Bien y el Mal, Dios y Satán, *Suras y Asuras, Devas y Daityas*, mencionada en los libros sagrados de todas las naciones y razas, simboliza la batalla entre el altruismo y los impulsos egoístas que tiene lugar en un ser que trata de seguir los propósitos más elevados de la Naturaleza, hasta que se conquisten, completamente, las tendencias animales inferiores creadas por el egoísmo, debelando y aniquilando con precisión al enemigo. A menudo, varios escritos teosóficos y ocultos contemplan que la única diferencia entre un ser ordinario que trabaja en armonía con la Naturaleza durante el curso de la evolución cósmica y un ocultista, es que este último, valiéndose de su conocimiento superior, adopta ciertos métodos de entrenamiento y disciplina que acelerarán tal proceso evolutivo, permitiéndole el alcance de la cumbre en un lapso relativamente breve, que en el caso de un individuo ordinario puede tardar mil millones de años. En definitiva, en unos pocos millares de años se aproxima a esa forma de evolución que la humanidad ordinaria, quizá alcance en la sexta o séptima ronda durante los procesos del *Manvantara* o progresión cíclica. Es claro que un ser común y corriente no puede llegar a ser un Mahatma en una vida o mejor dicho, en una encarnación. Ahora bien, los estudiantes de las enseñanzas ocultas concernientes al *Devachan* y a nuestros estados después de la muerte, recordarán que entre dos encarnaciones interviene un período considerable de existencia subjetiva. Mientras más grande sea el número de estos lapsos *Devachánicos*, más grande será el número de los años a lo largo de los cuales esta evolución se extiende. Por lo tanto, el ocultista se propone, principalmente, el autocontrol para poder dominar sus estados futuros y, de ahí, reducir gradualmente la duración de sus estados *Devachánicos* entre dos encarnaciones. A lo largo de su progreso, llega un momento en que, entre su muerte física y renacimiento, no se interpone ningún *Devachan;* sino una especie de sueño espiritual, la sacudida de la muerte lo ha, por así decirlo, aturdido en un estado de inconciencia del cual paulatinamente se restablece, volviendo a renacer para continuar su propósito. El intervalo de tiempo de este sueño puede variar de 25 a 200 años, según el grado de su adelanto. Sin embargo, aun este período puede considerarse una pérdida de tiempo, así todos sus esfuerzos se dirigirán a abreviar su duración a fin de llegar, gradualmente, a un punto en que el pasaje de un estado de existencia a otro es casi imperceptible. Podríamos decir que esta es su última encarnación, ya que la sacudida de la muerte no lo aturde más. Esta es la idea que el escritor de "Elíxir de la Vida"quiere transmitir cuando dice:

Tan pronto como ha pasado el límite de la Muerte de su raza, *él está realmente muerto* en el sentido ordinario: se ha liberado de todas o de casi todas estas partículas materiales que el proceso de disipación necesita durante la agonía del fallecimiento. El ha estado muriendo paulatinamente durante todo el período de su Iniciación. La catástrofe no puede acontecer dos veces, simplemente ha diluido en un número de años el tenue proceso de disolución, que en otros casos dura un breve momento o unas horas. En realidad, el Adepto más elevado está muerto en lo que atañe al mundo y está absolutamente inconsciente de él, sus placeres y sus miserias pasan inadvertidas en lo que concierne al sentimenta. smo; ya que su austero sentido del *deber* jamás lo obceca con respecto a su existencia real [...]

En el artículo en cuestión y en otras escrituras se ha hablado con facundia acerca del proceso de emisión y atracción de los átomos. Gracias a estos medios, paulatinamente se libera de todas las viejas partículas corporales burdas, sustituyéndolas por otras más sutiles y etéreas hasta que el previo *sthula sarira* esté completamente muerto y desintegrado. Así, él vivirá en un cuerpo idóneo para su trabajo y del cual fue su completo artífice. Ese cuerpo es esencial para sus propósitos, ya que, como leemos en "El Elíxir de la Vida":

Un ser, para que haga el bien, *debe tener*, como acontece en todas las otras cosas, tiempo y materiales con los cuales trabajar y éste es un medio necesario para adquirir los poderes a través de los cuales se puede prodigar una cantidad infinitamente superior de bien que si faltasen. Tan pronto como el individuo esté versado en ellos, aflorarán las oportunidades para emplearlos [...]

En otra sección del mismo artículo, se dan las instrucciones prácticas para este propósito en la forma siguiente:

Al ser físico se le debe convertir en más etéreo y sensitivo, al ser mental más penetrante y profundo y al ser moral más desinteresado y filosófico.

Aquellos que descontextualizan el siguiente parráfo del mismo artículo, soslayan las importantes consideraciones previas.

De lo antes dicho se percibirá cuán insensata es la actitud de las personas que piden a los Teósofos "facilitarles una comunicación con los Adeptos más elevados." Es muy difícil que uno o dos se sientan inducidos, aún por los sufrimientos del mundo, a dañar su progreso inmiscuyéndose con los asuntos mundanos. El lector ordinario comentará: "Esta no es una actitud *Divina*. Este es el epítome del egoísmo" [...] Que se dé cuenta que un Adepto muy elevado, que emprenda la reforma del mundo, debería, necesariamente, someterse una vez más a la Encarnación. ¿Es el resultado de todos los que lo antecedieron en esta línea, suficientemente alentador para inducir una nueva tentativa?

Ahora bien, cuando los lectores y los pensadores superficiales censuran este pasaje porque inculca el egoísmo, pierden de vista varias consideraciones importantes. En primer lugar, olvidan los otros extractos, ya mencionados, los cuales imponen la *autoabnegación* como condición necesaria para obtener el éxito y añaden que, al progresar, se adquieren nuevos sentidos y poderes mediante los cuales la capacidad de hacer el bien es infinitamente más amplia que sin ellos. Mientras más espiritual llegue a ser el Adepto, menos podrá inmiscuirse en los asuntos *mundanos y burdos* y más deberá circunferirse a un trabajo espiritual. Se ha reiterado, abundantemente, que el trabajo en el plano espiritual es superior al del plano intelectual; así como el del plano intelectual es superior al del plano físico. Por lo tanto, los Adeptos muy *elevados* ayudan a la humanidad, *pero sólo espiritualmente*. Su constitución les impide inmiscuirse en los asuntos *mundanos*. Sin embargo, ésto se refiere sólo a Adeptos muy elevados. Existen varios grados de Adeptado y cada cual, en su nivel, trabaja en favor de la humanidad en los planos a que se ha elevado. Sólo los *chelas* pueden vivir en el mundo hasta que alcancen cierto grado. Muchos de los que estudian el tema saben que los *Adeptos* inducen a sus *chelas* a vivir y a trabajar para el mundo, porque Ellos cuidan de él. Cada ciclo produce sus ocultistas que podrán trabajar para su humanidad contemporánea, en todos los diferentes planos. Sin embargo, cuando los Adeptos preven que, en un período particular, la humanidad será incapaz de producir ocultistas que trabajen en ciertos planos particulares, ellos no nos dejan estancados, mas abandonan, voluntariamente, su adelanto ulterior esperando en estos grados particulares, hasta que la humanidad alcance ese período o se niegan a entrar en el *Nirvana*, sometiéndose a la reencaranción en tiempo para arribar a esos grados en los cuales la humanidad necesitará su auxilio en tal etapa. Aunque el mundo puede no haberse apercibido del hecho, existen ciertos Adeptos que aun hoy han preferido permanecer en el estado vigente, rehusando los grados superiores para beneficiar a las generaciones humanas futuras. En definitiva, como los Adeptos trabajan armoniosamente y como la unidad es la ley fundamental de su ser, podríamos decir que han ideado una división de la tarea, según la cual cada uno opera en el plano y en el período que se le otorga, para la elevación espiritual de todos nosotros. Y el proceso de longevidad mencionado en "El Elíxir de la Vida" es, meramente, el medio para alcanzar la meta, la cual, muy lejos de ser egoísta, es el propósito más altruista en favor del cual un ser humano puede trabajar.

El Genio

¡Genio! ¡Don del Cielo, luz divina!
Entre cuáles peligros estás destinado a brillar.
A menudo la debilidad del cuerpo depaupera tu fuerza,
A menudo atenúa tu vigor y obstaculiza tu curso;
Y los nervios temblorosos te obligan a contener
Tus esfuerzos más nobles para luchar contra el dolor
O la necesidad, ¡triste huésped! [...]

Entre muchos problemas, hasta la fecha no resueltos en el Misterio de la Mente, se yergue con prominencia la cuestión del Genio. ¿De dónde procede el genio? ¿Qué es? ¿Cuál es su razón de ser? ¿Cuáles son las causas de su rareza? ¿Es, en efecto, "un don del Cielo"? Si lo es, ¿por qué a uno le corresponde tal dote, mientras a otro le espera un intelecto atrofiado y hasta la demencia? Sólo un materialista podría achacar la aparición de seres geniales a un simple accidente, la recompensa de una casualidad ciega o el resultado de meras causas físicas. Según las verdaderas palabras de un autor, nos quedaría sólo esta alternativa: avenirse con el creyente en un dios *personal* "para reconducir la apariencia de todo individuo a una *acción especial de la voluntad divina y de la energía creativa*" o "reconocer, en la sucesión completa de tales individuos, una acción grandiosa de alguna voluntad que se expresa en una ley eterna e inviolable."

Según la definición de Coleridge, el genio es la "falcultad del crecimiento", por lo menos en lo que concierne a la apariencia externa. Sin embargo, en la vertiente de la intuición humana interna, la cuestión es dicotómica: ¿es el genio una aptitud mental anormal que se desenvuelve y crece; o el cerebro físico, *su vehículo*, llega a ser, gracias a algún proceso misterioso, más idóneo para recibir y manifestar, *desde el interior hacia el exterior*, la naturaleza innata y divina del alma universal del ser humano? Quizá, los filósofos de la antigüedad, en su sabiduría rudimentaria, se acercaban más a la verdad que nuestros modernos sabihondos, cuando dotaban al ser humano con una deidad tutelar, un Espíritu que llamaban *genio*. La sustancia de esta entidad, para no hablar de su *esencia* -nótese la distinción- y la preciencia de ambos, se manifiesta en armonía con el organismo de la persona que ésta ilumina. Como dice

Shakespeare acerca del genio de los grandes seres, lo que se percibe de su sustancia "no está aquí".

> Pues, lo que vosotros veis es simplemente el fragmento más
> diminuto [...]
> Sin embargo, si toda la estructura se manifestara aquí,
> Se expandería de forma tan amplia y elevada
> Que vuestro techo no alcanzaría a contenerla [...]

Esto es precisamente lo que enseña la filosofía Esotérica. A la llama del genio no la atiza ninguna mano antropomórfica, excepto aquella del propio Espíritu. Es la real naturaleza de la Entidad Espiritual, de nuestro *Ego*, que sigue tejiendo nuevas tramas de vida en la telaraña de la reencarnación sobre el telar del tiempo, desde el principio hasta el final del gran Ciclo de Vida.[6] Es esta naturaleza, la que, a través de su personalidad, se impone con más potencia que en el ser humano ordinario. Por lo tanto, lo que llamamos "las manifestaciones del genio"; en una persona son, simplemente, los esfuerzos más o menos exitosos de ese Ego para imponerse en el plano exterior de su forma objetiva, el ser de arcilla, en la vida diaria práctica de este último. Los *Egos* de un Newton, un Esquilo o un Shakespeare, son de la misma esencia y sustancia que los Egos de un patán, un ignorante y un tonto o hasta un demente y la afirmación personal del *genio* que los ilumina, depende de la constitución fisiológica y material del ser físico. Ningún Ego difiere de otro en su esencia y naturaleza primordiales u originales. Lo que hace a un mortal un gran ser y a otro una persona pedestre y vulgar es la cualidad y la constitución del cascarón o estuche físico y la aptitud o ineptiud mental y corporal de transmitir y expresar la luz del ser *Interior* verdadero y esta capacidad o incapacidad es, a su vez, el resultado del Karma. O usando otra analogía, el ser físico es el instrumento musical y el Ego es el artista que lo toca. La potencialidad de la melodía perfecta del sonido es prerrogativa del instrumento y a pesar de la maestría del artista, no se puede emitir una armonía impecable de un instrumento roto o de baja calidad. Dicha armonía depende de la transmisión fiel, mediante la palabra o la acción, en el plano objetivo del pensamiento divino silente en las profundidades de la naturaleza subjetiva o interna del ser. Siguiendo con nuestra analogía podríamos decir que el individuo físico puede ser un

---

[6] El período de un Manvantara completo compuesto por Siete Rondas.

Stradivarius inestimable o un violín barato y desvencijado o algo mediocre entre los dos, en las manos de un Paganini que lo anima.

Todas las naciones antiguas lo sabían. Sin embargo y a pesar de que cada una tenía sus Misterios y sus Hierofantes, no a todas se podía impartir, igualmente, la gran doctrina metafísica. Mientras pocos elegidos recibían estas verdades durante su iniciación, a las masas se les permitía acercárseles con extremo recato y sólo dentro de los límites más amplios del hecho. En un Libro de Hermes se lee: "Del Todo Divino procedió Amun, la Sabiduría Divina [...] que no se divulgue entre los indignos." Pablo, el "sabio *Maestro-Constructor*",[7] reverbera simplemente a Thot-Hermes cuando en Corintios III., 10. dice: "Hablamos la Sabiduría entre los que son perfectos (los iniciados) [...] la Sabiduría *divina* en Misterio, aun la Sabiduría *oculta*." (Misma obra, II., 7)

Todavía, hasta la fecha, a los antiguos se les acusa de blasfemia y fetichismo en su "culto del héroe." Sin embargo, los modernos historiadores, ¿han alguna vez sondeado la causa de tal "culto"? Creemos que no. Si no serían los primeros en percatarse de que el objeto de su "culto" o mejor dicho, los honores que ellos tributaban, se dirigían al Espíritu cautivo, el "dios" *desterrado* dentro de la personalidad y no a un hombre de arcilla, ni a la *personalidad*, el Héroe fulano o el Santo mengano, actitud aún prevaleciente en la Iglesia Romana, la cual beatifica el cuerpo en lugar del alma. ¿Quién, en el mundo profano, está consciente de que, hasta la mayoría de los magistrados, (los *Arcontes* de Atenas que en la Biblia se tradujeron erróneamante con el término "Príncipes), cuyo deber oficial consistía en preparar la ciudad para tales procesiones, ignoraban el verdadero sentido del presunto "culto"?

En efecto, Pablo tenía razón cuando declaró que: "hablamos la sabiduría [...] no la sabiduría de este mundo [...] que ningún *Arconte* de este mundo profano conocía", sino la *sabiduría oculta* de los Misterios. Nuevamente, la Epístola del apóstol implica que ningún *profano*, ni siquiera un "Arconte" o un regente *fuera del recinto* de los sagrados Misterios, conocía el lenguaje de los Iniciados y sus secretos no *profanos*, nadie los

---

[7] Un término totalmente teúrgico, masón y oculto. Pablo, al usarlo, se declara un Iniciado con el derecho de iniciar a otros.

conocía, "excepto el Espíritu humano (el *Ego*) que reside *en él*"[8].

Si el segundo y el tercer capítulo de los Corintios se tradujeran en el espíritu con el cual se escribieron –ya que hasta su interpretación literal ahora se ha desfigurado– el mundo podría recibir extrañas revelaciones. Entre otras cosas, tendría una clave para penetrar muchos otros ritos del paganismo antiguo, hasta la fecha inexplicados. Uno de los cuales es el misterio del mismo culto del Héroe. Además, aprendería que, si las calles de la ciudad que reverenciaban a tal ser, pululaban de rosas por el pasaje del Héroe del día, si a todo ciudadano se le solicitaba a postrarse en reverencia a este ser tan festejado y si el sacerdote y el poeta competían en su plectro para inmortalizar el nombre del héroe después de su muerte, la filosofía oculta nos dice la razón por la cual se efectuaba todo ésto.

Ella declara: "En toda manifestación de genio, *cuando se combina con la virtud*, en el guerrero o en el Bardo, en el gran pintor, el artista, el estadista o en el científico que se eleva sobre el nivel de la masa vulgar, observad la presencia innegable del destierro celestial, el *Ego* divino del cual tú eres el carcelero, ¡oh hombre material!" Así, lo que llamamos *deificación,* se refería al Dios inmortal interior y no a las paredes inertes del tabernáculo humano que lo contiene. Este respeto se tributaba al reconocimiento tácito y silencioso de los esfuerzos del cautivo divino, el cual lograba manifestarse aún bajo las circunstancias más adversas de la encarnación.

Por lo tanto, el ocultismo no enseña nada nuevo cuando afirma tal axioma filosófico. Al explayarse sobre la amplia verdad metafísica, sólo le imparte el toque final, explicando ciertos detalles. Según su enseñanza, la presencia en el ser humano de varios poderes creativos, a cuya colectividad se le llama genio, deriva de una acumulación de las experiencias individuales anteriores del *Ego* en su vida o vidas previas y no se debe a la casualidad ciega, a las cualidades innatas fruto de tendencias hereditarias, aunque cuanto conocemos como atavismo, a veces puede intensificar estas facultades. En efecto, si bien el *Ego* es omnisciente en su esencia y naturaleza, aún necesita experimentar, a través de sus *personalidades,* las cosa terrenas en el plano objetivo para poder aplicar a ellas la asimilación de

---

[8] Obra citada, v., II.

esa omnisciencia abstracta. Nuestra filosofía agrega que el cultivo de ciertas aptitudes a lo largo de una amplia serie de encarnaciones pasadas, al final culmina, en alguna vida, con la germinación del *genio* en una u otra dirección.

Por lo tanto, el gran Genio, si es verdadero e innato y no una simple expansión anormal de nuestro intelecto humano, jamás puede copiar o emular; sino que será siempre original en sus impulsos y realizaciones creativas. Como los gigantescos lirios indos que crecen lozanamente en las faldas de los intersticios de las rocas que parecen tocar las nubes en la meseta más alta de las Montañas de Nilgiri, el verdadero Genio necesita sólo una oportunidad para germinar a la existencia y florecer a la vista de todos en el terreno más árido, ya que su huella es inequívoca. Valiéndonos de un lema común, diremos que el genio innato, como el crimen, a la larga aflorará y mientras más se haya suprimido y escondido, más poderoso será el haz de luz que la erupción repentina irradiará. En cambio, el genio aritificial, que a menudo se confunde con el primero, cuando en realidad es el simple resultado de largos estudios y esfuerzos, no será nada más que la llama de una lámpara que brilla fuera del portal del templo. Puede infundir un amplio haz de luz a lo largo del camino, sin embargo, deja el interior del edificio en la oscuridad. Como toda facultad y propiedad en la Naturaleza es dual: a cada una se le puede hacer servir para dos fines: bueno y malo, así el genio artificial no tardará mucho en traicionarse. Nacido del caos de las sensaciones terrenales, de las facultades de la percepción y de la memoria finita, permanecerá siempre esclavo de su cuerpo, el cual, debido a que no se le puede confiar y a la tendencia natural de la materia hacia la confusión, reconducirá hasta al llamado *genio* más grande a su elemento primordial que es, nuevamente, el caos o el *mal* o la tierra.

Por lo tanto, entre el genio verdadero y el artificial, el primero nacido de la luz del Ego inmortal y el otro del intelecto fatuo terrenal o puramente humano y del alma animal, se extiende un abismo, franqueable sólo por aquél que aspira a seguir adelante, sin perder de vista, aun en las anfractuosidades de la materia, la estrella guía, el Alma y la Mente Divina o *Buddhi-Manas*. Este tipo de genio no necesita ningún cultivo, como en el caso del genio artificial. Las palabras del poeta, según el cual la luz del genio:

Si no se protege, limpia y alimenta con cuidado,
Muy pronto se atenúa o se extingue con brillos fugaces,

puede referirse sólo al genio artificial, el resultado de la perspicacia cultural y puramente intelectual. No es la luz directa de los *Manasa putras*, los "Hijos de la Sabiduría", ya que el genio, alumbrado en la llama de nuestra naturaleza superior o el Ego, es inextinguible. Por éso es muy raro. Según los cálculos de Lavater: "la proporción (general) del genio con respecto a las masas, equivale a uno entre un millón. Sin embargo, el genio desprovisto de tiranía, sin pretensión, que juzga a los débiles con ecuanimidad, a los superiores con humanidad y a las personas iguales con justicia, es uno entre diez millones." Lo que antecede es muy interesante, aunque no es un panegírico a la naturaleza *humana*, si con el término "genio" Lavater se refería sólo a la especie superior del intelecto humano, cuyo desarrollo es fruto del cultivo, "de la protección, la limpieza y la alimentación" y no al genio del cual nosotr s hablamos. Además, este genio tiene la capacidad de hacer oscilar al individuo mediante el cual dicha luz artificial se manifiesta, entre las hipérboles de la gloria y la desesperación. Al igual que los genios buenos y malos, con quienes el genio humano comparte justamente el nombre, toma a su inerme poseedor por la mano conduciéndolo, un día, a la apoteosis de la fama, la fortuna y la gloria para hacerlo precipitar, al día siguiente, en el abismo de la vergüenza, la desesperación y a menudo del crimen.

Sin embargo, según el gran fisonomista, en nuestro mundo existen más genios artificiales que verdaderos, en cuanto el Ocultismo nos enseña que a la personalidad, con sus agudos sentidos físicos y *tatwas*, le es más fácil gravitar hacia el cuaternario inferior que elevarse a su tríada. Y la filosofía moderna, aunque muy versada en tratar este aspecto inferior del genio, ignora su forma espiritual superior, el "uno entre diez millones." Por lo tanto, es natural que los escritores modernos, confundiendo uno con el otro, hayan fracasado en definir el *verdadero* genio. Consecuentemente, es un constante oír y leer acerca de lo cual para el Ocultista parece muy paradójico. Alguien dice: "Al genio hay que cultivarlo", otro declara: "el genio es vanidoso y autosuficiente", mientras un tercero se extenderá sobre la definición de la *luz divina* para reducirla en el lecho de Procusto de su estrechez mental intelectual. Hablará de la gran excentricidad del genio, alineándola, como regla general, a una "constitución irritable", llegando a mostrar que es "¡víctima de toda pasión y carece de. tacto y buen gusto!" (Lord

Kaimes). Es inútil discutir con esta gente diciéndoles que el gran genio opaca los rayos más brillantes de la intelectualidad humana, así como el sol eclipsa la luz flameante de un fuego en el campo. Jamás es excéntrico, aunque siempre es particular y ningún ser dotado de verdadero genio se abandonará a sus pasiones físicas animales. A la vista de un humilde Ocultista, en nuestro ciclo histórico se pueden considerar *genios* completamente desarrollados sólo a esos grandes caracteres altruistas como un Buda, un Cristo y sus pocos discípulos sinceros.

En definitiva, el verdadero genio tiene poca probablidad de recibir lo que le corresponde en nuestra época de convencionalismo, hipocresía e indiferencia. Mientras la civilización del mundo se desarrolla, el egoísmo se expande lozanamente lapidando a sus verdaderos genios y profetas para el beneficio de sus sombras emuladoras. Sólo las masas crecientes e incultas, el gran corazón de la gente, son capaces de percibir, intuitivamente, una "gran alma" auténtica llena de amor divino para la humanidad, de compasión divina para los seres humanos que sufren. Por lo tanto, sólo el pueblo puede aún reconocer a un genio; ya que sin estas cualidades, ningún ser tiene derecho a tal nombre. Hoy día, ningún genio puede encontrarse en la Iglesia o en el Estado, como lo demuestran las admisiones de estos dos. Parece que ha pasado mucho tiempo desde que, en el siglo XIII, el "Doctor Angélico" desairó al Papa Inocencio IV; quien, vanagloriándose por los millones recabados por la venta de absoluciones e indulgencias, dijo a Santo Tomás de Aquino que "ya pasó la edad de la Iglesia en que decía: '¡Oro y plata no tengo!'" "Es cierto", contestó este último prontamente, "sin embargo, también pasó la edad en que la Iglesia podía decirle a un paralítico: 'levántate y anda.'" Todavía, a partir de ese período y también en épocas más anteriores hasta la actualidad, la Iglesia y el Estado jamás han cesado de crucificar, a cada instante, a su Maestro ideal. Mientras todo estado cristiano conculca, con sus leyes y usanzas, todo mandamiento divulgado en el Sermón de la Montaña, la iglesia cristiana justifica y sanciona tal actitud mediante sus Obispos, los cuales declaran, sin esperanzas, que es "*imposible* edificar un estado cristiano sobre Principios Cristianos." Así, en los estados civilizados, no es posible conducir una vida Crística (o Búdica).

Entonces, el ocultista, según el cual "el verdadero genio es sinónimo de mente autoexistente e infinita", reflejada de manera más o menos fiel por el ser humano, no logra discernir, en las definiciones modernas del término, nada que se acerque a la realidad. En cambio, es cierto que la interpretación esotérica de la Teosofía se recibirá con escarnio. Es suficiente mencionar la idea que cada ser humano en el que reside un "alma", es el vehículo de (un) genio, que todos, aun los creyentes, corearan que es un supremo esperpento, mientras el materialista la denigrará como una "superstición burda." En lo que atañe al sentimiento popular, el único aproximadamente correcto, porque es puramente intuitivo, ni siquiera se tomará en consideración y, una vez más, aparecerá el mismo apóstrofe dúctil y conveniente de "superstición" para explicar el por qué, aún, jamás hubo un genio universalmente reconocido, ya sea verdadero o artificial, sin la secuela de cuentos y leyendas extrañas, fantásticas y a menudo inverosímiles, que se entretejen con un carácter tan particular, acompañándolo hasta más allá de su existencia. Unicamente las personas no sofisticadas y por lo tanto las masas *incultas*, así llamadas sólo porque carecen de una capacidad de raciocinio compleja, sentirán, cada vez que entran en contacto con un carácter anormal y descomunal, que él encierra más que el simple ser mortal de carne y de atributos intelectuales. Al sentirse en la presencia de lo que se oculta siempre para la enorme mayoría, de algo incomprensible por su mente práctica, experimentan la misma reverencia que las masas populares sentían en la antigüedad cuando su imaginación, a menudo más correcta que la razón cultivada, creó a sus heroes-dioses, nseñando:

[...] Los débiles se postran y los orgullosos rezan
A los poderes invisibles más poderosos que ellos [...]

Hoy, a ésto se le llama ˙Superstición [...]
Sin embargo, ¿qué es la superstición? Es cierto que tememos lo que no podemos explicar claramente. Como niños en la oscuridad, todos, ya seamos instruidos o ignorantes, tenemos la tendencia a poblar estas tinieblas con fantasmas autocreados, sin embargo, estos "fantasmas" no prueban, en nada, que esa "oscuridad", sinónimo de lo *invisible* y lo *no visto*, en realidad esté desprovista de toda *Presencia* excepto la nuestra. Por lo tanto, si en el aspecto más exagerado, la "superstición" es un

íncubo extraño, una creencia en cosas que *trascienden* nuestros sentidos físicos, aún es también un modesto reconocimiento de que en el universo y a nuestro alrededor, existen cosas que desconocemos. En este sentido, la "superstición" no se convierte en un sentimiento irracional entretejido de maravilla y temor, admiración, reverencia o pavor, según los dictados de nuestra intuición. Esto es mucho más razonable que repetir, con los sabihondos demasiado letrados, que en la oscuridad no existe nada, "absolutamente nada." Ni puede haber nada; ya que no han logrado discernir nada en ella.

!*Aún se mueve*! No hay humo sin fuego, no hay vapor sin agua. Lo que afirmamos estriba simplemente en una verdad axiomática eterna: *no hay nada sin causa*. El genio y el sufrimiento inmerecido prueban un Ego inmortal y la Reencarnación en nuestro mundo. En lo que concierne al resto: los improperios y la vejación con que se acogen las doctrinas teosóficas, Fielding, un genio a su manera, dió la respuesta en el siglo pasado. Nunca pronunció una verdad más grande de la que un día escribió: *"Si la superstición emboba a un ser humano*, el Escepticismo lo enloquece."

EL CARÁCTER ESOTERICO
DE LOS EVANGELIOS.